漁撈具とその使用実験

〈構成／楠本政助〉

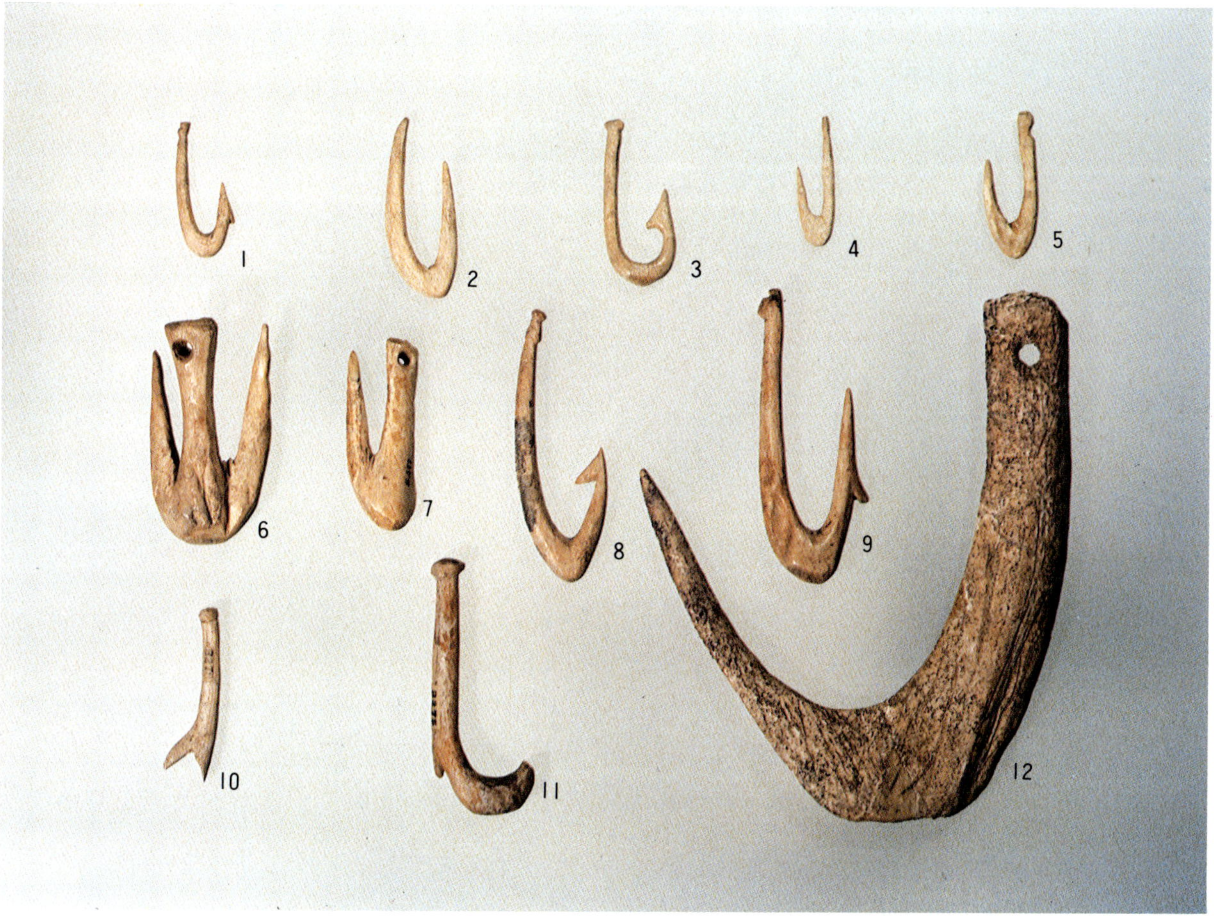

縄文時代の鹿角製釣針

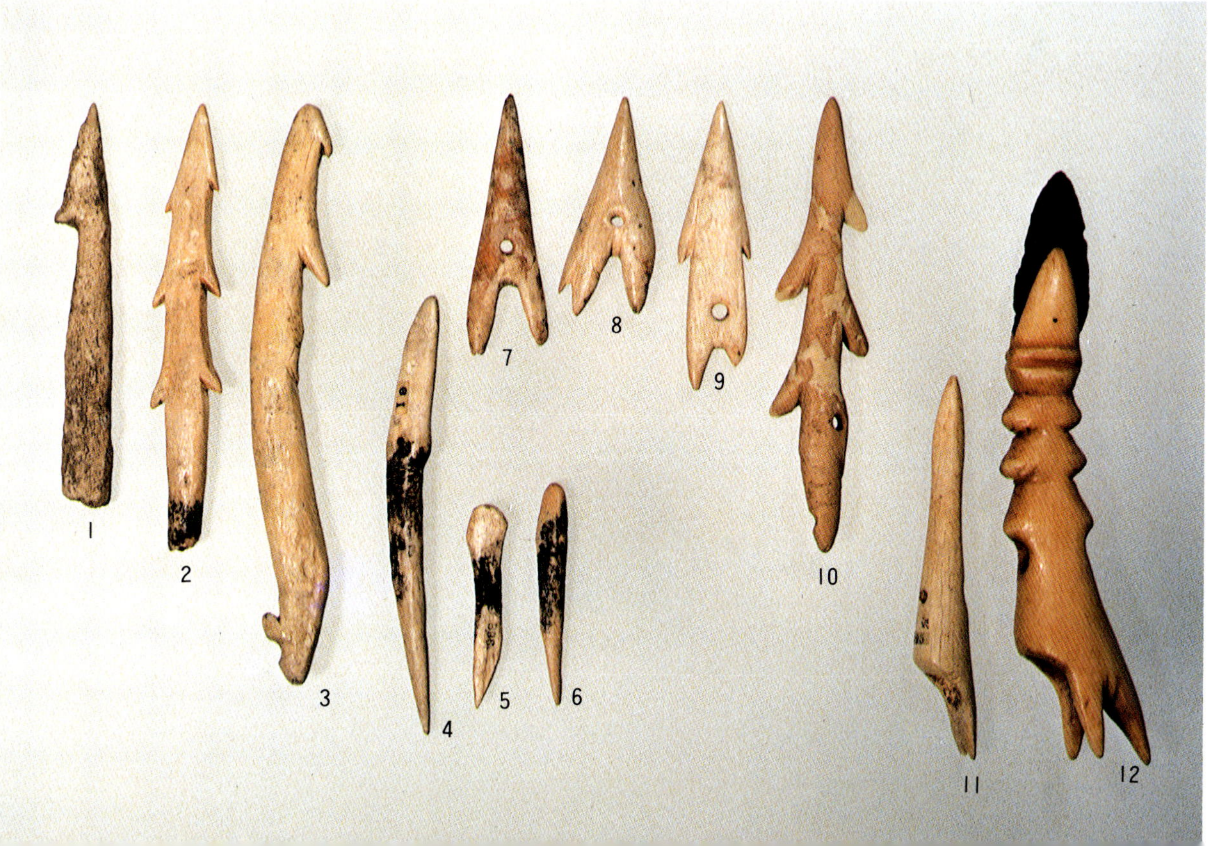

縄文時代の鹿角製刺突具

刺突実験

実験に使用した銛先は長さ約15cmで、大形に属する。実際にはこの程度の獲物（体長約50cmのアイナメ）ならば、この半分ほどの大きさの銛で十分である。

単装固定銛の刺突実験。至近距離を遊泳する獲物はこのように柄を手にしたまま突くが、柄尻に長い紐をつけると10m前後は投げつけて使用できる強力な固定銛となる。

（前頁口絵解説）

鹿角製釣針

1	縄文中期	大木9式	宮城県南境貝塚出土	長さ3.0cm
2	縄文中期	大木10式	宮城県南境貝塚出土	長さ4.0cm
3	縄文中期	大木9式	宮城県南境貝塚出土	長さ3.7cm
4	縄文中期	大木9式	宮城県南境貝塚出土	長さ2.8cm
5	縄文中期	大木8b式	宮城県泉沢貝塚出土	長さ3.2cm
6	縄文中期	大木10式	宮城県南境貝塚出土	長さ5.0cm
7	縄文中期	大木10式	宮城県屋敷浜貝塚出土	長さ4.2cm
8	縄文中期	大木10式	宮城県南境貝塚出土	長さ6.0cm
9	縄文後期	南境式	宮城県南境貝塚出土	長さ6.5cm
10	縄文中期	大木8b、9式	宮城県南境貝塚出土	長さ3.9cm
11	縄文中期	大木10式	宮城県南境貝塚出土	長さ5.7cm
12	縄文中期	大木8b式	宮城県仁斗田貝塚出土	長さ12.0cm

鹿角製刺突具

1	縄文後期	南境式	宮城県南境貝塚出土	長さ8.7cm
2	縄文晩期	大洞B式	宮城県沼津貝塚出土	長さ9.5cm
3	不明		宮城県里浜貝塚出土	長さ12.3cm
4	縄文後期	金剛寺式	宮城県沼津貝塚出土	長さ9.4cm
5	縄文後期	金剛寺式	宮城県泉沢貝塚出土	長さ4.3cm
6	縄文後期	金剛寺式	宮城県沼津貝塚出土	長さ4.7cm
7	縄文中期	大木9式	宮城県南境貝塚出土	長さ5.6cm
8	縄文中期	大木10式	宮城県南境貝塚出土	長さ4.8cm
9	縄文後期	称名寺式併行	宮城県南境貝塚出土	長さ6.2cm
10	複製品			
11	縄文晩期	大洞 C_1 式	宮城県沼津貝塚出土	長さ8.3cm
12	複製品			

植物性遺物とその採集用具

〈構成／渡辺　誠〉

京都府舞鶴市桑飼下(くわがいしも)遺跡の特殊泥炭層断面（縄文後期）

1973年に発掘され、しばらく途絶えていた特殊泥炭層調査再開のきっかけとなった重要遺跡である。同遺跡からは多量の植物遺体が検出された。

桑飼下遺跡出土の植物遺体

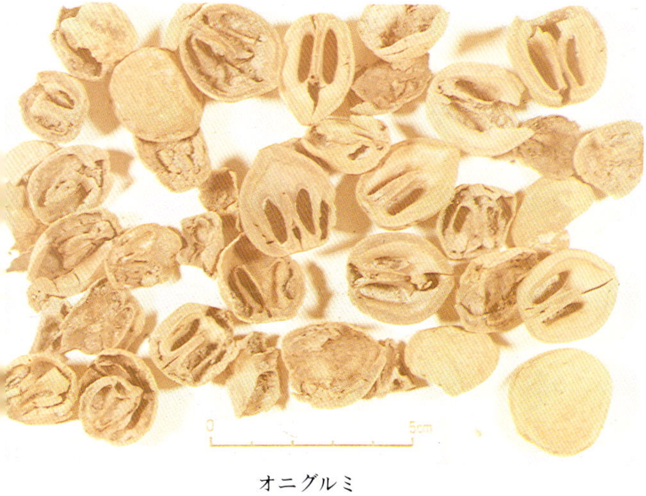

オニグルミ

カシ類などのドングリ

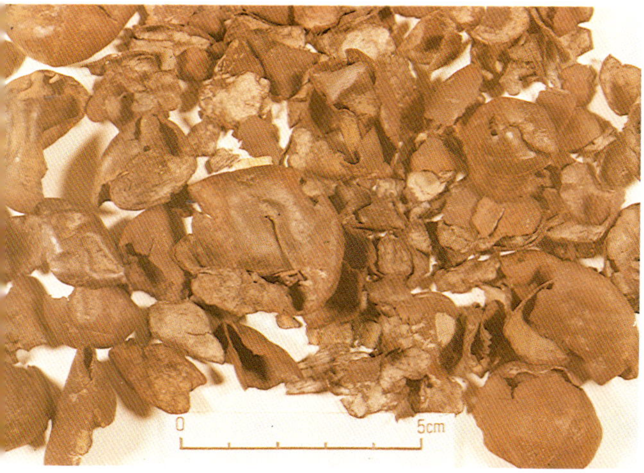

トチの実のむかれた皮

サンショウの実

桑飼下遺跡出土の打製石斧 1,000本近い打製石斧が出土し、東から西への打製石斧の流れが実証され、縄文農耕論に大きな影響を与えた。

鳥取市布勢遺跡出土のカゴ(縄文後期)
ヒノキをさいたものをもじり編みで編んだカゴ。民俗例でもヒノキ製はなく、珍しい。

石川県金沢市中屋遺跡のカゴ底圧痕（上）と、そのモデリング陽像（下）
3～5㎜のタテ材6本を放射状にくみ、これに2本のヨコ材をもじり編みで5周させ、6周目からはタテ材を割くか新たに加えるかして、目を細かにしている。このようなカゴの編みはじめの状態をよく示す圧痕が多いのは石川県下の大きな特色である。(直径8.3cm、縄文後期)

青森市近野遺跡第８号住居址

円筒上層ｄ式土器を伴出する縄文時代中期の大形住居址で、規模は19.5m×７m。南北に長軸をもち、５対の主柱穴と、２対の控柱穴、５基の炉址が検出された。こうした大形の住居址は東北、北陸地方を中心に発見されており、雪国特有の、堅果類を屋根裏に貯蔵するための共同施設という説もある。

写真提供／青森県埋蔵文化財調査センター

貯蔵穴

鹿児島県志布志町 東黒土田遺跡

遺構の全景

貯蔵穴

縄文時代草創期の貯蔵穴

隆帯文土器片が発見された第６層下部から、さらに下層のシラス層に掘り込まれた木の実の貯蔵穴が検出された。直径40cm、深さ25cmの浅鉢型で、内部に炭化した堅果が一杯つまっていた。堅果の種類はクヌギ、カシワなどのような落葉性の*Quercus*である可能性が強い。　構成／河口貞徳

貯蔵穴出土の木の実

隆帯文土器

狩猟・漁撈の季節　１　哺乳類の歯牙年輪

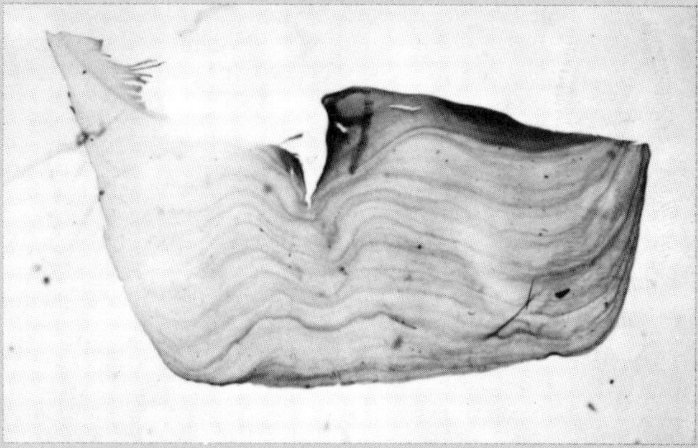

現生イノシシ第１大臼歯

現生ツキノワグマ犬歯

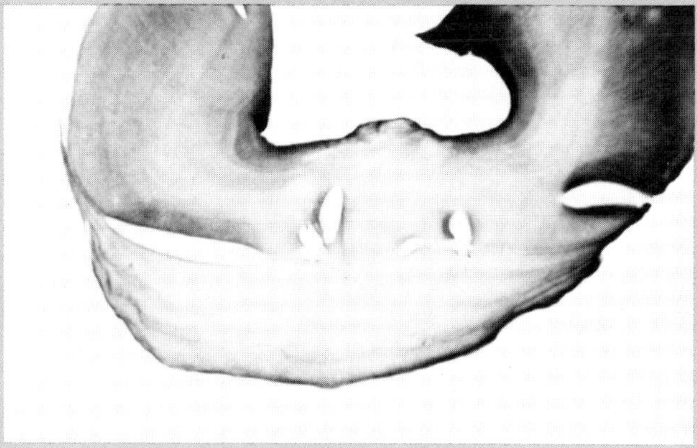

現生ニホンジカ第１大臼歯

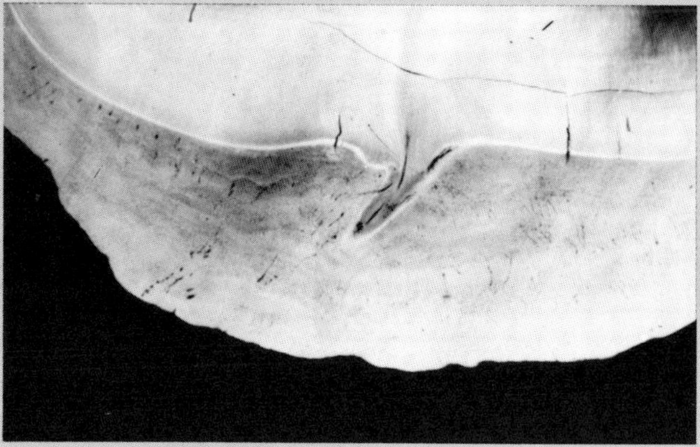

鳥浜貝塚出土ニホンジカ第１大臼歯

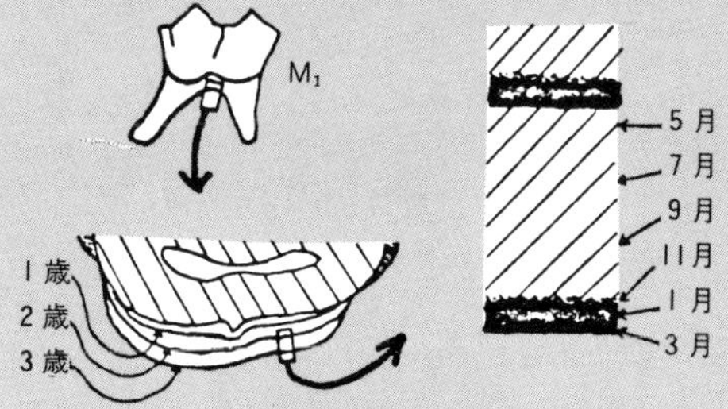

ニホンジカのセメント質による年齢死亡季節推定法（大泰司、1981）

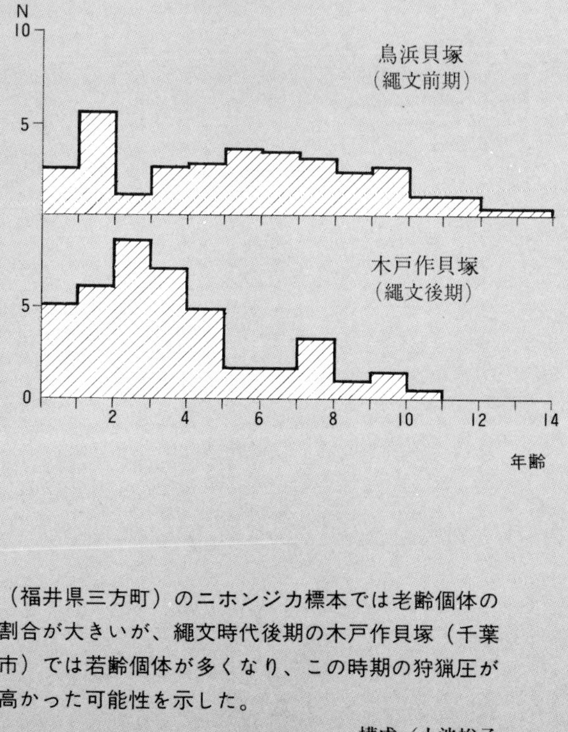

歯牙セメント年輪を用いた狩猟季節の推定

哺乳類の場合、犬歯または大臼歯の歯根表面に形成されるセメント質には年輪がみられる。年輪の透明層は主に冬期に形成されるので、最外層の厚さによって死亡した季節つまり狩猟期がわかる。この方法を齢査定に応用すると、縄文時代前期の鳥浜貝塚（福井県三方町）のニホンジカ標本では老齢個体の割合が大きいが、縄文時代後期の木戸作貝塚（千葉市）では若齢個体が多くなり、この時期の狩猟圧が高かった可能性を示した。

構成／小池裕子

2　魚鱗の年輪

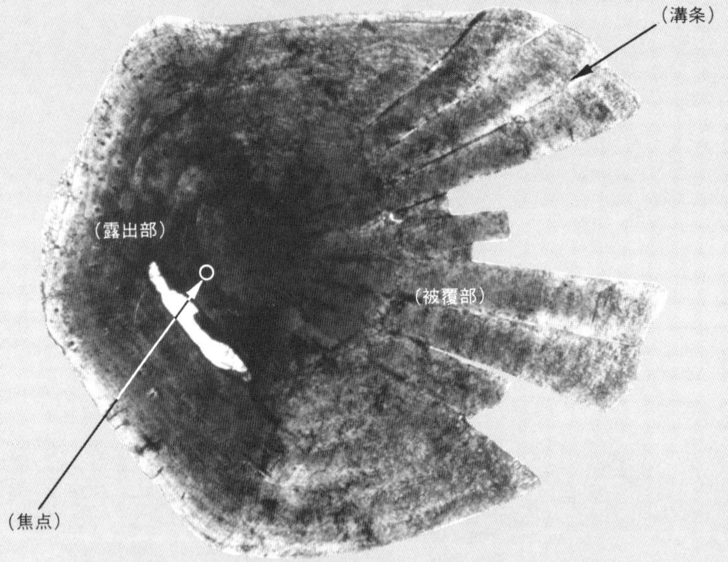

東京都伊皿子貝塚出土のクロダイの鱗の顕微鏡写真

魚は新陳代謝の結果、隆起線を形成しながら外側へと成長していくが、この魚鱗の形態を読みとることによって、種の同定を行ない、かつ捕獲季節や年齢、最小個体数などを知ることができる。

左：全形（約17倍）　右：部分拡大（約27倍）　右拡大図中の矢印は年輪部分を示す　　　構成／丹羽百合子

3　貝の日成長線

貝殻年代学（Concho-chronology）の方法

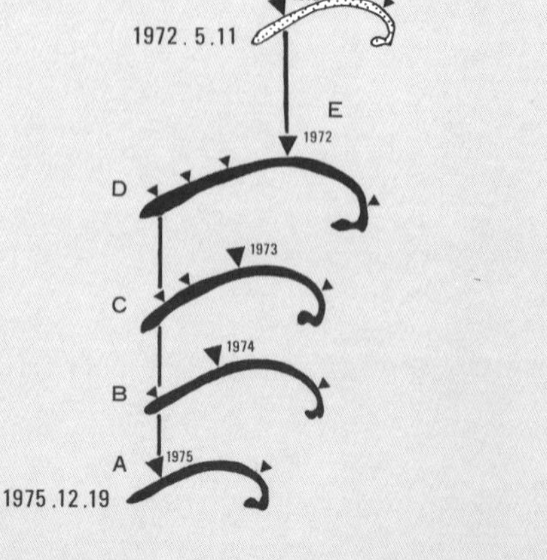

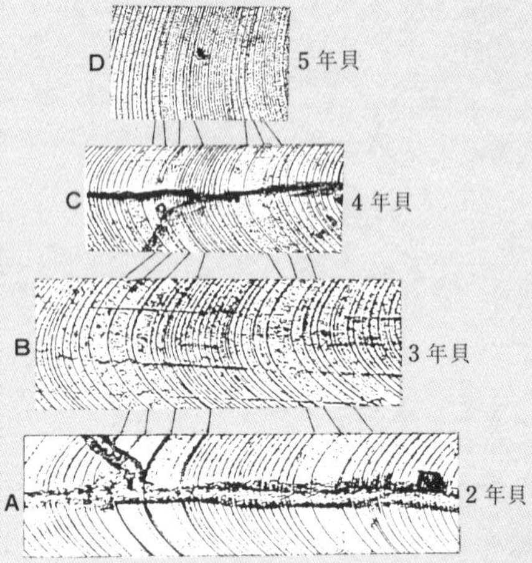

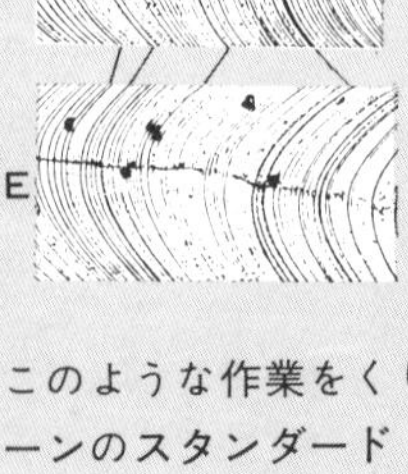

1972年5月11日採取されたハマグリの1972年の冬輪

1975年12月19日採取されたハマグリの1972年の冬輪

第1段階

あるサンプルグループの貝の最終冬輪が同一年であるかどうかを同定する。1975年12月19日に採取されたグループでは、年齢を経た個体でもよく似た冬輪パターンを示した。

第2段階

2つのサンプルグループの間で最終冬輪のパターンが異なった場合、さらにさかのぼって似た冬輪を探す。図では1975年12月に採取された貝の1972年に相当する冬輪が1972年5月に採取された貝の最終冬輪と同定された。

このような作業をくりかえすと1975年からさかのぼり1970年までの冬輪パターンのスタンダード（大きな▼印）が作成できる。この方法を貝塚堆積に応用すると最下層を出発点として、各貝層が何年目のどの季節に形成されたか貝塚の生活史の時間軸が設定できる。

構成／小池裕子

コメの登場で変容する
堅果類の利用

弥生時代になってコメが登場したことによって，縄文時代の重要な主食であったトチやドングリ類などの堅果類は，コメとミックスした新しい食品形態をも加えて，新たな展開をとげた。堅果類はコメの補いとして重要な役割を果たしていたわけで，いわば弥生文化の形成を支えた，重要な裏方だったのである。

構成・写真／渡辺　誠

縄文的なドングリ食品
京都府舞鶴市大俣のジザイもち

縄文的なトチのコザワシ
岐阜県揖斐郡徳山村櫨原

弥生的なドングリごはん(左下)
韓国大邱市不老洞

弥生的なトチもち
京都府北桑田郡美山町豊郷

弥生的なドングリもち
韓国大邱市不老洞

弥生時代の水田

弥生時代の水田は現在九州から東北地方の各地で20を越える調査例がある。その初現は，西日本では縄文時代晩期後半の凸帯文土器期であり，東北地方でも中期にさかのぼる。また水田は微高地の縁辺部や半湿地に営まれ，微高地上や過低湿地の本格的な開発は古墳時代以降である。

構　成／田崎博之

福岡市板付遺跡の水田（板付Ⅰ式土器期）
田面には足跡が検出され，写真左側には取排水用の水路がみえる。（福岡市教育委員会提供）

青森県垂柳遺跡の水田
（田舎館式土器期）
村越　潔氏提供

福岡市那珂久平遺跡の弥生～古墳時代の水田と，旧河道内に設けられた井堰
井堰は川の水をせき止め，水位をあげて水田に取水することを目的としている。（福岡市教育委員会提供）

弥生時代のコメと木製農具

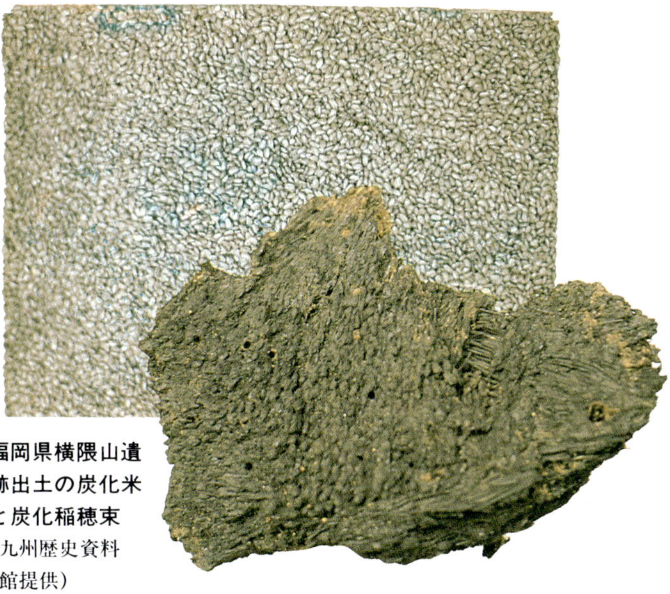

福岡県横隈山遺跡出土の炭化米と炭化稲穂束
（九州歴史資料館提供）

板付遺跡の木製農具の未製品出土状況
（福岡市教育委員会提供）

福岡市出土の木製農具（福岡市埋蔵文化財センター提供）

広鍬

狭鍬

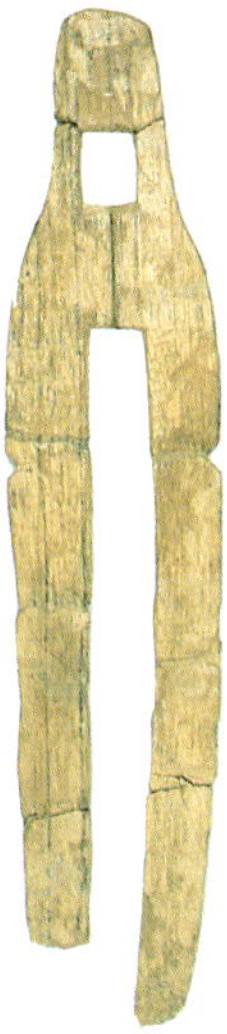

二又鍬

三叉鋤

エブリ

田下駄

鋤

竪杵

弥生時代のコメは，すべて長幅比が1.3～2.0間にある栽培稲の一亜種の日本型（ジャポニカ）である。収穫具である石庖丁の存在から弥生時代中期までは穂摘みが行なわれ，後期には根刈りが始まった。福岡県横隈山遺跡などでは穂摘みされ，炭化した稲穂束が袋状竪穴から出土している。また低湿地を対象とした水田では刃先まで木製の農具が用いられ，稲作受容の頭初より使途に応じて農具の使いわけがなされていた。

構　成／田崎博之

弥生時代の骨角貝製品

弥生時代になっても骨角貝製品はさかんにつくられるが，縄文文化期のものとは形態の違うもの，新しく加わるものなどがあって独特の内容をもつ。北海道の恵山文化は，さらに新しい文化要素が加わるからであろうし，本州以南の場合でも，縄文時代からのみの伝統ではないのであろう。写真中，菜畑出土品には筆者同定の名称が一部にある。

構成・写真／金子浩昌

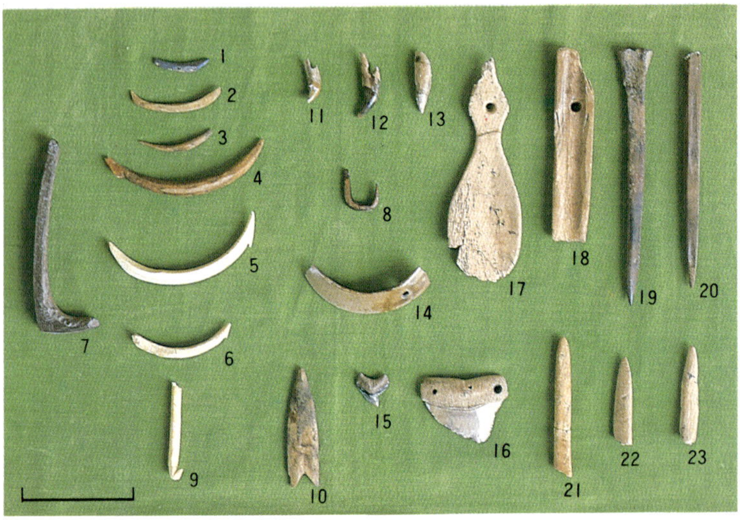

唐津市菜畑遺跡出土骨角製品

1～4・8イノシシ犬歯利用結合式釣針釣部（縄文前期） 5・6同（弥生前期） 7同軸部（同） 9鉤状骨器（縄文前期）10骨鏃（弥生前期）11イヌ切歯（同） 12イヌ犬歯（同）13イルカ歯（同）14イノシシ犬歯（同）15イタチザメ（同） 16サメ化石歯（同）17鹿角（縄文晩期）18シカ中足骨（弥生前期）19イノシシ腓骨（同）20シカ中手骨（同）21～23骨製ヤス状刺突具（縄文前・晩期）

▲▼北海道尻岸内町恵山遺跡出土銛など

上の3例はクマ，オットセイ，イルカを把手に彫刻したスプーン（続縄文時代の祭の道具か)。下は種々の銛頭。

スケールはいずれも5cm

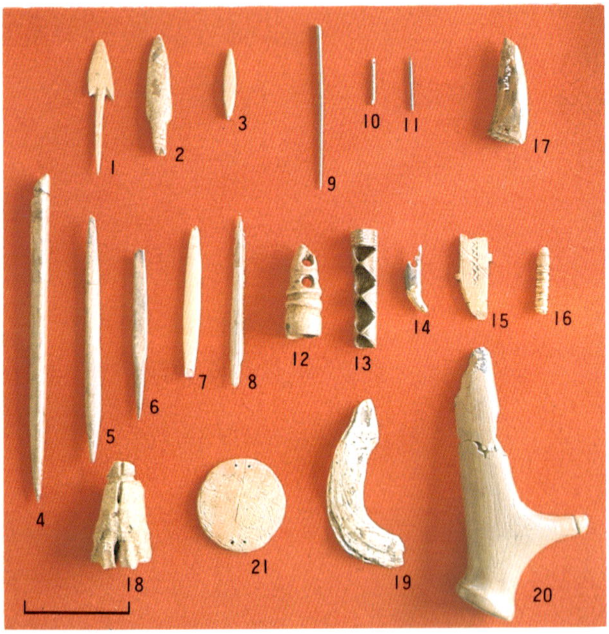

愛知県清洲町朝日遺跡出土骨角製品

1～2鏃，3～8ヤス状刺突具，9～11針，12弓筈，13鳥骨製品，14イヌ犬歯穿孔品，15装身具，16骨針頭部，17イノシシ犬歯切断品，18シカ中足骨切断加工品，19イタボガキ貝輪，20剣形角器，21円板形土製品（このほかに鹿角製の逆棘をつけた刺突具，シカ肩甲骨の卜骨などが出土している）

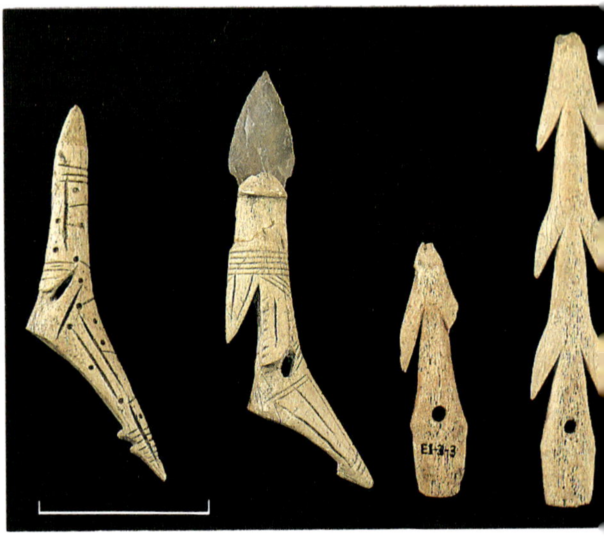

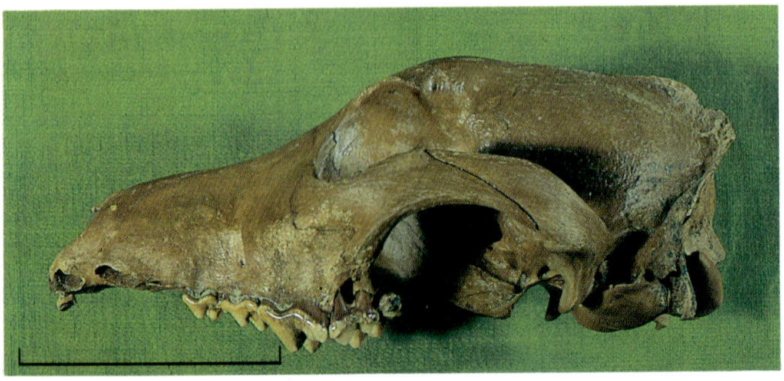

◀八尾市亀井遺跡出土のイヌ頭蓋

弥生時代犬14個体も出土している。狩猟がなおさかんであったことは獣骨やイヌの出土でもわかる。縄文犬の風貌を備える。

59号住居址炉周囲の遺物出土状態

炭化米が多量に出土した59号住居址(写真右上の土器片が集中する辺りにとくに多く出土)

弥生後期の炭化種子類
—長野県橋原遺跡—

弥生時代後期の集落遺跡である岡谷市の橋原遺跡では昭和54年の調査で58軒の住居址が発掘され，そのうち火災により焼失した住居1軒から多量の炭化種子類が出土した。米が46.8ℓ(2斗6升)，粟2,100粒(いずれも重量による推測値)，豆130粒が検出されている。米は大粒のものとやや小粒のものに大別され，計測値は長幅比1.70である。出土状態からこれらは大小の壺と甕に入れられて，住居北東隅の高所に置かれていたと考えられている。

構　成／会田　進

写真提供／岡谷市教育委員会

米（大粒）〈スケールは1cm〉

米（小粒）

豆

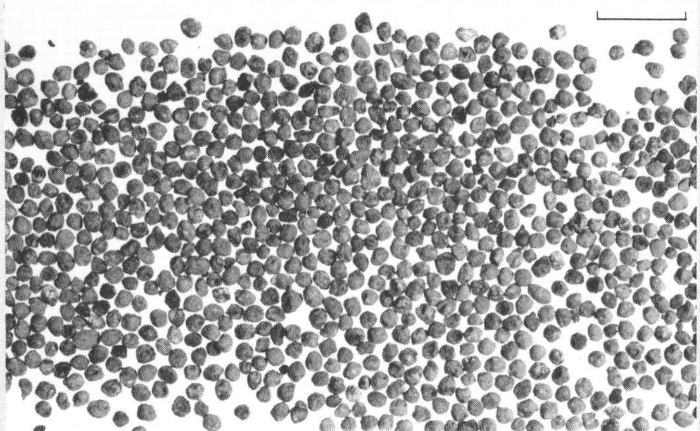

粟

続縄文文化の骨角器

北海道において弥生時代に併行する続縄文文化の骨角器は縄文文化の伝統を強く受け継いだものである。問題は縄文文化とどこが異なるのかということである。筆者は新しい器種が加わるというよりも製作技法の面で，とくに素材の選択性とその加工法で縄文文化と若干異なるのではないかと考えている。金属器による加工の可能性もそのひとつであるが，その内容は定かではない。

構　成／西本豊弘

写真提供／札幌医科大学第２解剖学教室

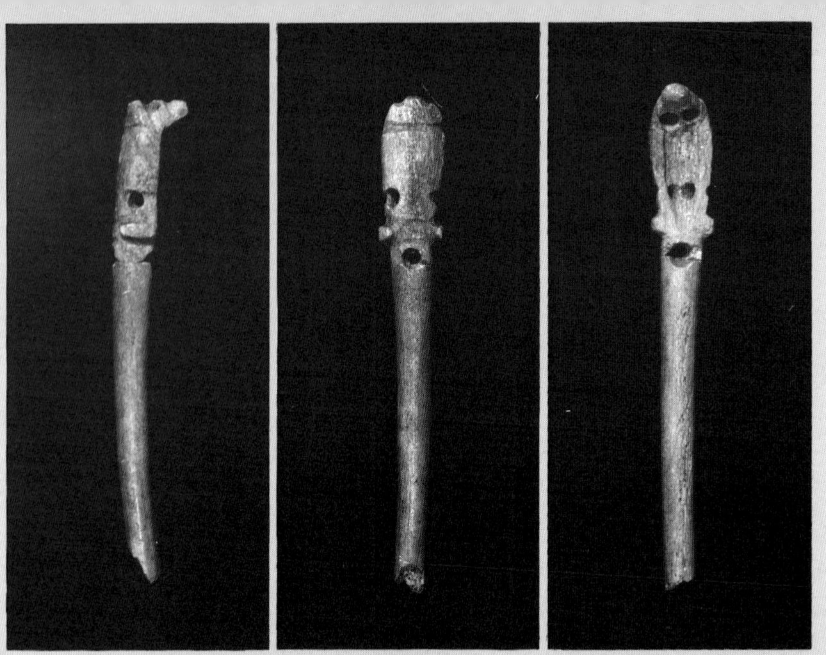

骨製装飾品

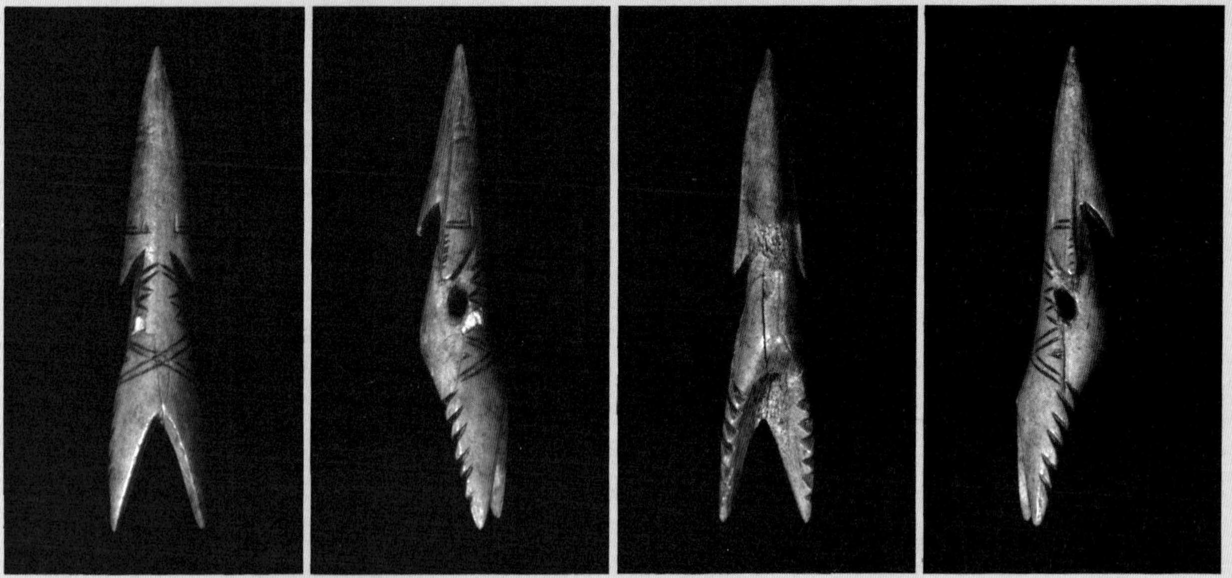

鹿角製銛先

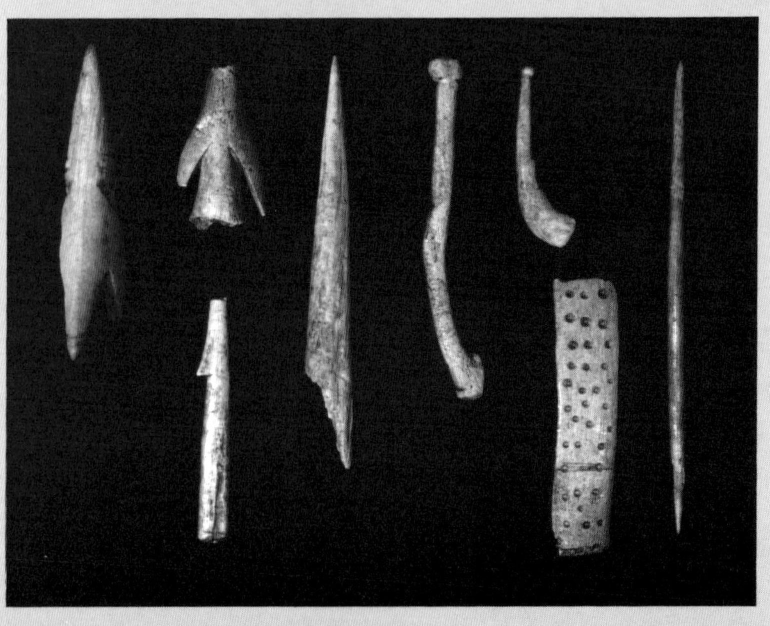

骨角製品

掲載資料はいずれも北海道
伊達市南有珠６遺跡出土品

南島先史時代の貝塚

南西諸島における先史時代の貝塚は大規模に盛り上げて塚を作ることはなく，急斜面や崖下に小規模に堆積するもの（1・2）と，砂丘地では生活の場と混在し，一面に拡がるもの（3〜6）がある。投棄物は岩礁性の大型貝が主流をしめ，獣魚骨は少ないが，山野より質・量ともに安定したラグーン（礁湖）が生業の対象地域であることがうかがわれる。

構 成／中村 愿

写真提供／沖縄県教育庁文化課
那覇市教育委員会

1 沖縄県嘉手納町野国B地点 崖下に堆積した貝層
沖縄先史時代編年前Ⅰ期(縄文早期相当)

2 沖縄県那覇市崎樋川貝塚 崖下に堆積した貝層
沖縄先史時代編年後期(弥生期相当)

3 沖縄県伊江村具志原貝塚 一般的な砂丘地の貝殻の出土状況
沖縄先史時代編年後期(弥生期相当)

4 沖縄県座間味村古座間味貝塚
貝層下に表われた円形平地式住居址とゴホウラ集中遺構
沖縄先史時代編年前Ⅴ期(縄文晩期相当)

5 沖縄県米島大原貝塚B地点 敷石遺構内に混在する大型貝殻
沖縄先史時代編年前Ⅴ期(縄文晩期相当)

東南アジアの
初期農耕と稲作

東南アジアの稲作以前の農耕の実態は考古学からは明確でない。丘陵地帯で始まったジャポニカ・ジャワニカ型の稲による稲作は次第に低地へと栽培域を広げ，デルタ地帯での水稲栽培へと発展していった。稲作の形態はさまざまだが，稲作を基盤として，ドンソン文化に代表される東南アジアの金属器文化が花開いていく。

構　成／新田栄治

タイ・ラオス国境，メコン河沿いの水田
乾燥した丘陵地帯の東北タイでは天水田が今でも多い

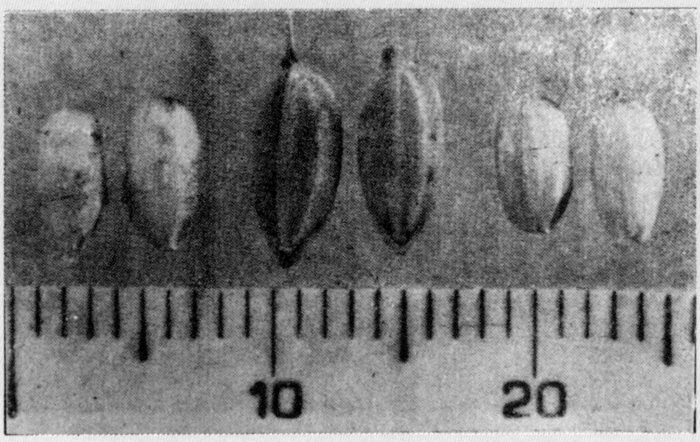

ベトナム・ドンダウ遺跡出土の炭化米
ジャポニカ・ジャワニカが初期の稲作の米であった。

コックパノムディ遺跡の層位と埋葬
後期新石器時代には農耕が行なわれたが，採集活動も盛んであった。タイ湾に近いこの遺跡は貝塚とその下層の埋葬からなり，土器には籾の痕跡がある。

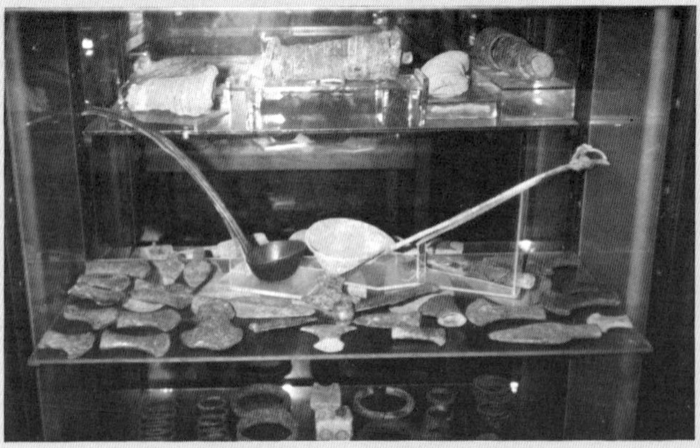

バンチェン文化の多彩な青銅器
（スアン・パッカード博物館）

バンチェン遺跡の副葬土器
稲作を基盤として金属器文化が栄えた。東北タイのこの遺跡では埋葬に伴い，多くの彩文土器・青銅器が出土している。

タイ・バンカオ遺跡出土の三足土器
後期新石器時代には煮沸調理に適した三足土器も作られた。龍山文化の影響とする説もある。

普及版
[季刊考古学]

縄文人・弥生人は何を食べたか

渡辺誠・甲元眞之 編

雄山閣

<目　次>

第一部　縄文人は何を食べたか

＜口絵解説＞

クロダイの鱗の顕微鏡写真（丹羽百合子）／縄文時代の漁撈具（楠本政助）／縄文草創期の貯蔵穴―鹿児島県東黒土田遺跡（河口貞徳）

第二部　弥生人は何を食べたか

普及版・季刊考古学について

本シリーズは「季刊考古学」の普及版として企画されたものです。要望の多い号より順次復刻していくというもので，定期的に刊行されるものではありません。

本書は創刊号「特集・縄文人は何を食べたか」（1982年11月1日発行）と第14号「特集・弥生人は何を食べたか」（1986年2月1日発行）を復刻・合本したものです。

研究の歴史性という意味で本文は元のままの文章としております。ただし，誤植等についてはその部分の語句を改めていますのでご了解下さい。また執筆者の肩書についても当時のままとし，巻末に現職名を一覧として掲げています。

「季刊 考古学」編集部

第一部

縄文人は何を食べたか

●縄文人は何を食べたか

縄文人の食生活

名古屋大学助教授 渡辺 誠
（わたなべ・まこと）

縄文時代の狩猟漁撈生活が資源の涸渇によって行き詰まり，稲作の進出を早めたという説は植物食の存在を忘れた議論である。

1 動物食優占の旧説批判

縄文時代は狩猟漁撈時代であり，結果として動物食が主であったとするのが，従来の一般的な考え方である。その背景には，弥生時代を“陽”，縄文時代を“陰”として極端な対比が行なわれる場合があるように，稲作開始の弥生時代以降に日本文化の源流を限定する考え方がある。

しかしその一方，形質人類学の成果は，若干の混血を認めつつも，縄文人がわれわれ現代日本人の直系の祖先であることを明確にしている。1万年にも及ぶこの縄文人の営みが，稲作開始とともにまったく無に帰すると考えるのは，あまりにも無謀なことといわざるをえない。日本列島の多様な自然環境に対する生活技術などの発達が，稲作伝来とともに消失するはずはない。とりわけ東北日本の豪雪地帯における縄文文化の繁栄は，この環境を生き抜くための生活技術の発達と，それを支える精神文化の発達を抜きにしては考えられないことである。こうした文化的伝統を前提にして，新来の稲作文化が弥生文化として開花するのであって，縄文文化が決してマイナスに働いているとは考えられないのである。

地理学者の市川健夫先生は，その著書『雪国文化誌』のなかで，高文明国中，日本ほど豪雪地帯に人口密度の高い国はない，と指摘している。その背景には，縄文時代以来の伝統も息づいていると考えられるのである。

食生活の問題に限定しても，近年の縄文文化研究の成果によれば，狩猟漁撈社会説には疑問点が多い。むしろ，これら動物食は重要な副食であったが，主食物は植物食であったらしい。この組合せは，野生植物がコメに変わるだけで，弥生時代以降現代まで一貫するものである。

旧説に対する疑問点は次の3点に集約される。

まず第1は，地域文化がもっとも多様に展開した縄文前・中期の小文化圏の境界が，植生のそれと一致することが多いのに対して，動物相との関係は限定されることにある（付図参照）。

第2は，狩猟・漁撈の実体が明らかになるにつれて，これらで説明できる限界が明らかになってきたことである。この背景としては，植物利用の発達が前提となるはずである。

第3は，縄文後・晩期に発達する抜歯風習に関連する問題である。抜歯風習とは健康な犬歯や門歯を成人式に際して抜去する風習で，その施術率は85％以上，すなわちほとんどの縄文人が男女を問わず避けることのできない肉体的試練であった。しかし，この村落構成員としての義務は権利に裏打ちされたものであり，この権利もまた男女間に大きな差違はなかったとみなされる。したがって男性優位の狩猟漁撈に匹敵する女性の生業として，植物の採集・利用の重要性を考慮せざるをえないのである。

こうした疑問が強くなってきたのは，直良信夫，酒詰仲男，藤森栄一，江坂輝彌の諸先生方をはじめとする縄文研究の伝統の上に，照葉樹林文化論の登場や，考古生態学の発達によって，浅薄な観念論を排し，実証的な研究が発達したことによる。とりわけ重要なのは，水洗選別の徹底による植物遺体の検出が進んだことである。その性質上遺存しにくい植物遺体の研究が遅れていたために，鳥獣魚貝類のみが目立ち，狩猟漁撈社会説を温存してしまったのである。

採集および捕獲の対象物が明確になるにしたがって，その手段や方法の研究も進展した。狩猟・漁撈を中心に考えると，どうしても狩猟具・漁具といった第1次生産用具に研究が偏り易い。各道具も機能が限定されるため，たとえば石鏃・釣針といったような明確な形態をとり，研究し易い。これに対して植物食に関連するものは，直接的な採集用具とともに，磨石・石皿などの2次的な加工用具がきわめて多い。このため用途は多目的になりがちであり，植物遺体との対比なしには研究上困難が多かった。そしてもっとも根本的な問題として，生産手段とその対象との関係を統一的に理解しようとする視点が欠除していたことが指摘される。

有名な「サケ・マス論」も，こうした研究にはかえってマイナスな役割を果たしたことは否めないであろう。学説の根幹となる論文が当事者によって明確に書き残されなかったことによって，北米インディアンにおける領域形成と，ドングリおよびサケ・マス資源との関係にはあいまいさが残っている。一歩退いて，北米の図式を正しいとしても，これは日本列島にはまったくあてはまらないのである。なぜならば，北米のドングリはすべてコナラ亜属などの種類であり，日本列島では東北日本の落葉樹林帯に優占する種類である。この地域はまたサケ・マス地帯であり，分布域は重なりあってしまい，サケ・マス＝東北日本，ドングリ＝西南日本とする図式は成立しないのである。

一方，西南日本のアカガシ亜属のドングリは東アジアの照葉樹林帯固有の種類であって，もちろん北米には分布していない。

民族誌援用の適切さの問題ばかりでなく，このために自然遺物などの研究が遅れてしまったという側面も大きな問題である。昨今の新しい研究動向は，サケ・マス論提唱者およびその追随者以外の学派によって推進されたものであることを注目

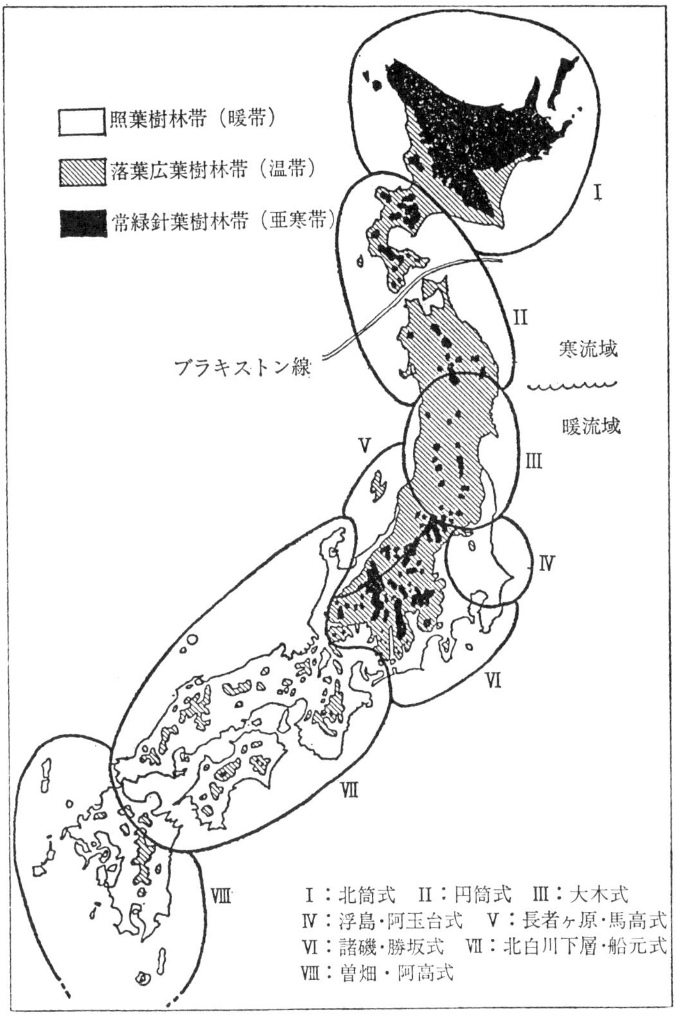

縄文前・中期の小文化圏と植生との関係

しておきたい。

2　小文化圏形成の経済基盤

東北日本と西南日本との二大別しかしていないサケ・マス論では，付図に示すような地域文化の形成の背景は説明できない。多様な日本列島の自然環境に多様な適応を遂げた縄文文化は，その具体的な適応手段のバラエティーに恵まれることになり，これらが相互に伝播して相乗効果をもたらしたであろうことは想像にかたくない。

こうした各地域と地域文化の形成に，狩猟・漁撈および植物採集が具体的にどのように関連しあっているかをみてみよう。

まず狩猟であるが，これは旧石器時代以来の重要な生業であったが，縄文時代の全期間を通じては大きな変化はなかったらしい。捕獲対象物は，

津軽海峡を横切るブラキストン線の南北で内容を異にしている。本州ではニホンジカ，イノシシを主に，山岳部ではツキノワグマ，カモシカが加わり，他にキツネ，タヌキ，アナグマ，ノウサギなどの小動物も捕獲されている。これに対し，北海道ではイノシシ，カモシカを欠き，エゾシカを主にヒグマが加わる。そしてこのブラキストン線は，小文化圏の境界線とならないばかりでなく，その中央を横切っていることも見逃せないことである。

漁撈は狩猟に比較して，小文化圏との関係がやや密接である。海流との関係をみれば，Ⅰ・Ⅱの文化圏は寒流域であり，Ⅲ以下は暖流域に属す。寒流域においては，開窩式離頭銛によるトド，オットセイなどの海獣漁が特徴的であるが，網漁は不活潑で，Ⅲ～Ⅶの文化圏とは別個の漁撈文化伝統を形成している。Ⅷの文化圏も同様に，別個の伝統を形成している。ここでは外洋性漁業のシンボルともいうべき大形の西北九州型釣針が前期以来一貫して存在しており，曽畑式土器自体が大陸の櫛目文土器の影響下に出現したとみられており，歴史的背景をも異にしている。

外洋性漁業は，リアス式海岸の卓越した仙台湾を中心とするⅢの大木式文化圏において，中期後半に著しく発達した。釣針や各種の銛が発達し，マダイ，カツオ，マグロ，イルカなどが捕獲された。こうした地域では，貝類もアワビ，サザエ，クボガイ，レイシ，イボニシなどの岩礁性巻貝が優先する。後期末から晩期になるととくに燕形離頭銛が発達し，とりわけマグロ漁が一段と活潑になる。保存法としては，カツオ，マグロは“ナマリ”としてくん製にされたと思われるが，魚体からみればカツオよりマグロの方がはるかに大きく，それだけ交換価値が高かったと考えられる。そしてこの外洋性漁業の発達は，カツオ，マグロが夏期の回遊魚であること，村落の立地条件が限定されることなどにおいて，専業化の方向性を示している。

内湾性漁業のセンターは，縄文海進によって樹枝状に入江の発達したⅣの東関東の中期・阿玉台式文化圏である。網漁によってスズキ，クロダイなどの浅海河口性魚類がとられ，ハマグリ，シオフキなどの内湾の砂泥にすむ二枚貝が多数採取されている。後期になるとさらにヤス漁が加わり，さらに後期末から晩期にかけて，土器製塩が出現する。これは外洋性漁業のマグロ漁に対比されるもので，より交換価値の高いものに向って技術の発達が促進され，専業化の方向を深めている。決して停滞的ではない。

網漁はさらに内水面域に向って伝播し，コイ，フナ，アユ，ウナギなどがその対象となった。

このように漁業の発達は，専業化を支える他の主生業の発達を考慮しなければならない。そしてすでに記したように，狩猟はその資格を有しないのであるから，おのずから植物質食料の重要性がクローズ・アップされてくる。

そこで改めて植生図との関係をみてみると，Ⅰは亜寒帯針葉樹林帯，Ⅱ・Ⅲ・Ⅴ・Ⅵは温帯の落葉広葉樹林帯，Ⅳ，Ⅶ，Ⅷは照葉樹林帯，そして亜熱帯性の南西諸島をⅨとして加えることができる。このなかでもⅤとⅥは，積雪量の違いから同じ中部地方でも植生に差違があることと関係がある。またⅣは東海地方で細くなった照葉樹林帯が，関東平野で再び大きく拡がったところで，これに縄文海進の影響とが重なってくる。

こうした森林帯の区分をタテ糸とし，先に記した狩猟漁撈の対象物の分布をヨコ糸として織り合わせれば，そこにおのずから小文化圏との密接な関係が浮びあがってくるのがわかるであろう。したがって晩期にかけて，これらがⅠ，Ⅱ～Ⅵ，Ⅶ～Ⅸと3群にまとまるようになるのは，小文化圏を内包しつつ統合された大文化圏が形成されたとみるべきである。この社会的環境を無視し，前代と同じように自然環境と直接境界線が重なるように理解することには，納得できないのである。ましてⅣの関東平野を無視してⅦまでを照葉樹林帯とし，このため初期稲作の進出が制約されたとみるような見解は理解し難い。

3　植物質食料の利用水準

植物質食料の地域性については別章に記しているので，ここでは触れないが，その発達の段階については避けられない問題がある。すなわち，植物食の比重を大きく考える考え方には，藤森栄一氏などによって高唱された縄文中期農耕論などがある。しかし穀類の検出がみられないこと，かりに大陸からはいったとしても，議論のもっとも中核に位置する打製石斧が前期より西関東～中部山岳地帯にかけて発達し，近畿地方を経て後期中葉に影響を与えているのであって，雑穀が野生していない限り，この説の成立は困難である。一方，その立論の根拠を詳細に検討すれば，照葉樹林文化論中の半栽培段階に相当するということができる。そのメルクマールは管理栽培と水さらし，アク抜きの技術であり，野生植物利用でももっとも高度の段階である。

この段階はどの時期からかというと，ドングリ類もトチの実もともに中期まで遡ることができる。その根拠は，断片的に出土する植物遺体と，アク抜き技術に伴う諸要素と，遺構・遺物（次にカッコ内に記す）との比較研究であり，その概要は次のとおりである。狩猟・漁撈具にくらべて関連する遺構・遺物が多く，この点からも植物食の比重の高さを知ることができる。

まず採集段階では，採集具としてのカゴ類（カゴ，アンペラ，スダレ状圧痕，骨針），虫出しのための桶（土器），乾燥のための広場（円形集落の中央広場），そのためのムシロ（アンペラ，スダレ状圧痕），貯蔵の場所（貯蔵穴，長方形大形家屋址），皮むき・製粉およびつきくだき用の道具（たたき石，すり石，石皿，雨垂石），灰の確保（複式炉，灰層），水さらしの道具と場所（編布，土器，自然湧水点），煮沸用具（土器），こね鉢（浅鉢形土器，木鉢），蒸器（キャリパー形土器），食器（小形浅鉢形土器，木製杓子，杓子形土製品）などが必要とされる。またこれらの全過程の実現のためには，定住生活が前提となるのである。

中期農耕論の諸要素はほとんどこれらに含まれてしまう。はずれるのはクリの管理栽培と打製石斧の問題である。しかし打製石斧とても，堅果類に用いられるアク抜き・水さらしの技術が，クズ，ワラビ，テンナンショウ，ユリなどの地下茎や根茎類にも使用され，それを掘るための道具であったとみることができる。そしてクリの問題も，半栽培段階のもう1つのメルクマールである管理栽培を示唆しているとみられるのである。もっとも根拠となるクリの遺体そのものでは，ほとんど大形品は見当たらないのであり，破片では見分けにくいトチの実を誤解している可能性があるのであって，資料の再検討が強く望まれる。

これらの中期農耕論的要素は，前期から中期にかけてその組合せが完成し，後期になって西日本に伝播する。このため西日本晩期農耕論の要素のなかにも同様な資料批判の余地が大きいのである。この新しい段階は，決して中部地方ではじまったのではない。とくに長方形大形家屋址や複式炉の問題からみると，東北地方の前期初頭にその萌芽がみられるのであって，植物遺体の検出とともに雪国の縄文研究の重要性を痛感している昨今である。別章に記すように，トチの実などの優占する地域をはずれはじめる中部地方において，その周辺現象として打製石斧が浮上してくるのではあるまいか。打製石斧の量的増大が同心円的に拡がらず，西日本にだけ流れる現象を直視すべきように思う。

水さらし，アク抜き技術の行使によって，食品は必然的に粉食にならざるをえない。現にパン状およびクッキー状炭化物が検出されているが，実際には粥状にして食べられることの方が多かったと考えられる。そして，この粥のなかには各種の食品が混炊され，この伝統が初期稲作の発達に大きな役割を果したと考えられる。低生産力段階の米のかさ増やしとして，縄文時代以来の食品が重要な位置を占めていたと思われる。近世まで残存していたシイめし，カシめしの例をあげるまでもなく，各種のカテめしや五目ごはんは，その系譜を引くものである。

これらの結果からみて，縄文時代を狩猟漁撈時代とし，その終末期には濫獲が進み，食糧状態が悪化して矛盾（？）が進行していたため，稲作がまたたく間に全国に拡まったとするような考えは，実証性のない間違った議論といわざるをえない。そしてこの立場からは，狩猟漁撈の実体も実は正確に理解されていないのではないだろうか。初夏に北上するカツオやマグロは，赤道直下まで出かける近代漁業においてはじめて資源涸渇が問題になったのであり，沿岸漁業の縄文時代において，これをとりつくすことなんてできるはずのないことである。

また木の実にしても，毎年秋になれば結実落下するのであり，来年の分までとりつくすことなんてできるはずのないことである。

縄文人は現代日本人の直接の祖先であるという形質人類学の成果とは別に，日本文化は稲作文化であって弥生時代にはじまるとする考えは，戦前の先住民族説の亡霊でなくてなんであろうか。むしろ縄文文化の伝統の上に，弥生文化以降の大陸文化が流入・融合していったのである。この基層文化としての縄文文化を知る上で，本特集号が少しでもお役に立てば幸いである。

食料の地域性

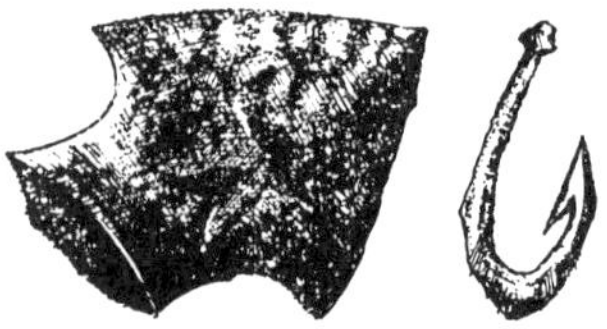

縄文時代において，狩猟，漁撈および採集活動はどのような地域性をもって展開していただろうか。各地域の特徴をさぐることによって当時の日本列島を概観してみよう

狩猟・漁撈対象動物の地域性／漁撈対象動物（貝類）の地域性／採集対象植物の地域性

狩猟・漁撈対象動物の地域性

早稲田大学考古学研究室
金子浩昌
（かねこ・ひろまさ）

札幌医科大学第二解剖
西本豊弘
（にしもと・とよひろ）

伊東市教育委員会
永濱眞理子
（ながはま・まりこ）

1　狩猟・漁撈活動の地域性

本稿およびその付図は，縄文時代における狩猟・漁撈活動が，どのような地域性のもとに展開していたかを示すものである。漁猟活動の地域性とは，ある地域の地理的な諸条件，そこで捕獲あるいは入手される主要な貝・魚・鳥・獣類各種，そして，そのための捕獲・採取の技術，利用法などを総括した文化的な諸要素によって説明されるものである。いま，その詳細をのべる余裕はないが，以下にのべる大別した地域区分の説明の中で，注意される事項についてはふれておいた。

地域区分は，基本的には日本の地形区分に則って分け（地方別），それを自然と文化の両面を考慮して分割した（地区別）。地区別は，漁撈・狩猟対象にみる差違，地方を区割する山脈，山地の発達の条件が関与した。したがって南北方向にのびる東北地方と，東西方向にのびる西南地方とは地区別方法に違いがおきた。そして，この地区別は当時の生活圏の１つの単位と考えてよいであろう。もちろん，この単位内で，さらに，個々の住居立地に関わる環境条件があり，それに支配されると同時に，それをまた越えて人々の意志は伝えられ，品物は搬入されたであろう。また遺跡によってはその個々が，季節的な意味合いを持つものであったと考えられる場合もあろう。１つ１つの遺跡の内容の詳細な検討によってこうした問題も明らかにされていくと思われる。　（金子・西本）

縄文時代の狩猟，漁撈活動の地域性を示す地域区分

＊ 表記法については，上述の本文序言中においてのべたのでそれを参照されたい。

＊＊ 表示及び地図上へ記載した遺跡例は，限られたものの一部である。本表及び地図の作製は北海道地方を西本，その他を金子が担当した。作製に当り，筆者らの調査資料の他に多くの文献から引用させていただいた。紙幅の都合でそのいちいちをあげ得なかったこと，重要な遺跡が他に多々あることをお断りしておきたい。

A　北海道胴体部地方		縄文期の貝塚，洞穴例は少ない。海岸線の単調なことにもよるが貝塚の立地域は限られ，漁撈の活動は続縄文以降に比べて消極的な面もある。
A_1　道東・オホーツク海沿岸	礼　文　島	本邦の北端に近い貝塚がある。詳細は知られていないが，北海道開窩式の系統を引く銛頭などが出土。
	サロマ湖畔	オホーツク海岸での最大の縄文貝塚がある。同じ場所に生活立地しながら，後のオホーツク文化とは大きな差違が動物種の量差，漁猟具の形態差にみられる。詳細は今後の調査が必要である。
A_2　道東・太平洋沿岸	釧路川河口域	この地域で最大の規模をもつ貝塚があり，魚類と多くの海棲獣類の遺骸の出土することで知られる。また骨角器はそれと同系統のものが本州北端にまでみられる。東釧路貝塚は陸獣は稀で，海の資源に依存した生活址。鳥獣類はミズナギドリ類，イシイルカ，オットセイが多い。

(北海道道央・道南)石狩，勇払の淡水，汽水内湾域，岩礁海岸など北海道西部の自然的環境は変化に富む。貝塚と漁猟の文化についての重要な遺跡をみる。特に内浦湾内はオットセイ，クジラ類の回遊域であり，縄文前期以降アイヌ文化につながる海獣狩猟の展開をみる。陸獣はシカが主で，クマ猟は少ない。生息数や技術的な問題に関わるのであろう。後期以降になってイノシシの若い骨の出土例がある。本州より搬入されたものであるが，ほとんど道央，南部で出土。犬歯は装飾品としてひろがる。

B 東北地方　(本州北端)津軽海峡を挟んで，ヒメエゾボラ，サケ類，カサゴ類などの北の魚貝類を含む貝塚ができ，北太平洋を回遊する鰭脚類の銛猟があった。B_2 の中部になると，イワシ類，マグロ，カツオの回遊圏となり，リアス海岸の発達はこれらの外洋魚の漁獲を容易にし，早くより釣漁業が発達し，後に銛漁も加わる。内陸地帯へ海産魚貝がはこばれるが，河川，湖沼域ではサケを加えた淡水魚貝が多獲され，森林の動植物資源とともに縄文文化の基盤となる。B_3 の南部はその南限となり，晩期に独特の骨角器文化を育む。

B_1 道央部，太平洋沿岸	石狩低地帯	この低地帯に深く海岸線の入り込んでいる頃の貝塚はなく，いずれもラグーン化以降の形成。従って魚はボラ，スズキなど汽水域の種類が多く，それにサケがある。シカ猟とともに海棲獣も行なわれている。
	内浦湾沿岸	前期以降，マガキ，イガイ，アサリを主体とする貝塚が形成され，その数も多く，規模も大きい。
	渡島半島南部	恵山岬から函館湾に至る間貝塚が点在。岩礁の小巻貝とオオバンヒザラガイなどが採られている。内湾ではアサリ，ハマグリが主になる。マダイ，カサゴ類，海棲獣ではオットセイ猟の圏内に入る(戸井貝塚)。
	渡島半島日本海側	岩礁海岸の岩陰，洞穴遺跡が注目される。エゾアワビもみられるが，数の増えるのは晩期以降である。三ツ谷遺跡ではイノシシ，ラッコが注目される。ラッコは近年釧路ヌサマイ遺跡でさらに多量に出土。
下北半島域	下北半島北端	大間，尻屋岬などの岬先端に晩期小貝塚が形成。岩礁貝とマダイ，アシカが多く，陸獣は極く限定。アシカは幼体，雌成獣骨が多い。
	小川原湖畔	早期以降広大な内湾域で漁猟，ハマグリ主体から中期末頃よりヤマトシジミに変る。湾奥に大規模な貝塚が形成（二ツ森，古屋敷）。
	馬淵川河口内湾	早期以降貝塚形成，前期長七谷地は魚骨豊富，釣針，銛頭の出土も多い。陸獣は稀，アシカなども少ない。漁撈専業。
陸奥湾域	下北半島側 大湊旧入江	最花 (C)，女館 (Z) など。最花貝塚の規模は大きい。獣骨の出土は多くサル，クマ，カモシカなどの出土が注目される。
内陸地域	馬淵川中流域 岩木山麓	内湾奥に至ると，シカ，イノシシなどの獣骨次第に増加。岩木山麓その他狩猟条件が恵まれたと思う。精巧なイノシシ土偶が出土。
日本海岸域	津軽半島とその平野 岩木川流域と河口	ヤマトシジミ主体の貝塚(Zのみ)，亀ケ岡での獣骨残存率がよくないが良好な狩猟地だったろう。クマ，海棲のアシカ類も出土している。
B_2 東北中部地区 太平洋沿岸	陸中海岸沿岸	宮古，綾里，大船渡，広田，気仙沼の諸湾沿岸とその奥部に貝塚の主要分布をみる。前期以降晩期に至る間のもの。アサリと岩礁貝，イワシ類，マダイ，マグロ類，陸獣が主で，後晩期に至り獣骨の出土が多い。貝類では現在では稀なボウシュウボラ，ミガキボラを採っている。
	牡鹿半島周辺から仙台湾，松島湾沿岸とその近域の島々	主として前期以降晩期に至る間貝塚が形成。規模大きく数も多い。外海に近いところではアサリ，イガイ類，内湾ではハマグリ主体。魚類ではイワシ類，マグロ，スズキ，マダイの多いのが特徴。獣骨も多い。
内陸地域	仙台平野 北上，迫，鳴瀬川下流と湖沼の周辺	早期以降貝塚形成，鹹水貝塚から淡水貝塚に変る。平野部奥の貝塚ではオオタニシ，イシガイを主とし，フナ，ウナギ，サケ，マスの出土が多い。貝塚の規模大。本邦での貝塚の代表的分布域の一つ。
	北上山地の洞穴 岩泉周辺地域 その他	多くの獣骨にまじり，タイ類，マグロ類などの海魚の混在が注目される。河川沿いに海岸域との交流があったのであろう。
日本海沿岸地域	男鹿半島の周辺	旧八郎潟内の貝塚形成。中期に早くヤマトシジミの貝塚が形成，ラグーン化。日本海沿岸にも小ラグーン内の貝塚。
B_3 東北南部地区 太平洋沿岸	相馬地方～磐城海岸	仙台平野の南部から長い磐城海岸は単調で貝塚立地は一部を除いて制約される。小高，浪江町付近に前～後期貝塚が小入江に面して形成されている。
	小名浜・平地方の貝塚	内湾，外海の両貝塚が形成。特に後者の貝塚に著名のものがある。中期のカツオ，マダイ，カスザメ，後期のスズキ，マグロ，晩期のマダイ主体とマグロの如く時期差が明瞭。獣骨の出土も多い。
内陸地域	米沢盆地北縁（奥羽山脈南端）	豊富な動物骨を出土する日向洞穴などが知られる。ガン，カモ類なども出土するという。
	越後山脈の南側	御神楽岳北縁に分布する小瀬ガ沢，室谷などの洞穴には前期以降の層序で豊富な獣骨が出土。特に室谷洞では山岳猟の典型をみる。
日本海域	佐渡島	国中平野に内湾(汽水系)貝塚が形成されている。クロダイが主。イノシシが多く，シカは稀。古くは佐渡島にもイノシシが生息したのであろう。

C 中 央 地 方		C_1（関東地域）は広大な内湾水域が形成され，内湾砂泥底貝と魚類，汽水種も含め水産の資源を有効に利用している。さらに現外海の環境に近い地域では，暖海系の岩礁魚，イルカ猟のための釣，刺突，銛漁猟がみられ，独自の文化を形成した。C_2（本州中部）は本邦山間狩猟文化の中核を形成し，その技術は晩期から弥生期へ伝えられ，関東周縁の山地帯に及んだ。
C_1 関東平野とその周辺地区		
太平洋沿岸域	鹿島灘北岸域（日立より那珂湊に至る間）	那珂湊以北は海岸に面する平野は狭いが，中期から後期に及ぶ貝塚がある。那珂川下流域には前～後期に及ぶラグーン内貝塚があり，漁具に特徴ある形のものがつくられている。
	九十九里側下総台地，房総半島東岸	下総台上に外海，内湾両方の性格をもつ貝塚が前期以降形成。魚は内湾のものが主。かつて豊富な遺物を出土した一宮貝塚は，外海に近いラグーン内貝塚の典型で，外海系魚貝も多かった。
	東京湾岸，奥東京湾	早期末以降数多くの貝塚の形成をみる。早・前期はカキ，ハイガイ主体貝塚。中，後期には奥東京湾より貝塚は減少し，東京湾岸域で，砂泥性貝種のイボキサゴ，ハマグリ，アサリ，シオフキ主体の大貝塚が形成。規模の大きいのは東岸江戸川河口域～養老川域に分布。
	利根川流域と霞ガ浦周辺	霞ガ浦を含めた広大な砂泥性内湾にひらけ，貝塚の形成は早期より晩期に及ぶ。早期前半に小形ヤマトシジミ主体，末葉にマガキ，前期以降ハマグリ主体貝塚が形成。魚は下流域ほど多く，フグ類，クロダイ，マダイが主になっていく。獣骨は後，晩期ほど多く，イノシシ，シカの主体性が強まる。
	東京湾口より相模湾沿岸	房総半島南端を含め，三浦半島の周辺とそれ以西は早期末以降の狩猟，漁撈の盛行した地域。マダイその他の岩礁魚，イワシ類が豊富，マイルカ猟が顕著(他に各種のイルカ類を含む)。アシカなど鰭脚類は少ない。後期後半期にはシカ，イノシシなどの陸獣が増え，漁猟のウェイトの置き方あるいは技術上の変化がみられる。
	伊豆半島沿岸	伊豆半島沿岸域での漁猟を具体的に示す遺跡が最近知られている。漁・猟両面での活躍の好条件があったと思われるが，ただ海岸平野部のせまいことが制約となった。
C_2 中部地区		
太平洋沿岸域	東海地方磐田・三方原台南縁	天龍川開析谷の谷口にできたラグーン内の貝塚。後期より晩期に及ぶ。現佐鳴湖に面した蜆塚貝塚は，当時は貝の採集の好条件下にあって大規模なものになる。漁撈はほとんどラグーン内にとどまる。
	三河湾岸 渥美，知多半島	2つの半島に囲まれた三河湾岸。各半島部の小入江は，漁撈の好条件を備える。半島先端に岩礁貝類，湾の奥にはマカキ，ハイガイが早～晩期に至る間生息。その中間域にハマグリ，アサリの生息する内湾ができる。後晩期を経て弥生期まで貝塚形成。魚・獣骨の出土も多い。
	伊勢湾奥部	内湾と湾奥部貝塚が知られる。
内陸地域	関東山地西麓	北相木村栃原洞穴は獣骨は多量。リス，ノウサギ，テン，ムササビ，サル，大型獣でカモシカ，クマ，イノシシ，シカの順に多い。
	三国山脈南西麓	小県郡真田町唐沢岩蔭，高山村湯倉洞穴で草創期以降縄文晩期，弥生期の動物資料が豊富に出土。湯倉洞では1500 m の高地に年間居住。
	八ガ岳山麓	長野県側で茅野市内洞穴部と山梨県側北巨摩郡大泉村金生遺跡。金生遺跡では焼けたピット中にイノシシの下顎骨が大量に出土。イノシシ猟と特殊な祭祀のあとであった。焼骨の出土例は中・東信に多い。
	松本盆地とその周辺	イノシシ，シカの焼骨を伴う配石遺構が知られ，とくにイノシシの頭骨，下顎骨が多い(金生，円光房)。これも祭祀的なものである。このような狩猟にかかわる祭祀の行為は各地でみられたのであろう。
日本海沿岸域	白山山地南麓(岐阜)	九合洞穴でハマグリ，アサリ，魚骨が知られている。
	富山湾とその近域	境A遺跡はサメ，海鳥類，サル，クマなどの焼獣骨片を大量に出土。氷見市朝日貝塚（Z）があり，豊富な動物遺骸を出土する鹹水貝塚。
	神通川河口	ヤマトシジミの貝塚が知られるのみ（蛆ガ森）。
	能登半島・七尾湾	真脇遺跡ではイルカなどを出土。
	福野潟，河北潟	ラグーンに面した貝塚として早くより知られてきた堀松，上山田貝塚はともに中期であるが，貝塚採集条件の汽水から淡水域にわたる差違のあること，従って漁獲条件にも相違点のあることが注目される。
C_3 伊豆の島々		大島，利島，新島には，本土の土器文化が移され，漁撈生活の跡をみる。ウミガメ類，岩礁の魚が主。獣骨はイノシシが主で，当時島に生息した可能性がある。
D 西 南 地 方		D_1(外帯域)つまり太平洋沿岸域は，紀伊半島以西九州南部に至る高山地帯に支配され，貝塚形成の条件が制約される。これに対して，D_2（内帯域）の内側は瀬戸内海域として内湾が形成されるが，九州の北・西岸域も文化地理的に，その延長にあると考えられる。

ここは関東の東京湾口部貝塚と共通する魚貝類が知られるが，ただし明らかに異なる魚貝文化の伝統をつくり上げている。

D_1 外帯地域 太平洋沿岸域	紀伊半島 志摩半島～紀ノ川河口域に至る海岸線	長大な海岸線にもかかわらず，貝塚などの遺跡に恵まれないのは伊豆半島での様相に似る。外海系の貝塚は稀で唯一の広い内湾域で発見されている貝塚はハイガイ，マガキ主体貝塚であり，湾奥の立地を求めたものである。
	四国東部吉野川河口，西部土佐湾西南端と宿毛湾	わずかに江口，森崎貝塚などが知られるのみ。中村貝塚は稀少の一例。内湾奥の立地，平城・宿毛はリアス式海岸の奥の内湾貝塚。
	九州・日向灘沿岸域 青　島 志布志湾奥貝塚	外海に直面する松添は大形のサメの出土が特徴。この地域の貝塚は少ない。洞穴ではイノシシ，シカなどの獣骨が多い。
	薩摩半島西岸 鹿児島湾	規模中程度のカキ主体の貝塚が点在。草野貝塚はその代表。モクハチアオイガイはこの湾内貝塚を特徴づける二枚貝である。
内陸地域	四国内陸・四国山地	洞穴遺跡がその西寄りで知られる。上黒岩は前期以降の層で獣骨が豊富。鹹水貝が装身具にされる。
	中国山地	洪積世以降の洞穴堆積層によって，動物相の変せんがたどれる。
	九州山地	動物骨の多い洞穴遺跡が知られる。前高洞でオオカミ，オオヤマネコを含む獣骨群がある。中条洞穴ではイノシシを主とする後晩動物相。
D_2 内帯地域 D_2-a 瀬戸内陥没地帯とその延長 近畿地域	奈良盆地	奈良盆地で貝塚はなくまた動物遺体をのこす縄文期遺跡は稀。橿原遺跡はイノシシ，シカの他クマ，カモシカも含めた多彩な狩猟が想定されている。オオカミの犬歯穿孔品も出土している。
	琵琶湖南端	最近湖底遺跡も知られるが，セタシジミ，フナ，コイ，ギギなどの淡水魚，スッポンの採捕，狩猟も積極的。晩期の獣にはクマ，オオカミ。
	大阪湾岸と奥大阪湾	旧大阪湾の入江の変貌は，縄文後期のマガキ貝層から考えられる湾奥の状況から，晩期のセタシジミ貝層の示す淡水湖に変わっていった。
瀬戸内海域	瀬戸内沿岸域加古川～児島湾～松永湾の旧入江と内海の島	前期以降ハイガイ，マガキを主体とする貝層。同様な湾奥立地と比較的湾口域の立地（平城）例がある。現在知られる貝塚は少ない。下層から上層へ，汽水域から鹹水域への変化は内海の海況の変化を示すものとされている。矢部，船倉貝塚がある。
九州地域	周防灘，別府湾沿岸	貝塚の分布は少ないが，周防灘に面した旧入江には一つの分布域がみられ小池原など重要な貝塚がある。
	遠賀川谷	九州北部での重要な分布域。河口部にある山鹿貝塚は湾奥と外海の両面性をもつ。
	糸島半島	天神山では，早期のマガキ，ハイガイ主体から前期のハマグリ，後期のタマキビ，アサリと三転する。魚は早前期にスズキ，クロダイ，後期にフグ類が多い。
	有明海沿岸	早期から中期までハイガイ，マガキのとれる泥性入江がつづき，ラグーン化してヤマトシジミ主体の貝塚貝類相へと変わる。
	天草下島 橘湾岸	有明海湾口部，豊富な獣魚骨が特徴的。長崎半島南端に脇岬貝塚があるが，九州の貝塚で最も注目されるものの一つ。
	五島列島	福江島には縄文から弥生期の貝塚が知られ，特に縄文前～晩期貝塚が注目される。岩礁性の魚貝類，サメの歯の利用(漁具の逆刺のためか)，銛頭とされる刺突具など遺物は豊富である。
	沖ノ島	岩礁の魚貝とアシカ猟を目的とした渡島が縄文期にはじまっている。
	対　馬	岩礁魚貝，陸獣ではイノシシが主体で島嶼型，アシカ，イルカ類など海棲獣類の骨の出土をみる。キバノロの犬歯加工品があり，韓国沿岸からの搬入品である（佐賀貝塚)。
D_2-b 日本海沿岸	若狭湾沿岸 三方湖畔低地	鳥浜貝塚は旧湖岸に形成された淡水貝塚。豊富な獣魚骨を出土。魚には海魚も多く含まれる。
	島根半島	中ノ海北岸の洞穴（鹹水）と，さらにその奥に低地遺跡があり，その立地条件は上述の鳥浜貝塚などと共通する。
E 南西諸島 薩南諸島	奄美大島	宇宿貝塚は島の北東端，笠利半島東岸海岸砂丘上の貝塚。縄文後期に対比される宇宿下層式土器と多くの獣魚骨が出土。
	徳之島	徳之島の南，隆起珊瑚礁上の砂丘上に第2貝塚，丘陵端に第4貝塚（宇宿下層）がある。
琉球諸島	沖縄島とその他の島々	貝塚が数多く知られ，内湾（礁原）と外洋に面した礁縁での漁撈，オオコウモリ，ケナガネズミ，ジュゴン，イノシシ猟があった。

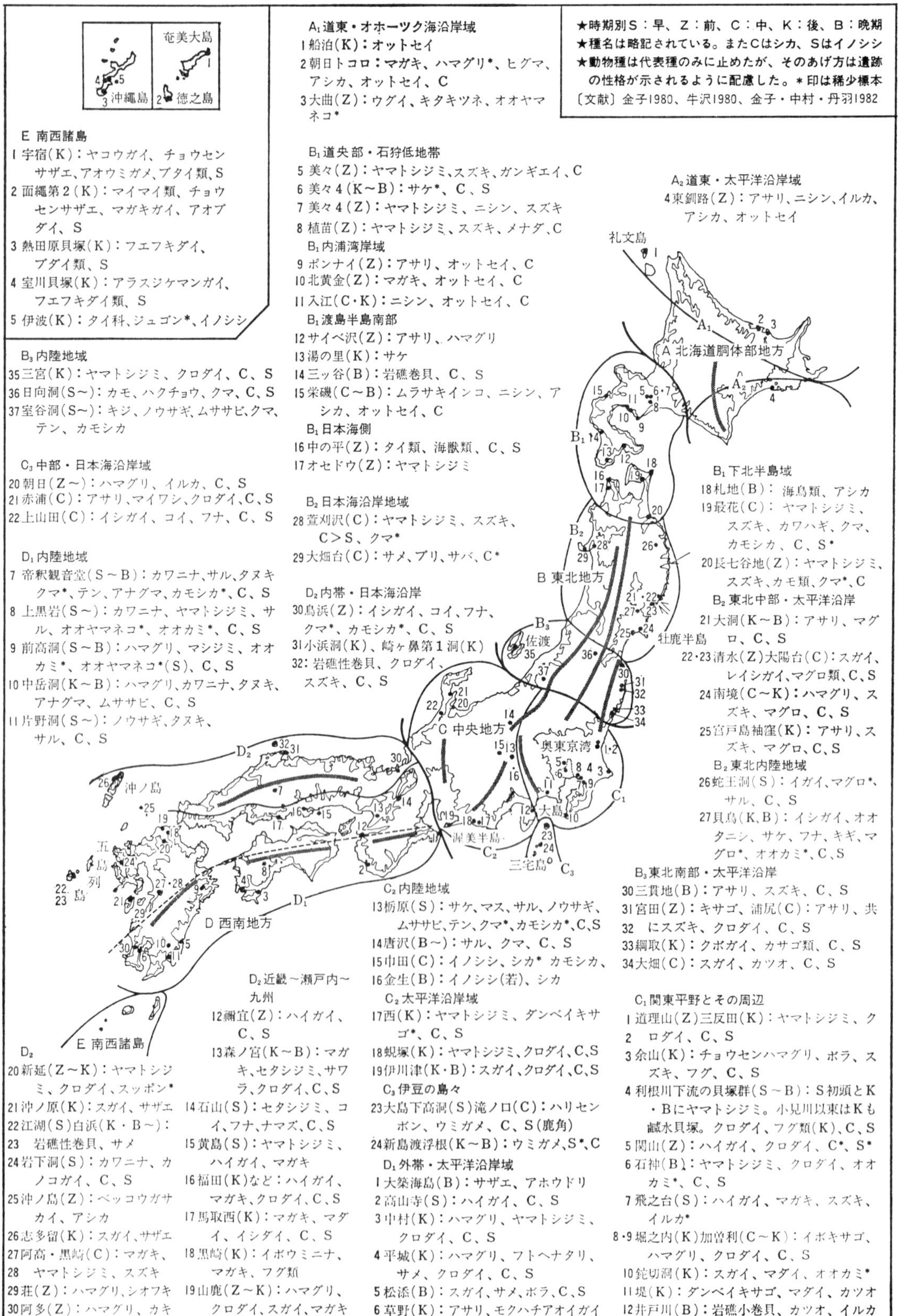

★時期別S：早、Z：前、C：中、K：後、B：晩期
★種名は略記されている。またCはシカ、Sはイノシシ
★動物種は代表種のみに止めたが、そのあげ方は遺跡の性格が示されるように配慮した。＊印は稀少標本
〔文献〕金子1980、牛沢1980、金子・中村・丹羽1982
奄美大島
沖縄島
徳之島
E 南西諸島
1 宇宿(K)：ヤコウガイ、チョウセンサザエ、アオウミガメ、ブダイ類、S
2 面縄第2(K)：マイマイ類、チョウセンサザエ、マガキガイ、アオブダイ、S
3 熱田原貝塚(K)：フエフキダイ、ブダイ類、S
4 室川貝塚(K)：アラスジケマンガイ、フエフキダイ類、S
5 伊波(K)：タイ科、ジュゴン*、イノシシ
A₁道東・オホーツク海沿岸域
1 船泊(K)：オットセイ
2 朝日トコロ：マガキ、ハマグリ*、ヒグマ、アシカ、オットセイ、C
3 大曲(Z)：ウグイ、キタキツネ、オオヤマネコ*
B₁道央部・石狩低地帯
5 美々(Z)：ヤマトシジミ、スズキ、ガンギエイ、C
6 美々4(K～B)：サケ*、C、S
7 美々4(Z)：ヤマトシジミ、ニシン、スズキ
8 植苗(Z)：ヤマトシジミ、スズキ、メナダ、C
B₁内浦湾岸域
9 ポンナイ(Z)：アサリ、オットセイ、C
10 北黄金(Z)：マガキ、オットセイ、C
11 入江(C・K)：ニシン、オットセイ、C
B₁渡島半島南部
12 サイベ沢(Z)：アサリ、ハマグリ
13 湯の里(K)：サケ
14 三ッ谷(B)：岩礁巻貝、C、S
15 栄磯(C～B)：ムラサキインコ、ニシン、アシカ、オットセイ、C
B₁日本海側
16 中の平(Z)：タイ類、海獣類、C、S
17 オセドウ(Z)：ヤマトシジミ
A₂道東・太平洋沿岸域
4 東釧路(Z)：アサリ、ニシン、イルカ、アシカ、オットセイ
礼文島
A₁
A 北海道胴体部地方
A₂
B₁
B₁下北半島域
18 札地(B)：海鳥類、アシカ
19 最花(C)：ヤマトシジミ、スズキ、カワハギ、クマ、カモシカ、C、S*
20 長七谷地(Z)：ヤマトシジミ、スズキ、カモ類、クマ*、C
B₂東北中部・太平洋沿岸
21 大洞(K～B)：アサリ、マグロ、C、S
22・23 清水(Z)大陽台(C)：スガイ、レイシガイ、マグロ類、C、S
24 南境(C～K)：ハマグリ、スズキ、マグロ、C、S
25 宮戸島袖窪(K)：アサリ、スズキ、マグロ、C、S
B₂東北内陸地域
26 蛇王洞(S)：イガイ、マグロ*、サル、C、S
27 貝鳥(K、B)：イシガイ、オオタニシ、サケ、フナ、キギ、マグロ*、オオカミ*、C、S
B₃東北南部・太平洋沿岸
30 三貫地(B)：アサリ、スズキ、C、S
31 宮田(Z)：キサゴ、浦尻(C)：アサリ、共
32 にスズキ、クロダイ、C、S
33 綱取(K)：クボガイ、カサゴ類、C、S
34 大畑(C)：スガイ、カツオ、C、S
B₃内陸地域
35 三宮(K)：ヤマトシジミ、クロダイ、C、S
36 日向洞(S～)：カモ、ハクチョウ、クマ、C、S
37 室谷洞(S～)：キジ、ノウサギ、ムササビ、クマ、テン、カモシカ
C₃中部・日本海沿岸域
20 朝日(Z～)：ハマグリ、イルカ、C、S
21 赤浦(C)：アサリ、マイワシ、クロダイ、C、S
22 上山田(C)：イシガイ、コイ、フナ、C、S
D₁内陸地域
7 帝釈観音堂(S～B)：カワニナ、サル、タヌキ、クマ*、テン、アナグマ、カモシカ*、C、S
8 上黒岩(S～)：カワニナ、ヤマトシジミ、サル、オオヤマネコ*、オオカミ*、C、S
9 前高洞(S～B)：ハマグリ、マシジミ、オオカミ*、オオヤマネコ*(S)、C、S
10 中岳洞(K～B)：ハマグリ、カワニナ、タヌキ、アナグマ、ムササビ、C、S
11 片野洞(S～)：ノウサギ、タヌキ、サル、C、S
B₂日本海沿岸地域
28 萱刈沢(C)：ヤマトシジミ、スズキ、C＞S、クマ*
29 大畑台(C)：サメ、ブリ、サバ、C*
D₂内帯・日本海沿岸
30 鳥浜(Z)：イシガイ、コイ、フナ、クマ*、カモシカ*、C、S
31 小浜洞(K)、崎ヶ鼻第1洞(K)
32：岩礁性巻貝、クロダイ、スズキ、C、S
B₂
B 東北地方
B₃
佐渡
牡鹿半島
C 中央地方
奥東京湾
C₁
大島
渥美半島
C₂
三宅島
C₃
D₂
沖ノ島
五島列島
D₁
D 西南地方
E 南西諸島
C₂内陸地域
13 栃原(S)：サケ、マス、サル、ノウサギ、ムササビ、テン、クマ*、カモシカ*、C、S
14 唐沢(B～)：サル、クマ、C、S
15 巾田(C)：イノシシ、シカ* カモシカ、
16 金生(B)：イノシシ(若)、シカ
C₂太平洋沿岸域
17 西(K)：ヤマトシジミ、ダンベイキサゴ*、C、S
18 蜆塚(K)：ヤマトシジミ、クロダイ、C、S
19 伊川津(K・B)：スガイ、クロダイ、C、S
C₃伊豆の島々
23 大島下高洞(S)滝ノロ(C)：ハリセンボン、ウミガメ、C、S(鹿角)
24 新島渡浮根(K～B)：ウミガメ、S*、C
D₁外帯・太平洋沿岸域
1 大築海島(B)：サザエ、アホウドリ
2 高山寺(S)：ハイガイ、C、S
3 中村(K)：ハマグリ、ヤマトシジミ、クロダイ、C、S
4 平城(K)：ハマグリ、フトヘナタリ、サメ、クロダイ、C、S
5 松添(B)：スガイ、サメ、ボラ、C、S
6 草野(K)：アサリ、モクハチアオイガイ
D₂近畿～瀬戸内～九州
12 禰宜(Z)：ハイガイ、C、S
13 森ノ宮(K～B)：マガキ、セタシジミ、サワラ、クロダイ、C、S
14 石山(S)：セタシジミ、コイ、フナ、ナマズ、C、S
15 黄島(S)：ヤマトシジミ、ハイガイ、マガキ
16 福田(K)など：ハイガイ、マガキ、クロダイ、C、S
17 馬取西(K)：マガキ、マダイ、イシダイ、C、S
18 黒崎(K)：イボウミニナ、マガキ、フグ類
19 山鹿(Z～K)：ハマグリ、クロダイ、スガイ、マガキ
D₂
20 新延(Z～K)：ヤマトシジミ、クロダイ、スッポン*
21 沖ノ原(K)：スガイ、サザエ
22 江湖(S)白浜(K・B～)：
23 岩礁性巻貝、サメ
24 岩下洞(S)：カワニナ、カノコガイ、C、S
25 沖ノ島(Z)：ベッコウガサカイ、アシカ
26 志多留(K)：スガイ、サザエ
27 阿高・黒崎(C)：マガキ、
28 ヤマトシジミ、スズキ
29 荘(Z)：ハマグリ、シオフキ
30 阿多(Z)：ハマグリ、カキ
C₁関東平野とその周辺
1 道理山(Z)三反田(K)：ヤマトシジミ、ク
2 ロダイ、C、S
3 余山(K)：チョウセンハマグリ、ボラ、スズキ、フグ、C、S
4 利根川下流の貝塚群(S～B)：S初頭とK・Bにヤマトシジミ。小見川以東はKも鹹水貝塚。クロダイ、フグ類(K)、C、S
5 関山(Z)：ハイガイ、クロダイ、C*、S*
6 石神(B)：ヤマトシジミ、クロダイ、オオカミ*、C、S
7 飛之台(S)：ハイガイ、マガキ、スズキ、イルカ*
8・9 堀之内(K)加曽利(C～K)：イボキサゴ、ハマグリ、クロダイ、C、S
10 鉈切洞(K)：スガイ、マダイ、オオカミ*
11 堤(K)：ダンベイキサゴ、マダイ、カツオ
12 井戸川(B)：岩礁小巻貝、カツオ、イルカ

縄文時代の漁撈・狩猟活動の地域性を示す地図

2 伊豆河津地方の狩猟習俗覚え書

伊豆は前面に海，背後に山を持つ天然の資源に恵まれた地である。山にはイノシシ，シカがほぼ全域にわたり生息し，海には岩礁の沿岸にすむ魚貝，回遊する魚，イカ，それを追うイルカが群れる。もちろん，その数は昔日の面影はないが，なおその片鱗をうかがうことができる。1980 年秋，伊東市街の中心域の一角で，縄文時代晩期の井戸川遺跡が調査され，そこからは伊豆半島では極めて珍しい貝塚，魚・鳥・獣骨が検出された。そこで知られた動物相は，まさに上記した伊豆の豊かな資源の恩恵を受けていたことを如実に物語っていた。

筆者はそれらの資料整理を静岡県教育委員会の栗野克己氏指導のもとに進める一方，この地方での魚貝類，狩猟獣の棲息，植生そして狩猟・漁撈習俗について調査を行なっている。考古学と民俗学との総合的理解を深めようとするのが筆者らの狙いである。

井戸川遺跡の所在する場所は，後にのべるような河津地方の狩猟域と同じ条件であり，また海の条件も，魚貝採捕やイルカ猟に適した小入江のあったことが予測される。

次にこの地方の狩猟とイルカ猟の習俗を記しておきたい。なお記述にあたり，種々ご教示を得た渡辺治男，渡辺久太郎両氏に厚くお礼申し上げたい。

1978 年度静岡県哺乳動物分布調査報告によると，シカは伊豆の中央部，天城山系の標高 500 m 以上の山地に，イノシシはそれよりさらに広域に生息する。イノシシによる田畑への被害に対しては，「シシ垣」「シシオドシ」がつくられるものの決めてにならないのが悩みである。現在の狩猟期間は 11 月 15 日から翌年 2 月 15 日までの冬期間であり，イノシシはオスより脂肪ののった若メス（38～56 kg 位のもの）の味がよいという。

狩人たちの獣を捕獲するための知恵は，その土地の自然的な条件，動物の食性・行動などを熟知した上で考え出されていく。それは基本的には縄文の狩人と変わるところはなかったはずである。

（1） イノシシ，シカのタツマ猟

獣の通る一定した通路（ウツ，タツ）の近くに待ちかまえ（その場所がタツマ）て，追われてくる獲物を狙うのである。

獲物の生息する山を見定め，まずその足跡を探

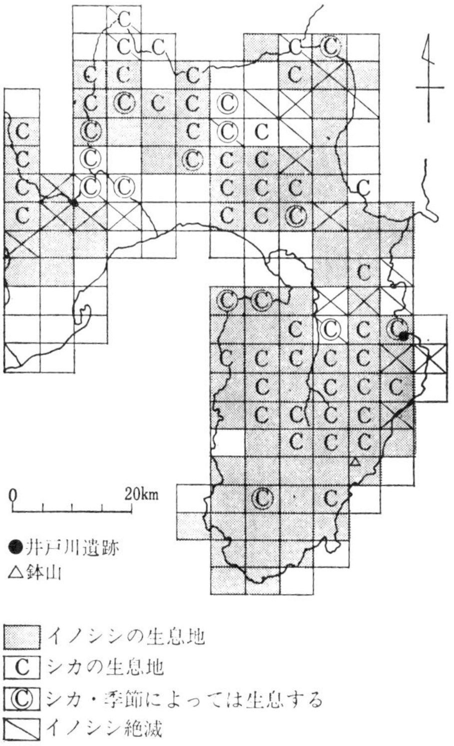

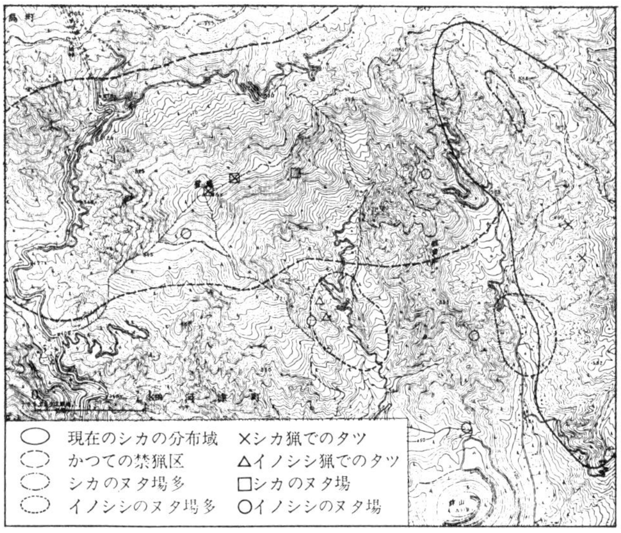

静岡県東部のシカ・イノシシ分布図（左）と伊豆河津地方におけるシカの生息範囲とシカ，イノシシのヌタ場，タツの一例（右）（渡辺治男氏による）
シカ笛猟の場合は☒のように尾根筋から吹いて雌をさそった。ヌタ場にはシカの使うカラヌタが高地の粘土露出地にあり，イノシシはそれよりやや低い場所にある泥地をヌタ場にする。

す。足跡の最も新しいものを発見して，猟場と決める。猟場での集合場所，時間を決めて谷間（ホラという）を登る。尾根筋でみつかった足跡の新旧，向き，獲物の大きさを，足跡の向いている方の人と連絡する。連絡を受けた人は山頂に向って獲物がいるかどうか確める（ミキリをつける）。これを返して次第に範囲をせばめていく。獲物に最も近い位置にある1，2名を残して，一旦全員が集まる。そこでこれまでの状況説明，犬を離す場所，それぞれのタツの場所を決める。最も遠くのタツに行く人がそこへ着いたと思われる時を計って，勢子は山頂から犬を離す。そのとき空砲がうたれ，各猟師に知らされる。タツで待つ猟師は音を立てたりせずじっと待つ。

鹿笛猟　笛には赤ガエルの腹皮をはる。夕方か曇り日に尾根筋近くで吹く。シカの接近を確かめたら，枯れ枝をシカが歩く感じで折る。猟は1時間位の間の勝負。笛の代りに木の葉（アクシバの葉）を口にふくみ吹くことがあったという。

（2）　ワナ猟

イノシシワナは「ハネワナ」と呼ばれるもので，イノシシがこれに触れると止め金がはずれバネがはね上るようになっている。もちろん現在では危険が伴うために使用禁止になっている。

まず地面に穴を掘り，この穴の中にバネを止めておく「トリイ」を作る。次に穴の脇にある立木の先にワイヤーのワナを作り，立木をしならせてトリイにひっかける。穴の上には細木をわたらせ，この上にボサ（落葉や草など）をかぶせてカモフラージュする。この穴にイノシシが落ちると，トリイにひっかかっている止め金がはずれ，立木のバネがもどり，イノシシの足にひっかかったワイヤーがしまり，足が宙に浮きあがって動きがとれなくなってしまう。伊豆ではイノシシがワナにかかっても足が地に付いていると暴れてワナから逃げてしまう。またこの時のイノシシは非常に危険であることから，イノシシのワナは足が必ず宙に浮くように作られている。

必要な材料をあらかじめ用意し，現場のものはむやみに使わない。環境が変わり，獣に警戒心をおこさせるからである。人手のにおい，汗などを落すことも禁物である。これ程注意をはらって仕掛けたワナにイノシシが近づくのは晴天下なら1カ月後，雨がふれば半月後あとのことなのである。

シカのために仕掛けるワナもイノシシと同じように注意をはらい仕掛けられる。シカのワナはイノシシとは異なり，シカの通り道にシカの首の高さにワイヤーの輪を作る。通ったシカがこの輪の中に首を入れ動くとワイヤーがしまりシカが動けなくなるというものである。シカはイノシシのように暴れることはないといわれ，一度このワナにかかれば何かアクシデントがない限り捕獲できる。

（3）　おとし穴による捕獲

おとし穴には，獣の通り路に穴を掘るが，中に竹の先を尖らせたものを何本も立てることがある。深さは2mになる。おとし穴は田畑の周辺にもつくられたが，危険が多いことや捕獲率の低さから早々につくられなくなった。

（4）　伊東市川奈におけるイルカの追い込み漁

川奈，稲取はイルカの追い込み漁で知られるが，元は稲取であったという。川奈のは新しく明治17年からというが，それ以前にも小規模の捕獲はあったに違いないし，地形的にも可能な海岸である。イルカは毎年9月末頃から伊豆近海に現われる。イルカ漁のための舟は八丁櫓舟で30〜40ぱいが並んだ。イルカは北から南に向けてくる。群をみつけると，それに最も近い舟が，イルカの先頭をさえぎり，他の舟は群をとり囲み，1カ所に集める。そして，群の後方から竹ざおで水面をたたいたり，舟べりをたたいてイルカを湾の方へ移動させる。舟の後には網をはっておく。湾内に追い込んだイルカは若い漁師によって，1頭1頭抱きかかえられて陸にあげられる。

イルカの肉は，クジラの肉によく似た色をしていて外側に厚い脂肪層がある。肉は臭いを消すために味噌，醤油などで料理される。イルカの肉は鉄分が多く貧血ぎみの人，大病をした人，また産前，産後の女性は「腰巻きを質に入れても食べるもの」といわれたという。

以上，伊豆東部地域の狩猟，漁撈の一端をかい間みた。この地方の縄文遺跡は西部に比べてはるかに少ないようである。しかし，海の資源に恵まれたこの地方は，その両方を利用する技術を早く獲得していたようである。その系譜はやはり東京湾口部地域にたどれるのであろう。

なお本稿は紙数の都合で詳細をのべ得なかった。いずれ井戸川遺跡の本報告あるいは別稿でのべたいと思っている。（永濱）

漁撈対象動物（貝類）の地域性

神奈川県立博物館
松島義章
（まつしま・よしあき）

1　内湾の貝類群集

縄文時代早期末から前期にかけては，縄文海進の最盛期にあたり，日本各地の海岸低地には海水が奥深く侵入し，泥質の入江となった。現在この低地には沖積層とよばれる軟弱な海成泥層や砂層が厚く堆積しており，この海成層中にはそこに生息していた貝類が化石となって豊富に含まれている。近年臨海平野の開発が著しく，各地で沖積層の調査がおこなわれ，さらに貝塚遺跡周辺の低地に分布する自然貝層も調べられるようになった。

自然貝層の貝類化石群については，最近研究が進み，その種類組成解析を多数の ^{14}C 年代測定と組み合せておこない，約1万年前から現在に至る時期の内湾における貝類群集の年代的・地理的分布が明らかになってきた[1,2]。それによると縄文海進により形成された内湾域にみられる貝類群集は，次の6群集型に大別される。すなわち，湾の奥から沿岸（外洋）に向って，

湾奥干潟群集（A群集）：マガキ，ハイガイ，オキシジミ，イボウミニナなど

湾央砂質底群集（B群集）：ハマグリ，アサリ，カガミガイ，イボキサゴ，サルボウ，シオフキガイなど

湾央泥質底群集（C群集）：ウラカガミ，イヨスダレ，アカガイ，トリガイ，シズクガイなど

湾口部砂礫底群集（D群集）：イワガキ，イタボガキ，ウチムラサキガイなど

湾外沿岸砂底群集（E群集）：ベンケイガイ，チョウセンハマグリ，ダンベイキサゴ，コタマガイなど

岩礁性群集（F群集）：オオヘビガイ，キクザルなど

であり，これらはすべて潮間帯から水深20m前後までの上部浅海帯に生息する貝類で構成される。

2　貝塚の構成貝類

北は北海道から南は琉球列島まで全国各地に2,500個所以上形成された貝塚と，その構成貝類については，酒詰仲男[3]のすぐれた業績があり，さらにそれを発展させ体系化した金子浩昌[4,5]の研究も顕著である。

ここでは酒詰の研究成果と，上述の自然貝層の貝類群集とを対応させ考察してみる。

（1）　内湾や支谷沿に分布する貝塚では，ハマグリが最も多く，次いでマガキ，アカニシ，サルボウ，オキシジミ，シオフキ，ハイガイ，ツメタガイ，アサリ，オオノガイ，カガミガイ，ウミニナ，ヤマトシジミ，イボウミニナなどといった貝が主要構成種となっている。ヤマトシジミを除けば大部分の貝は，湾奥干潟群集（A群集），湾央砂質底群集（B群集）の構成種となっている。そのためA・B両群集の分布する内湾沿岸には貝塚が多いことを示す。

（2）　外洋に面する沿岸域にみられる貝塚では，ベンケイガイ，チョウセンハマグリ，ダンベイキサゴ，コタマガイ，オニアサリといった外洋性の貝類が多獲されており，湾外沿岸砂底群集（E群集）で占められる。

（3）　岩礁海岸の立地する貝塚では，サザエ，アワビ，イシダタミ，クボガイ，カリガネエガイ，オオヘビガイなど岩礁帯に生息する貝（F群集）で特徴づけられている。

これらの点は金子浩昌[4,5]による貝塚の類型化と対応する。貝塚は形成された地理的な位置によって，その構成貝類が各々異なった内容を示す。すなわち貝類の生息環境と貝塚の立地とに強い相関関係があり，貝塚の形成は貝類群集の分布によく対応している[1]。さらに縄文海進に伴い内湾の形成〜拡大〜縮小が，前述の貝類群集の出現〜発展〜衰退の消長を示し，貝塚形成に大きく関与していることも明らかになった[2]。

3　貝塚と貝類採取領域

復元された内湾とその沿岸に形成された貝塚の構成貝類について，二三の実例をあげ検討してみる。

（1）　古大船湾と平戸山貝塚

古大船湾は相模湾々奥の江ノ島の北側に河口を

もつ片瀬川の支流，柏尾川低地沿いに海進最盛期に形成されたリヤス式の内湾である。湾口部が藤沢市街地東方にあり，湾口の幅が約600mと狭い。湾中央部の最も幅の広いところでも1,500mを越えることがないにもかかわらず，湾口から湾奥まで約13kmに及ぶ細長い複雑な地形をした入江であった[1]。湾内外には前述の6つの貝類群集の分布が認められる。

沿岸では湾口付近の川名貝塚と湾央部の大船平戸山貝塚とが知られている。川名貝塚については中期加曽利E式土器を伴う貝塚でハマグリとダンベイキサゴが確認されている以外詳細な記録がなく不明。平戸山貝塚は赤星直忠の調査があり，それによれば，大船駅北方の海抜約 60m の台地上に形成された小規模な貝塚である。時期は中期加曽利Eで，貝層の厚さが約 10cm と薄い。確認された貝類はサルボウ*，ハイガイ*，マガキ*，ナミマガシワ，カガミガイ*，アサリ*，ハマグリ*，キサゴ*，アカニシ，ツメタガイ，イボニシ，サザエ，スガイ，カニモリガイである（*印は多産)。主要種を生態的特徴からみると，マガキ，ハイガイは湾奥干潟群集構成種，サルボウ，アサリ，ハマグリ，カガミガイ，キサゴなどは湾央砂質底群集構成種，イボニシ，サザエ，スガイは岩礁性群集の主要な構成種である。

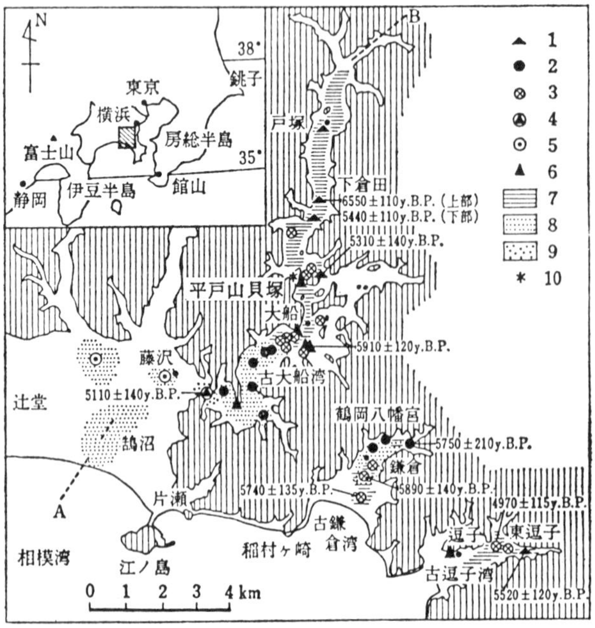

三浦半島北西岸の古大船湾における貝類群集の分布と平戸山貝塚（註 1）の文献に新資料を追加）
1：A群集　2：B群集　3：C群集　4：D群集　5：E群集　6：F群集　7：シルト～泥　8：砂　9：砂礫　10：大船平戸山貝塚

貝塚は海岸線より数 10m と近い位置に形成されているが，この付近は湾央部でも著しい狭さく部であり急崖の海岸となっている。さらに，水深が深くウラカガミ，イヨスダレ，アカガイなどの湾央泥質底群集の分布する環境にあった。食料となった上述の貝類の分布域は，図に示されるように貝塚形成地点から南方へ約 2km 離れた湾央部と考えられる。この付近には，ハマグリ，アサリ，サルボウ，カガミガイ，イボキサゴなどが豊富に生息していた。なお赤星のリストにはキサゴが得られているが，古大船湾ではキサゴは全く産出せず，ハマグリ，カガミガイやシオフキと一緒にイボキサゴが多産するので，このキサゴはイボキサゴの誤まりであろう。したがって，平戸山貝塚人にとって採貝には，尾根伝いに南方へ約 2km の湾央まで出かけたことが理解できる。

（2） 古鶴見湾と菊名貝塚

古鶴見湾は東京湾西岸，横浜港へ流れ込む鶴見川沿いに縄文海進で形成された入江である[1]。近接する古大岡湾や古帷子湾に比べて，遠浅で湾央から湾奥にかけて広く干潟が発達し，そこには干潟群集と湾央砂質底群集とが広範囲にわたって分布していた[2]。この湾の沿岸には縄文早期から前期にかけての貝塚の多いことでよく知られる。

早くから知られる菊名貝塚は，この湾の湾奥に位置し，縄文早期茅山期から前期花積下層期にかけて形成された貝塚で，古鶴見湾の最も拡大した時期と一致する。この貝塚産貝類については，酒詰仲男[3]により巻貝類 16種，二枚貝類 20 種，角貝類1種の計 37 種が知られていたが，最近の発掘で小宮孟，鈴木保彦・小宮孟により明らかにされた貝類は，巻貝類8種，二枚貝類 13 種の計 21 種と少ない。

しかしどの種類も酒詰の内容と重複する。これらの研究から本貝塚の特徴種はハイガイ，ハマグリ，オキシジミ，オオノガイなどの二枚貝で構成され，スガイ，ウミニナ，イボウミニナ，カワアイなどの巻貝を若干含む。

貝塚の位置する台地上から谷沿いに西方へ約500m下った東横線菊名駅際の沖積層からは，ハイガイ，マガキ，オキシジミ，ハマグリ，アサリ，シオフキ，ヒメシラトリ，イチョウシラトリなどの二枚貝とウミニナ，イボウミニナ，ヘナタリなどの巻貝が得られた。この自然貝層の貝類組成は菊名貝塚のそれとよく合う。マガキを使って ^{14}C 年代測定をおこなったところ 6,210±85 年前の年代を示し，菊名貝塚の形成年代と一致する。すなわち，菊名貝塚人の採貝対象域は，貝塚の西方に拡がる古鶴見湾の干潟であったことを示すものである。最近出版された桑山龍進の研究によれば，上述の内湾性貝類以外に少量のアワビ，トコブシ，ウバガイの外洋性種の出土が明らかにされている。これらの貝は古鶴見湾をはじめ東京湾内では生息していない種である。したがって外部から持ち込まれたことを示唆し，とくにウバガイは寒流系種であることから鹿島灘方面より搬入された可能性が一層強い。

（3） クッチャロ湾と日の出貝塚

クッチャロ湾は北海道北部のオホーツク海沿岸のクッチャロ湖（大沼と小沼）を主体とする低地に，海進最盛期に形成された内湾である。オホーツク海岸線と平行して発達する浅茅野台地と浜頓別台地の西側の凹地にみられる内湾で，湾口の幅が 2km，湾奥まで奥行 12～13km，複雑な海岸線の入江である[6]。

大場利夫・菅正敏により調査された日の出貝塚は，浜頓別市街地をのせる海抜 20m ほどの浜頓別台地北西端（クッチャロ湖大沼の東沿岸台地上）に位置する。その形成時期は縄文早期末葉から中期である。貝塚の貝類組成は大場・菅と浜頓別町教育委員会に保管されている同貝塚出土の資料から，ホタテガイ，マガキ，ウネナシトマヤガイ，ヤマトシジミ，カガミガイ，ビノスガイ，ウバガイ，シオフキ，アサリ，アカニシ，ヒメエゾボラなどである。これらの種は生態的特徴から，ホタテガイ，ビノスガイ，ウバガイ，ヒメエゾボラなどの外洋種とマガキ，ウネナシトマヤガイ，ヤマトシジミ，カガミガイ，シオフキ，アサリ，アカニシなどの内湾性種に分けられる。外洋種は貝塚の東側に広がるオホーツク沿岸から採取していたものであり，内湾性種は貝塚西側にみられるクッチャロ湾より採貝してきたものであろう。当時のクッチャロ湾は遠浅で干潟が発達し，湾奥部には広範囲にわたってカキ礁が形成され，砂質底には現在のオホーツク海沿岸では全く生息していない暖流系内湾性種のハマグリ，シオフキ，カガミガイ，アカニシなどの貝類が生息していた[6]。とくに貝塚地点から南方へ約 2.5km 付近では，当時干潟となり，そこの貝類組成とその ^{14}C 年代が，日の出貝塚の内湾性種と合う。したがって，この付近まで採貝領域であったといえよう。

日の出貝塚の形成された場所はクッチャロ湾の湾口という地理的な位置に恵まれ，内湾の干潟にも，オホーツク海岸へも手軽に出かけ，内湾性種，外洋性種と多くの種類に富んだ採貝活動をおこなうことができた。

これと地理的によく似た場所は，湾口部の対岸，浅茅野台地南端にあり，ここにも貝塚の形成されたことが予想される。今後は貝類群集の分布から内湾の環境を復原し，それを基に貝塚の形成，分布などを予測できる可能性が生じてきた。

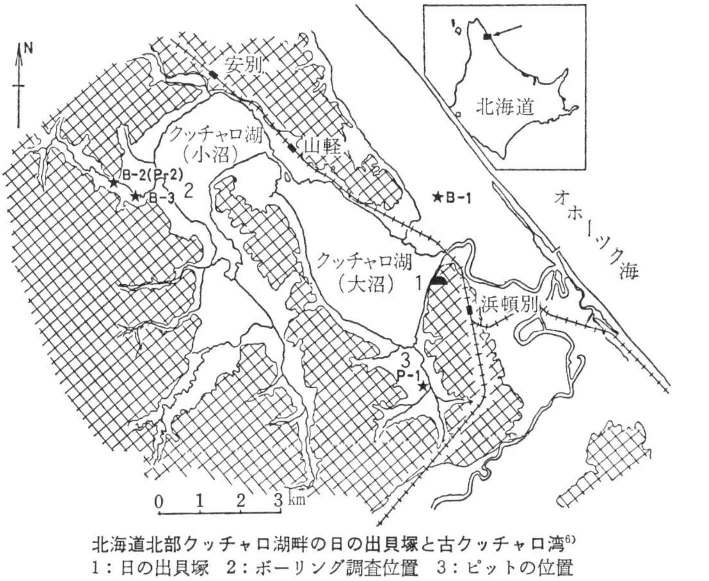

北海道北部クッチャロ湖畔の日の出貝塚と古クッチャロ湾[6]
1：日の出貝塚 2：ボーリング調査位置 3：ピットの位置

註

1） 松島義章・大嶋和雄「縄文海進期における内湾の軟体動物群集」第四紀研究，13—3，1974
2） 松島義章「南関東における縄文海進に伴う貝類群集の変遷」第四紀研究，17—4，1979
3） 酒詰仲男『日本縄文石器時代食料綜説』土曜会，1961
4） 金子浩昌「縄文時代の生活と社会—貝塚と食料資源—」日本の考古学Ⅱ縄文時代，1965
5） 金子浩昌「貝塚に見る縄文人の漁撈生活—縄文時代貝塚の類型と特徴—」自然，80—2，1980
6） 松島義章「北海道クッチャロ湖畔の海成沖積層の ^{14}C 年代とそれに関連する問題」神奈川県立博物館研究報告自然科学，13，1982

採集対象植物の地域性

名古屋大学助教授
渡辺　誠
（わたなべ・まこと）

1　縄文時代の食用植物遺体

縄文時代遺跡から検出されている植物遺体は，一覧表に示す208遺跡出土の 39 種である[1]。ただしこれは 1975 年現在のものであり，その後若干の増加がみられる。この増加は，1976 年よりはじまった特定研究『古文化財』の成果によるところが大きい。この成果を踏まえて新しい表を作成する必要があるが，今年度がその最終年度に当っており目下整理中である。

39 種のうち，イネは北部九州の晩期終末にみられるのみで，弥生時代の幕あけを示すが，縄文時代の基本的性格とは関係ない。これを除き遺跡からの出土率の高い種をみると，クルミ，ドングリ類，クリ，トチの順で多く，他は低率である。これらはいずれも堅果類で，蔬菜類や地下茎・球根類はほとんど遺存していない。この検出の困難な植物については，上記堅果類，とりわけドングリ類やトチのアク抜き技術水準や，採集・加工用の道具類との関係において検討するしかない。

2　クルミ

先にあげた４大堅果類は，アク抜きを必要とするトチとドングリ類の大部分と，それを必要としないクルミ・クリとドングリ類の一部と二大別される。

クルミは殻がかたいためもっともよく残っている堅果であるが，これにはオニグルミとヒメグルミの２種が検出されている。ヒメグルミはオニグルミの亜種であるからあえて区別する必要がないという生物学者もあるが，脂肪分が少なく味が落ちるといってはっきり区別されており，やはり区別すべきであろう。実をお土産品として売られているテウチグルミは，元来明治時代に銃座用として輸入されたものである。

クルミは，北海道・本州・四国・九州全域に自生する落葉高木であるが，実は縄文遺跡では北海道から近畿地方にかけて多く出土している。草創期から晩期までの各時期に出土しているが，前期からは，青森県一本松遺跡のように貯蔵穴につまって発見される例が出現する。もっともこれは貯蔵穴としてばかりでなく，果皮をくさらせるために穴にいれたとみるべきかもしれない。クルミにはあまり生貯蔵の必然性がないように思われるからである。

クルミは落下した果実をくさらせ，果皮をとり，種子をよく干燥させて保存する。青森県平賀

縄文時代遺跡出土の食用植物一覧表

1.	いちい科	カヤ	21.	やまごぼう科	ヤマゴボウ
2.	いぬがや科	イヌガヤ	22.	すいれん科	ハス
3.	〃	ハイイヌガヤ	23.	ばら科	シャリンバイ
4.	やまもも科	ヤマモモ	24.	みかん科	サンショウ
5.	くるみ科	オニグルミ	25.	〃	イヌザンショウ
6.	〃	ヒメグルミ	26.	とうだいぐさ科	アカメガシワ
7.	かばのき科	ハシバミ	27.	うるし科	チャンチンモドキ
8.	ぶな科	ブナ	28.	とちのき科	トチノキ
9.	〃	クリ	29.	ぶどう科	ノブドウ
10.	〃	コナラ	30.	またたび科	マタタビ
11.	〃	ミズナラ	31.	つばき科	ツバキ
12.	〃	クヌギ	32.	ひし科	ヒシ
13.	〃	カシワ	33.	〃	アズマビシ
14.	〃	アカガシ	34.	うり科	
15.	〃	アラカシ	35.	いね科	マコモ
16.	〃	イチイガシ	36.	〃	イネ
17.	〃	ツブラジイ	37.	〃	ササ類
18.	〃	スダジイ	38.	かやつりぐさ科	クログワイ
19.	〃	マテバシイ	39.	ゆり科	ノビル
20.	くわ科	カジノキ			

クルミ出土遺跡分布図

クリ出土遺跡分布図

町石郷遺跡（晩期）では，あたかも集積して果皮をくさらせているかのように，約1,000個のオニグルミがまとまって出土した。左右の両殻があわさったままで，種子の尖端も欠損していない。割る時はこの尖端をたたくと殻が左右に割れて分かれるのであるが，敲き石（凹石）はこの道具と考えられ，分布状態も類似している。

3　ク　リ

クリは，北海道西南部から九州にかけて自生するが，縄文遺跡からは北海道と九州を除く青森県から高知県までの範囲に出土している。とくに東北地方から中部地方に多い。北海道に出土しないことは，クルミと異なる重要な特徴である。時期的には，早期から晩期の各時期に出土している。静岡県沼津市元野遺跡のピット中出土例がもっとも古い。千葉県加曽利貝塚でも後期に属する貯蔵穴中よりクリが多量に出土している。ただしこれは短期の生貯蔵であり，一種の加工技術である。決して長期保存のためでないことは，穴を掘ってクリの実を埋めてみると翌春には発芽してしまうことでも明らかである。日本各地や韓国では，甘味を増すために一冬だけ穴に埋める風習がある。そして土の熱で発芽するのを防ぐため，砂と一緒に埋めるという。

4　ドングリ類

ドングリ類は，アク抜きを必要とする種類と不要な種類とがあり，分布地域をも異にしている。植物分類学上は，コナラ属とシイノキ属・マテバシイ属の種子をさすが，アク抜きの関係を主にして，民俗学的には下の表のように分類される。

A種は，クヌギ・アベマキなどのまんまるいドングリで，いわゆるドングリまなこのドングリである。これらの食べ方についての伝承は途絶えている。アクが強いためかとも考えられるが，樹上にある時から虫のつき易い種類でもあり，敬遠されていたのかもしれない。遺跡からの出土例も非常に少ない。隣国の韓国ではこれを現在ムックの材料としているが，種子落下をまたず樹をたたいて落して採集するため，まだ虫のつかないうちに採集できているらしい。

B類は，A類とともにコナラ属コナラ亜属に属すミズナラ・コナラなどで，ともに落葉樹であり，東北日本の落葉樹林帯の代表的樹木である。これのアク抜きは，水にいれて何度もたいてはアクをすて，アクが出なくなった段階で一晩水にさらして食用化する。このアクは水溶性のタンニンであり，灰を加える必然性はない。実際には灰を使っているところもあるが，これは別に記すトチのアク抜きからの影響であり，分布も重なっている。

C類は，コナラ属アカガシ亜属のカシ類のドングリであり，西南日本の照葉樹林帯の指標種の樹木である。このアクもタンニンであるが，水さらしのみで加熱工程がない。これはタンニンの複雑な性質を顕著に示しており，単純にタンニンの含有率で理解できるものとは思われない。このアク抜きの工程の差は，東北日本と西南日本との地域差でもあり，煮沸用具としての土器の消耗率の差としても，重要な一因をなしているのではないかと推定される。

D類のドングリには，シイノキ属のスダジイ・ツブラジイとマテバシイ属のマテバシイの他に，カシ類中のイチイガシも含まれる。これらもまたC類とともに西南日本の照葉樹林帯の指標的な樹木である。

ドングリ類の分類

<table>
<tr><th>民俗分類</th><th colspan="2">属</th><th>種（出土例）</th><th>民俗調査例のあるもの</th><th>森林帯</th><th>他の堅果類</th></tr>
<tr><td>A．クヌギ類
アク抜き伝承の途絶えたもの</td><td rowspan="2">コナラ亜属</td><td rowspan="4">コナラ属</td><td></td><td></td><td rowspan="2">落葉広葉樹林帯（東北日本）</td><td rowspan="2">クルミ
クリ
トチノキ</td></tr>
<tr><td>B．ナラ類
水さらし＋加熱処理</td><td>ミズナラ
コナラ</td><td>ミズナラ
コナラ</td></tr>
<tr><td>C．カシ類
水さらしのみ</td><td rowspan="2">アカガシ亜属</td><td>アカガシ
アラカシ</td><td>アラカシ・シラカシ・ウラジロガシ
オキナワウラジロガシ</td><td rowspan="4">照葉樹林帯（西南日本）</td><td rowspan="4"></td></tr>
<tr><td rowspan="3">D．シイ類
アク抜き不用</td><td>イチイガシ</td><td>同　左</td></tr>
<tr><td colspan="2">シイノキ属</td><td>ツブラジイ・スダジイ</td><td>同　左</td></tr>
<tr><td colspan="2">マテバシイ属</td><td>マテバシイ</td><td>同　左</td></tr>
</table>

これらはまったくアク抜きのいらないドングリである。

縄文遺跡出土のドングリ類もまた，東北日本の落葉樹林帯と西南日本の照葉樹林帯に対応するように，東北日本にはナラ類のドングリ，西南日本にはシイ・カシ類のドングリが出土している。このもっとも古い例は，本誌に河口貞徳先生によって紹介されている鹿児島県志布志町東黒土田遺跡の貯蔵穴中出土例であり，草創期の隆帯文土器に伴うものである。これは果皮のとれた子葉のみであるが，粉川昭平先生の鑑定では少なくともシイ類やイチイガシとはみられないとのことであった。したがってアク抜きを必要とする種類ということになるが，この段階にすでにこの技術が開発されていたとは考え難いのが現状である。土器の出現の具体的契機を探る上でもきわめて重要であり，今後なお十分に検討を重ねる必要がある。

ドングリ類出土遺跡分布図

これを除くとドングリ類の貯蔵穴もまた前期より増加する。そして縄文中期農耕論の代案としてドングリ類のアク抜きなどによる食料源の安定が考えられてきたのであるが，上記の例を踏まえて，ドングリ類の遺体と関連現象のみに限定して，改めてアク抜きによる食用化の開始を検討すべき段階にきているといえよう。

その場合まず問題になるのは種の同定である。これをおろそかにすると理解は浅薄なものになってしまう。考古学に援用すべき民俗調査もまた同様であり，ドングリの食べ方などといった報告は役に立たない。江戸時代の救荒書がそうであったように，ナラの実の食べ方，カシの実の食べ方と明記されるべきである。次に貯蔵穴とよばれている遺構に対する理解の問題であるが，これも種の同定と関係がある。先に記したように土中にいれるのは生貯蔵が目的であって，長期には十分な干燥と屋根裏貯蔵でなければならない。弥生時代にもしばしばドングリの貯蔵穴がみられるが，アク抜きのいらないイチイガシであることが多い。

5 トチ

トチのアクは，ドングリ類のタンニンと異なり非水溶性のサポニンやアロインであり，山村では別格にアク抜きの難かしいものとされている。このアク抜きには必ずアルカリで中和して流し去る必要があり，灰あわせとよばれている。しかしこの技術さえ開発されれば，実は大きい上に長期保存が可能であり，きわめて重要な食料源となり得ることは，つい最近まで重要な救荒食料であったことからもわかる。正月に今でもトチモチをつくところが少なくない。

トチは落葉高木で，北海道南部・本州・四国の山地に生じ，九州にもまれにみられるが，遺跡の出土例もまた主に東北地方から近畿地方，および中国地方の一角にまでに多い。この分布状態は，北海道に出土例がないこととともに，クリの場合と類似している。

トチの食用化の上限は，従来後期初頭までしかたどれなかったが，岩手県石鳥谷町大地渡(おおちわたり)遺跡の Ee 68 号住居址より多量のトチの実が出土するに及び，中期後半の大木 8b 式期までさらに確実に遡ることとなった。これによって従来福島・新潟・長野・岐阜県下などで，中期後半の住居址から断片的に出土していたトチの実も再評価されることになった。かつて中期のクリは大きいといわれていたが，トチの実の見間違いではなかったろ

トチの実を食した地域　19～20世紀，1点1市町村

トチの実出土遺跡分布図

典型的な複式炉　新潟県津南町沖ノ原第1号住居址

うか。完形ならばともかく，破片では区別しにくいものである。

上限が中期後半まで遡るとなると興味深いのは，ほぼ同じように分布している複式炉である。複式炉は大木9・10式期にもっとも発達し，典型的な例にこだわらなければ，東北中・南部の大木文化圏を中心に，青森県から福井県下にまで分布している。これは燃焼部以外の敷設をもつことが重要な特徴であるが，これを大量の灰の確保と関連づけて考えることが，分布論から可能であろう。トチの灰あわせには「トチ1升・灰1升」といい，食べる量と等量の灰が必要なのである。このため山村では平素から灰をすてずに，かつ火事を出さないようにブリキ缶に入れて，沢山蓄えていたのである。これはまた容器としての土器の消耗率とも関連するであろう。しかしこれは複式炉でなければ駄目ということではないのであり，トチ食用化の上限はさらに古く遡るであろう。複式炉の原初形態の追究とともに，大形炉についても十分留意する必要があろう。

さらに視点をかえれば，長方形大形家屋址も重要になってくる。屋根裏貯蔵を意識したこの種の家屋もまた類似した分布を示すばかりでなく，その上限は前期初頭にまで遡ることが判明している[2)]。

6　地下茎・球根類の問題

トチの実とその関連現象は主として東北日本にみられ，かつやや日本海側にかたよっている。この南側の外縁に発達しているかの観があるのが打製石斧である。打製石斧は中期農耕論の後退に伴い，クズ・ワラビ・ユリ・カタクリ・テンナンショウ・ヤマイモなどの地下茎や球根類の掘り棒の先につけるものとの見方が一層有力になってきた。西関東地方から中部地方の前期から中期にかけて発達した打製石斧は，同心円的には分布を拡大せず，後期になると近畿地方から九州地方へと伝播している。北への影響が強くないのは，アク抜き・水さらしの技術による対象植物の地域差を反映しているのであろう。

打製石斧は従来縄文中期農耕論の中核をなしていた遺物であるが，これを上記の分布状態やトチの実の問題などと関連させれば，むしろアク抜き・水さらし技術の発達した新段階の波及した外縁に位置する遺物と考えた方が，無理がないのではないだろうか。中期文化論の視点を，中部地方から東北地方に移してみる必要が大きいことを強調しておきたい。

東北北部に発達した木目状撚糸文が，中期初頭には日本海沿いに福井県下まで南下する現象や，土偶がまれであった中部地方に，中期になると東北地方なみに増加する現象も，これらと関係があるのではないだろうか。

複式炉分布図

長方形大形家屋址分布図

註

1)　渡辺　誠『縄文時代の植物食』雄山閣出版，1975

2)　渡辺　誠「縄文時代におけるブナ帯文化」地理，26—4，1981

●縄文人は何を食べたか

食料の漁猟・採集活動と保存

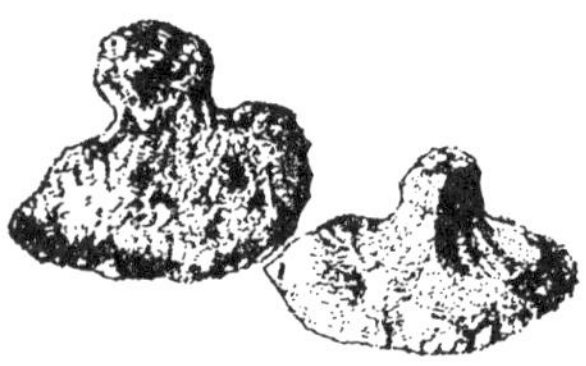

縄文人は毎日の食物の調達をどのようにして行なったのだろうか。そしてその保存方法にはどんな知恵を働かせたのだろうか。

弓矢と槍／家犬／おとし穴／釣漁と銛猟／網漁／製塩／浅鉢形土器／注口土器／植物調理用石器／解体調理用石器／大形住居址／貯蔵穴

弓矢と槍

千葉県教育委員会
■鈴木道之助
（すずき・みちのすけ）

1　最も代表的な狩猟具

わが国の石器時代の狩猟活動を知る上で弓矢，槍は最も代表的かつ重要な道具である。

いずれも木や竹などの柄に簡単な石器や骨角器を取り付けただけのものであるが，その刺突力は相当なもので，一撃必殺とはいかぬまでも，獲物の力を弱め，第二，第三の攻撃によって獲物を捕獲することが可能である。また，獲物から離れて行動できることも大きな利点であり，ことに弓矢，投槍の場合は，安全な距離から正確に狙うことができる。世界中のほとんどの地域で広く普及していった所以であろう。

さて，弓矢と槍では，槍の発明の方が遙かに速く，古くは前期旧石器時代まで遡っており，英国のクラクトン文化期からは木製の槍が出土している。石製の槍先は，中期旧石器時代のムスティエ文化から本格化するが，ソリュトレ文化のみごとな尖頭器に代表されるように後期旧石器時代に著しい発達をとげている。後期旧石器時代も末期のマドレーヌ文化には鹿角製の投槍器を用いて遠心力を巧みに利用した投槍の存在が知られることから，投槍も広く普及していたものであろう。

一方，弓矢は，弓の反発力と弦の張力という物理的な力を応用した高度な狩猟具である。ヨーロッパでは後期旧石器時代最終末あるいは晩期旧石器時代に登場するようで，北ヨーロッパのアーレンスブルグ文化では矢柄の発見もある。遠隔の目標に向かって放たれるという点では投槍と弓矢は相似ているが，弓矢のもつ命中精度，刺突力，狩猟具としての携行性などは投槍に較べて優位である。ヨーロッパにおいても弓矢の出現以後，急激に投槍器が消滅していくのも弓矢の普及と関連するものとみられている。

2　槍の発生と発達

槍先として確実視される石製の尖頭器は槍先形の尖頭器（ポイント）もしくは石槍と呼ばれるが，わが国における尖頭器の初現はナイフ形石器の盛行期に当たる。神奈川県本蓼川遺跡，東京都西之台遺跡から出土した両面加工の尖頭器が最も古い例であろう。その後，ナイフ形石器の衰退とともに尖頭器は著しい発達を遂げていくが，初期の尖頭器は比較的小形であり，加工部位が両面の他に片面や周辺部のみのものなど変化に富んでいる。

槍先形尖頭器の出現以前においても槍は存在したものと考えられている。ナイフ形石器あるいは切出形石器は，切削具としても使用されていると推測されているが，その主用途は槍の尖端に使用されたものであろう。諸外国の例からみて幾何学的な形状をもつ小形のナイフ形石器は，溝を付けた鹿角などに複数個植刃したと考えられる。したがって，わが国では先土器時代のうち，その存在に異論のない後期旧石器時代については，当初から槍は主要な刺突具であったといえよう。

ナイフ形石器という刃器から，肉厚で強度に優れた尖頭器への器種の転換は，石器の製作技術の発達と同時に，先土器時代後半期における狩猟相とも大きな関係があったと考えられる。先土器時代の狩猟の対象は，遺跡出土の動物遺存体が少ないことから推定することが困難であるが，長野県野尻湖，岩手県花泉化石床などの例から，ナウマン象，オオツノジカ，野牛などの大形獣であったといわれている。しかし，こうした獣類が尖頭器の発達期にも狩猟の主な対象であったかは疑問の残るところである。縄文時代の初現期の遺跡である愛媛県上黒岩，埼玉県大谷寺，山形県日向などの洞穴遺跡出土の動物遺存体はイノシシ，ニホンジカ，ニホンザル，カモシカ，アナグマ，テンなどで，イノシシ，ニホンジカが中心となる後氷期型の狩猟相であり，わずかに広島県馬渡岩陰遺跡でニホンジカなどとともにオオツノジカが断片的に発見されたにすぎない。尖頭器の発達期から縄文時代までは時間的には短いこと，オオツノジカ，ナウマン象の発見された土層の年代が古すぎることから，尖頭器の発達期にはすでにナウマン象は絶滅もしくはそれに近い状態であり，オオツノジカも地域的に限定され，もはや日常の狩猟の対象ではなかったと考えられる。尖頭器の発達そして弓矢の出現の背景には，ヴィルム氷期型から後氷期型への動物相の大きな転換が生じていたことが無関係ではなかったであろう。

尖頭器が最も発達したのは縄文土器の発生前後である。初期の尖頭器に比べ長大なものが出現し，石器群の組成においても尖頭器の占める比率が高く，また絶対量も多くなり極盛期を迎える。とくに注目されるのは，基部に中茎を作り出した有茎尖頭器の出現である[1)]。尖頭器よりも一般的に小形であるが，形状，大きさなど規格性は強い。北海道に分布する立川型，本州・四国に分布する小瀬ヶ沢型，柳又型が代表的なものである。有茎尖頭器は基部にいずれも返りをもつが，返りを生かして柄を装着するとすれば，かなり細くせざるを得ない。長野県柳又遺跡では基部の幅がわずかに 20〜25 mm であり，装着される柄はせいぜい径 10〜15 mm の細いものであろう。生命を託す槍の柄としては貧弱である。槍には突槍と投槍があるが，有茎尖頭器は投槍として製作されたものであろう。先述のごとく，投槍と弓矢とは機能的に相似た面が多い。弓矢の普及後も通常の尖頭器は量的には激減するものの，縄文時代の各期に残存するのに対し，有茎尖頭器は極めて短命で，押圧縄文が使用された段階では完全に消滅してしまう。ヨーロッパにおいて弓矢の出現が投槍器を消滅させていった現象とよく似ている。

3　槍から弓矢へ

先土器時代の主要な狩猟具であった尖頭器は弓矢の出現により，主から従に転落する。地域による差異はあるが，全国的には大きな衰退をみており，尖頭器は稀な存在となる。北海道においては唯一例外で，尖頭器はいぜんとして多用されているが，これは熊狩に使われたものとみられている。矢毒を併用しない限り，熊猟に対しては弓矢はその力が小さいためであろう。有茎尖頭器はすべて消滅する。

縄文時代は，先土器時代に比べ，遙かに温暖である。海面は大きく上昇し，亜寒帯性針葉樹林，冷温帯広葉樹林におおわれていた日本列島は，西日本から関東地方の海岸線地域には照葉樹林帯が延び，東北地方から関東地方にかけては暖温帯広葉樹林帯が大きく広がっている。下木が繁茂し，行動がとりにくいうえ，嗅覚に敏感なイノシシ，ニホンジカなどに近づくことはなかなか困難であったと考えられる。突槍が時には投げられることもあり，やがて投槍を主目的とした狩猟具が独立発達していったであろう。弓矢は，樹間をぬってより遠くの獲物をより正確に射ることが可能である。人々は弓矢を手に入れることによって，より強力な長い手を持つことになり，敏しょうな小形獣，空を飛ぶ鳥をも狩猟できるようになったのである。

弓矢の起源については，外来説と自生説があり，いずれも決定的な証拠には欠けているが，土器型式でわずか2，3型式の間に全国的に普及していった事情は，先土器から後氷期にかけての植生及び獣類の変遷により有効に対処できたためであろう。

4　弓　　矢

わが国における弓矢の初現は，縄文時代の開始とほぼ時を同じくしている。先土器時代の小形ナ

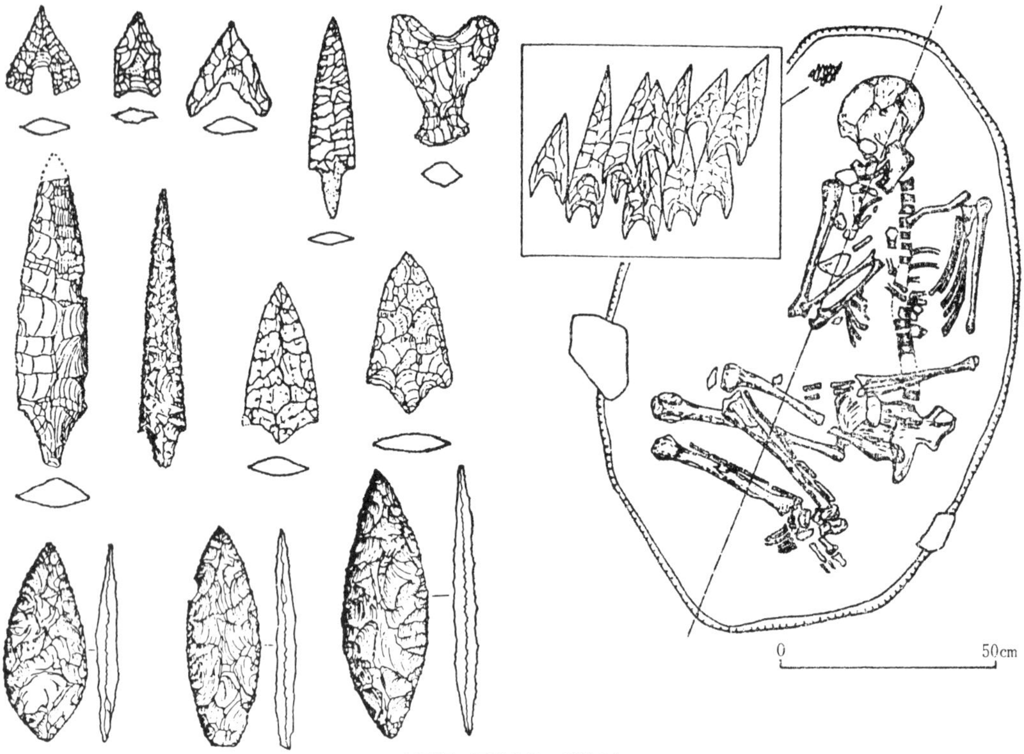

尖頭器，石鏃とその副葬例
左上段：石鏃各種（1/2） 中段：有茎尖頭器各種（1/2）左から立川型，小瀬ヶ沢型，柳又型（２点）
下段：発達期の尖頭器（1/4） 右：新潟県堂の貝塚検出の石鏃を副葬した埋葬

イフ形石器の一部を鏃として使ったとする説もあるが積極的な根拠は乏しい。ナイフ形石器の一部を鏃とすると，ナイフ形石器の盛行時には弓矢が多用され，その後，尖頭器が多量に作られた段階では消滅に近い状況になり，再び縄文時代に弓矢の隆盛ということになる。先述の有茎尖頭器の消長も併せて考慮すると，ナイフ形石器を矢の鏃とするには無理がある。

弓矢は弓・矢柄・鏃・弦などからなるが，縄文時代の弓は，小は約 30cm，大は約 160cm であるが，概して１m前後の短弓が多い。極端に小さいものは狩猟用の弓としてよりも，発火する道具である「火きり杵」や穿孔に用いる弓ドリルの回転具として使用した可能性もある。弓の素材はイヌガヤ，イチイなどの弾力のあるものを選定している。「樋」と呼ばれる１条の細い溝を切って，弓の反発力の均等化，強度調整を図ったものもあり，弭やにぎりの部分には桜の皮を巻いて強度を補った例も多く[2]，狩猟具に対する縄文人の傾注がうかがわれる。なかでも青森県是川出土の縄文時代晩期の弓は漆を塗布した飾り弓であり，芸術品ともいえるみごとなものである[3]。

弦・矢柄の遺存例は，最近まで全くみられなかったが，北海道の札苅（さつかり）遺跡では有茎鏃に竹製の矢柄の一部[4]が，埼玉県寿能遺跡では無茎鏃にやはり竹の矢柄の断片が付着して発見された[5]。前者は縄文晩期，後者は後期の所産とみられているが，矢柄と石鏃の膠着剤はそれぞれアスファルト，うるしと考えられている。

鏃は縄文時代でも代表的な遺物である。材質によって石鏃，骨鏃，牙鏃などがあるが，最も一般的なものは石鏃である。茎の有無あるいは基部の形状により分類されることが多いが，特殊な形状のものには鍬形鏃，長脚鏃，五角形鏃などと固有の名称を付けられたものもある。長さ 10～30mm，重量 0.5～2.0g のものが多く，石器の中では最も小形の部類であるが，地域的，年代的な特徴も多く，また出土量も多い。有茎鏃は，縄文時代の初頭に稀に検出されているが，北海道，東北地方北部では前期初頭から石鏃の組成の一つとなり，中期に至ると無茎鏃に優越するようになる。東北地方南部でも後期中葉には一般化し，関東，中部地方では後期初頭に漸く流入をみ，後期中葉から末葉には東海地方に，晩期初頭に近畿地方に達している。茎の有無は矢柄への装着方法に関連するが，膠着剤の使用も含めて今後の重要な課題であろう。

註

1） 鈴木道之助「縄文時代草創期初頭の狩猟活動」考古学ジャーナル，76，1972

2） 鳥浜貝塚研究グループ『鳥浜貝塚―縄文前期を主とする低湿地遺跡の調査』1979

3） 保坂三郎『是川遺跡』1972

4） 北海道開拓記念館『札刈』1976

5） 早川智明・井上肇「狩猟の道具―寿能遺跡の概要と出土遺物」月刊文化財，218，1981

家　犬

古代ニホンイヌ研究家
岩田栄之
（いわた・えいし）

犬はすべての動物のうちで人間にもっとも親しい関係にあるものであろう。それは他の家畜種よりもはるかに古く人間とつながりをもつ家畜となった。

1 縄文時代の犬

わが国において家犬の出現は，縄文時代早期初頭の神奈川県夏島貝塚にみられる。戦前久しくオオカミ馴化説，国内畜化説，海外渡来説が先学によって論ぜられてきた。旧石器時代からオオカミが多数棲息していたことはわかっているが[1]，家犬とおぼしき骨格の出土が未だなく，縄文時代早期初頭に沿海州，旧満州，大陸方面から半島経由で導入されたのではないか，と考える説が一般に定説化しているようである[2]。

西日本では愛媛県上黒岩岩陰の第4層から人骨を囲むようにして埋葬されていた例が報告されている。一方，東北地方では山形県日向洞窟出土の犬骨が前期とされているが，周辺出土の土器が無文，爪形文土器を主としている点を考えて，夏島貝塚の年代に前後するものと考えてよいのではなかろうかと加藤稔氏は述べておられる。また前期では宮城県上川名遺跡から史前最大の頭蓋骨が出土している。その大きさは現在の秋田犬牝の体格に近いものである。夏島，上黒岩両遺跡から伴出する石鏃数が少量である点は，弓の出現から時代の浅いことを物語るものではなかろうか。今後ケーソン工事により現海水面下の遺跡発見や，無土器時代の犬骨出土も予想される。

三浦半島に出現した家犬は，田戸下層式の文化が展開し始めた頃，周辺から南関東へ分布した。とくに注目すべきは「横須賀市の茅山下層式の条痕系土器が宮城県素山貝塚から出土し，広義の茅山式の時期に生産力の高揚がみられた」ことを岡本勇氏が指摘されていることである。茅山，吉井貝塚などのファウナから推測して，当時の採捕活動が多様なものとなり，しかも効果的なものとなったことが推定されると，林謙作氏は述べられている[3]。この遠隔地にまで達した茅山文化の進展は，茅山，吉井地区にすばらしく優秀な狩猟犬を育成していたためであろう。

縄文時代犬骨出土数

時期＼数	早　期	前　期	中　期	後期	晩期	計
出 土 数	20	37	39	56	8	160
%	12.5	23.1	24.4	35	5	100

晩期の犬骨出土数の減少は貝塚の激減によるもので，石鏃出土量が最高になるなど勘案し，犬も最多数期であったと私考する。

2 猟犬の効用

縄文時代から狩猟，漁撈，採集を取り去っては生活が全く成りたたなかったであろう。現代の優秀なライフル銃に眼鏡を取り付けて300m前方の標的に当てることは至難でないが，夜行性で，猿についで狡がしこい猪を探索，追跡，格闘し捕獲することや鹿，熊の成獣を捕獲することは，殺傷距離20m程度の石鏃での猟では，猟犬なくしてはきわめて困難なことである。

人類生存に衣食住の安定は，いかなる時代においても人間生活の3大条件ではなかろうか。その一例をあげると，

（1） 狩猟により新鮮で高単位な栄養，動物性蛋白質の提供。熊，猪の胆の薬用。

（2） 日常被服，冬季の防寒毛皮，骨利器の作製。

（3） 夜間における大型野獣ならびに他部族襲撃の予防。

犬はこれら縄文人の生活に欠くことのできない衣食住の確保に貢献したものと考えられる。

3　貝塚人とアノイリナーゼ

私は犬の効用について無謀なまでの仮説を提起してみたい。鈴木尚博士は 1963 年「平坂人の体格と生活」を発表され，平坂貝塚人の骨格的特徴を綿密に述べられた[4]。その中でとくに注目すべきは，蹠骨の病変として第一中足骨をX線で検査して，2—5mm の間隔で少なくとも 11 本の線状陰影を認められたことである。これは骨幹横走陰影線とよばれ，成長期の病的陰影帯の変化したものと考えられるが，この平坂人は成長期に達するまでに数回にわたり骨の発育を一時停止させるほどの栄養失調があったものと述べられている。

私はこの原因はアサリ，ハマグリなど二枚貝を生で多食したことによるアノイリナーゼ菌ビタミン B_1 分解酵素の弊害によるものでなかろうか，と長年推考してきた。脚気の重症状から消化器，循環系障害，歩行不能さらには生命さえも失った人が多数あったことであろう。このアノイリナーゼ症の予防として，新鮮な獣肉により蛋白質，脂肪とくにビタミン B_1 を摂取することが妙薬と知ったことであろう。

雑草の繁茂する5月頃から秋までの閑猟期をうめるために，縄文時代中期の人々によって猪の飼育の試みのあったことを，佐原真，加藤晋平両氏が幼獣遺体，土偶例から指摘されている[5]。

幾多の埋葬例，とくに人犬合葬例は主人に殉死したものであろう。縄文時代に家犬は生活に欠くことのできない存在であったと考える。

註

1） 芝田清吾『日本古代家畜史の研究』学術出版会，1969
2） 直良信夫『古代人の生活と環境』校倉書房，1972
3） 林謙作「縄文文化の発展と地域性」日本の考古学 II，河出書房，1965
4） 鈴木尚『日本人の骨』岩波新書，1963
5） 森浩一・佐原真・加藤晋平「座談会・古代日本人の技術と生活」歴史公論，6—5，1980

おとし穴

川崎市教育委員会
村田文夫
（むらた・ふみお）

東日本を中心とする縄文遺跡からは，例外なく，と断言してもよいほど土壙が検出される。その位置も竪穴住居址が半弧もしくは馬蹄形にひらく縄文集落の中央広場部分からまとまって発掘されるケースと，丘陵斜面部から散発的に発掘される場合とがある。前者であれば，その機能は貯蔵穴説，墓地説が，後者であれば，動物などを捕獲する目的で掘られた陥穽（おとし穴）であろう，という考えでほぼ定着しつつある。だが，果してそう簡単に定説化してよいものであろうか。小文では，後者の土壙（以下，縄文土壙）＝陥穽説の周辺を検証してみようとおもう。

最近，北海道江別市東野幌第4遺跡の土壙底部小ピットから逆茂木にしたと考えられる木製の杭が発見された。また，東京都多摩ニュータウン No. 804 遺跡では，土壙断面をスライス状に切断・観察し，土壙底部に穿たれた小ピットに棒状痕のあることを確認している。これらの所見が，縄文土壙＝陥穽説を支持するものにとってたいへん有利であることは明白だ。事実，民俗誌にも陥穽による動物捕獲の報告はいくつもあり，たとえば，信州・赤石山脈の麓遠山の谷では，シカを捕るのに穴を掘ってその中に竹槍を数本たて，落ちてきたシカが竹に突き刺さるような仕掛けになっていたという[1]。こうした陥穽で捕れた動物には，シカのほか，イノシシ・カモシカ・オオカミ・テンなどがあげられている。しかし，仮りに縄文土壙に民俗例と共通する要素——たとえば，逆茂木構造など——が認められるからといって，筆者にはいささかの躊躇もなく，縄文土壙＝陥穽説に与するわけにはいかないのである。

たしか，縄文土壙＝陥穽説を主唱する今村啓爾氏，竹石健二氏らは，陥穽による捕獲動物をイノシシ・シカに限定せず，タヌキ・キツネ・ウサギ・ヘビなどの小動物類も含まれるという[2]。おそらく，こうした小動物類であるならば，縄文土壙でも容易に捕獲できようが，半面，それでは縄文人にとって十分な食糧源とはなりえないのである。長い研究史を誇る縄文貝塚が証明しているように，彼ら縄文人の格好の動物蛋白がイノシシ・

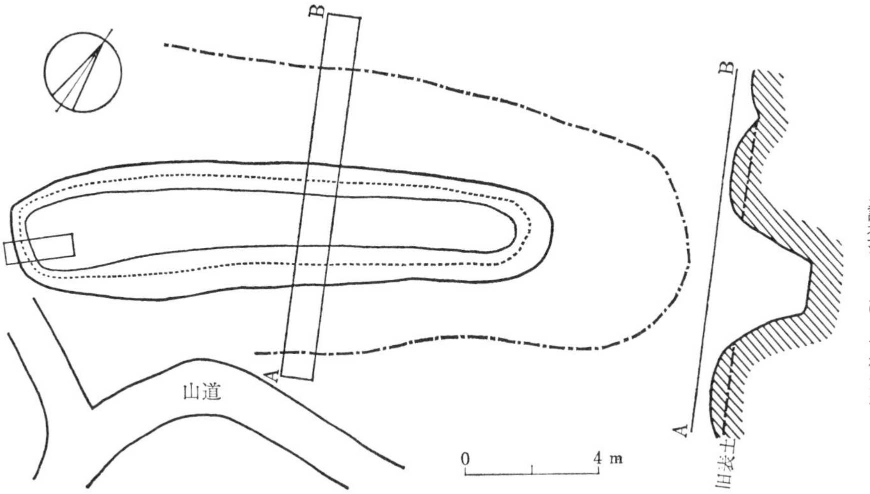

横浜市緑区大場町の伝承「シシ堀」遺構
＜調査をもとにした復元概念図＞

シカであったことは到底動かしがたい事実なのである。とするならば，イノシシ・シカが容易に捕獲できるくらいの陥穽でなくては，苦労して山中に穴を掘る意味がないともいえる。ちなみに，近時における縄文土壙研究の嚆矢となった横浜市霧ケ丘遺跡の研究でも湿地にぬたをうちにくるイノシシの習性が考慮されているので，想定された主要対象動物がイノシシであったと解釈されても仕方がないであろう。

では，主要対象動物がイノシシであったとしよう。そうすると困ったことに，現在各地で発掘されている縄文土壙のほとんどが陥穽とするにはあきらかに規模が小さいのである。たとえば，前出霧ケ丘遺跡の土壙 123 基の平均値は，長径 1.4m，短径 1.14m，深さ 92cm である。これに対し，イノシシの陥穽は各地の民俗例や東京都吉祥山遺跡で発掘された大穴遺跡＝猪穴が示しているように，上部径 2.5×1.3m 以上，深さ 2m 以上の規模がどうしても必要となっている。その理由は簡単で，そうでないと一旦落ちたイノシシが飛びだしてしまうのである。

また，筆者は仲間・友人達と横浜市緑区大場町で，イノシシの侵入を防ぐため山中に掘られた溝＝シシ堀を試掘したことがあるが，その溝の深さもやはり約 2m であった。同じように，イノシシの侵入を防ぐ目的で構築された石塁＝シシ垣も高さ 1.5〜2m を絶対条件とし，そのシシ垣にそって移動するイノシシを落とす円形の陥穽＝アテも深さは 1.5〜2m をはかる[3]。縄文土壙と比較したときのこの規模の相違は，今村氏のいう鉄製のシャベルで容易に穴が掘れる現在と，木や石の粗末な道具しかない時代との違いなどというような社会的な背景に理由があるのではなく，いわば動物がもつ生態学上の特質そのものの反映とみるべきである。

ちなみに，現在獲れるイノシシは，大きなもので 100kg 前後，普通は 60kg 前後。一方，縄文貝塚から発掘されるイノシシには，優に 150kg を超すと推定されるものも含まれている。ということは，仮りに縄文時代に陥穽猟が盛行していたとするならば，それは現在採集できる民俗例による陥穽と較べて，同規模か，もしくはより大きくて深いことが理論的には望まれてくる。しかし，現実に各地で発掘されている縄文土壙が，それよりはるかに小規模であることは再度の説明を必要としない。加えて，イノシシは，鼻・耳・眼の順で感覚がすぐれ，嗅覚力と狡智にたけた習性をもっている。だから陥穽にイノシシがなかなか落ちてくれないことは，多くの民俗例が教えてくれている。したがって，この問題は，縄文時代の食事文化における動物蛋白と植物食との相対的比重や狩猟法の総体の中における陥穽猟の位置づけなど，広い視野から論議をする必要がある[4]。

註

1) 千葉徳爾『狩猟伝承』法政大学出版局，1975
2) 今村啓爾「縄文時代の陥穴と民族誌上の事例との比較」物質文化，27，1976
竹石健二「所謂土壙の機能についての一考察」史叢，25，1980
3) 吉福清和「西彼杵半島猪垣の考察」長崎西高紀要，5，1976
4) 小山修三「狩猟民族の人口は増えない」科学朝日，42—7，1982

釣漁と銛猟
—いわき海域を中心に—

日本考古学協会員
馬目順一
(まのめ・じゅんいち)

東北地方の東南端に位置する「いわき」は関東系文化と東北系文化の接点にあって，その漸移的文化の様相を具体的に把握しうる数少ない地域といえる。縄紋土器の型式構造の変遷，石器の消長，骨角器の系譜などは，そうした問題を論議する恰好の材料となっているが，とりわけ鹿角製釣針と鹿角製回転銛の展開は，もっとも尖鋭的なものとして著名である。いわき海域一帯が寒暖海流の混水帯としての特殊性をもつことから，当然推測されるところであるが，水産資源の豊かさと，その獲得利器の発達は相因果し，海洋生態系への適応を強め，そこに，縄紋漁撈様式の縮図を見せてくれる。

1 縄紋時代前期

いわき地方唯一の縄紋前期に属する弘源寺貝塚は，オキシジミ，ハマグリ，カキを主体としてそれにヤマトシジミが加わり，魚類ではマダイ，クロダイ，スズキなど沿岸魚を多く出土するが，それらに混じて洄游魚のカツオの脊椎骨が少なからず検出されている。釣針はいずれも大木 2a 式期に属し，軸片 1（40頁変遷図の 2。以下同），彎曲部 1（3），内鐖鉤片 1（1）の 3 点の出土がある。しかし，鹿角を任意の大きさに割った釣針の未成品が 6 点も同時に検出されているので，かなりの量の釣針生産が意図されていたことを窺い知ることができる。製品は，いずれも中型に属する点で共通するが，未成品の 1 点に全長 9.5cm を測る例（6）があって，大型品の製作も考慮されていたらしい。3 点のうちには完器がないので本来の規模は判明しないが，未成品は全長 4.5cm（5）前後と 3cm 前後（4）があり，前者が多いので中型を主体とし，それに小・大型が付随する組合せを推察できる。事実 3 点の製品のうち，軸頭が削り込み円頭形をなす 1 点（2）は全長 2.8cm に，彎曲部の 1 点（3）は約 4cm 程度に，そして内鐖鉤部の 1 点（1）は，約 5cm 以上に復原可能なことからも，未成品と同様の組合せを考えてよいだろう。

彎曲部外輪が尖る型式は大木 4 式期前後に入る岩手県清水貝塚，宮野 F 貝塚にあり，系統的には関東よりも東北に脈絡を求めうる。弘源寺貝塚の軸頭は内側にまで削り込みが入り，この点は岩手県の諸例とは一致しない。清水貝塚の未成品は縦溝が擦り切り手法により弘源寺貝塚の剔り込み手法とは異なっていて，技術的な関係は薄いといえよう。

弘源寺貝塚の釣針は，その対象物をカツオに置く点は必然視されるとしても，それ以降が続かない。いわきの貝塚は弘源寺貝塚のあと中期中葉までその姿を消す。前期後葉から中期前葉の骨角器の趨勢はまったく明らかでないのである。

2 縄紋時代中期

いわきにある貝塚 23 カ所のうち，中期から後期にかけては 15 カ所あり，漁撈活動が広範囲に展開される。この著しく膨張する 1 つの要因は沿岸のマダイ漁，外海のカツオ漁にあったといってよい。その漁撈具は釣針で，銛の主体的な出現は後期までまたなければならない。大木 8a 式期は大畑貝塚 26 点（7，9〜11）・未成品 32 点（12〜

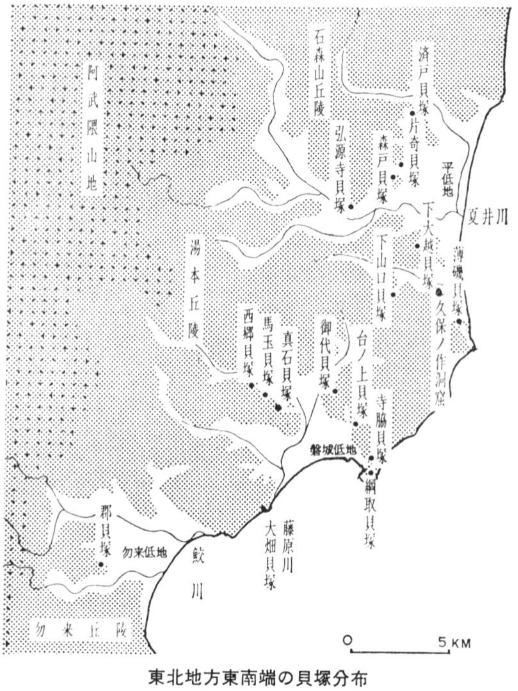

東北地方東南端の貝塚分布

15)，下大越松林貝塚7点（8）・未成品2点，大木8b式期は大畑貝塚21点（19, 21, 23～25）・未成品23点（26, 27），台ノ上貝塚4点（20, 22）・未成品1点，大木9式期は大畑貝塚1点（31）・未成品3点（32），郡貝塚1点・未成品2点，総計60点，未成品63点が知られている。大木8a式期には内鐖1点（7）が大畑貝塚にある以外すべて無鐖で，中型が多くそれに小型が伴う。彎曲幅の広い大型は下大越松林貝塚に1点（8）知られている。つぎの大木8b式期でも外鐖1点（19）が大畑貝塚に存在するほかは無鐖となっている。

大木9式期も無鐖を採用し前段の型式を踏襲するが，若干，細身に変化するのは軽視しえない。外形は前期以来の系統下にあり，その伝統は彎曲部外輪下端の尖状化（11）に生きている。直軸U字形（7, 19）・曲軸C字形（9, 10, 21）などいくつかの形態に分類されるとしても，基本は直軸U字形と考えてよいであろう。軸頭は削り込みの円頭形（2）だった前期とは異なり，外輪にスリット2～3個を入れた尖頭形（22, 24）に変化する。中期貝塚の出現と釣漁の最盛期が大木8a式期にある点で一致し，出現の背景もここに求めるべきだろう。前期には認められなかった粗製尖頭具（16～18, 28～30）による刺突漁が釣漁と併用され，マダイ，カツオの捕獲に一段の進渉が窺える。なお釣針の特色ある軸頭の形態は東北や関東に求めることはできず，日立市下高野貝塚に酷似する例のある以外はよく知られていない。仙台湾と三陸海岸とでも釣針の形態は異なり，地域的に強い個性を発揮しうる素地が中期には醸成されるのである。この時期に仙台湾では有茎銛が製作され，大型魚類への獲得に一段と拍車が加わるが，いわきの海域までは伝播せず，明確な地域差として把えられる。

3　縄紋時代後期

独自の漁撈様式を生んだ縄紋中期の施撈活動はカツオ漁の衰頽と共に別種の洄游動物を求める方向に転換していく。後期の漁撈は前半と後半の小期に区分できる。前者は中期から継続する貝塚が多く，立地や環境に中期以来の習俗の上に立つ漁法の展開が可能であったのに対し，後者はまったく新たに形成された貝塚であり，釣針と銛の組合せが定着する新機軸の漁法を駆使したものであった。綱取Ⅰ式期の釣針は大畑貝塚18点（34～37）・未成品5点，対岸の綱取貝塚4点・未成品4点，御代貝塚1点（33）で，外鐖1，内鐖1の他は無鐖となっている。形態は中期の諸例と著しく相違し，軸頭は外輪削り出しの直軸V字形（35）に変化する。全体として彎曲幅が狭いため細身となる。東北地方にそのV字の体形は求められるが，軸頭の脈絡はむしろ関東地方に通じよう。中期に比較して未成品の減少は，そのまま釣針製作の需要低下を物語る。

ここで問題にしたいのは，中期と後期との間には洄游魚や沿岸魚に顕著な違いが生じている。カツオ漁の貧困化，マダイ漁の低調化に対して，カジキマグロやスズキ漁の比率が高まってくることである。大畑貝塚や綱取貝塚で多く検出された「ノ」の字状の044（38～42, 52）は中期の粗製尖頭具（16～18, 28～30）の発展形態と推定しうるが，その出土量も中期のそれと似た傾向にある。沿岸漁撈の恒常性が指摘しうる。またこの時期に出現する有茎銛（43～45）は，明らかに関東地方の有茎索肩銛文化圏からの伝播・影響が考えられなければならないが，全長15.2cmにも達する大型の索肩銛（45）は晩期でも見ることのできないものである。大型の洄游魚や生命力の強い海獣猟にはこうした逞しい銛頭の製作が要求されたのであろう。外洋性の水棲動物突きに使用されたのは疑いない。

綱取Ⅱ式期に至ると釣針は大畑貝塚3点（47, 49），御代貝塚2点（46, 48），下大越梅林貝塚1点（50）とその製作は減少し，「ノ」の字の稓も大畑貝塚2点（52）と退嬰化は進行する。中期以来続いた貝塚はこの段階ですべて廃絶する。気候と海流に変化が生じたのであろう。堀之内Ⅱ式期から加曽利BⅢ式期の貝塚は未検出で，曽谷式期になって再び貝塚が生成される。縄紋後・晩期の海進と関係があるらしい。

曽谷式（貼瘤土器）期には寺脇貝塚から釣針1点が出土しているが銛は明らかでない。安行Ⅰ式期は寺脇貝塚で釣針5点（53），有茎の索肩銛2点（65），「ノ」字状稓2点の組合せを示すが，これは，すべてB地区の成果であるから当然A地区における鹿角製漁撈具のなかには，この両期，あるいは安行Ⅱ式期に属するものも含まれているはずである（単式釣針50点，有茎銛65点。試みに「ノ」の字稓は29点がある）。とすれば，両期の数はより増加することは必定となる。しかしA地区の資料

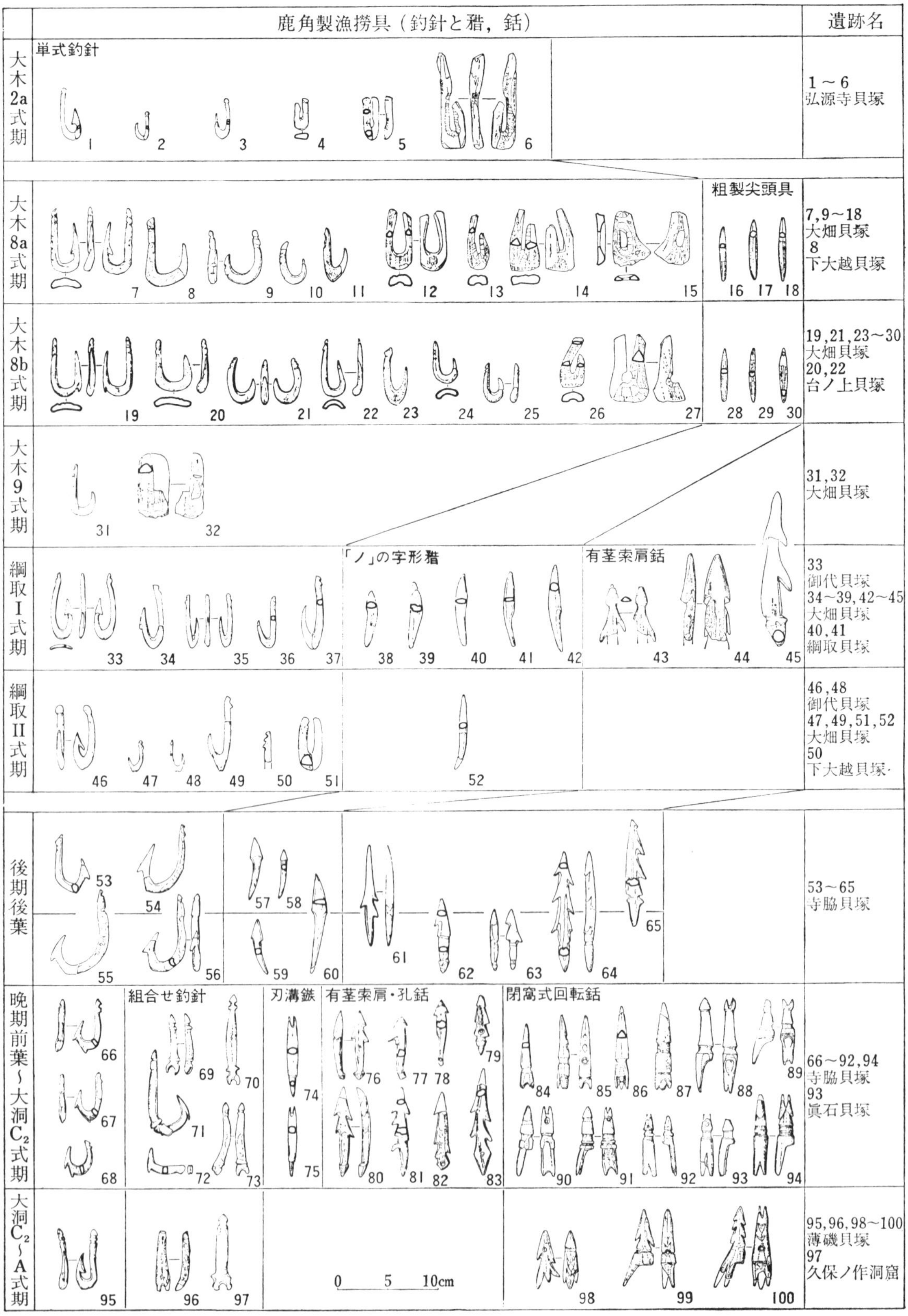

東北地方南部の鹿角製漁撈具の変遷

のうち，土器型式との対応関係が判明するものは残念ながらいたって少ない。

曽谷と安行Ⅰ式期の両期における釣針の形態差はほとんどないが，綱取Ⅱ式期との間には大きな差異が窺われる。尖状の軸頭は綱取Ⅱ式期からの発展継承が見られるとしても，軸径が増して太くなり彎曲部のV字に狭い内側は広くU字形をなす(53)。しかし中期のように軸と鉤がほぼ併行関係に置かれるような双方垂直位を示すものはなく，鉤先は内側に傾き，軸頭も内彎する(54)。小型はなく中・大型となり，とくに大型製品の作出(55, 56)が多くなるのも後期前葉の様相とは区別しうるし，釣針加工の丁寧な後期前葉の技法は，自然面を多く残す粗化の著しい釣針(55)に変わるのも指摘しておかねばならない。

一方，刺突具には後期前葉以来の「ノ」の字の箝(57〜60)がある。精巧な製品を作出した後期前葉に比べて，釣針同様粗い作りとなる。索肩銛はやや小振りとなり，片側にのみ鐖を作出した新たなる型式(65)が，仙台湾における組合せ多鐖箝の変則的な伝播によって出現する。後期前葉の太く逞しい銛が姿を消すのは，その対象となる獲物が大型海獣から魚類に変化したことを示す。積極的な海獣猟は燕形銛頭の出現までまたなければならないのである。ところで，寺脇貝塚B地区の漁撈具の百分率は銛22%，箝22%，釣針56%となり，釣漁法が全体の6割を占め，銛突きと箝突きがそれぞれ2割程度に行なわれていたのを知る。獲得した水棲脊椎動物の内分けはマダイ70.9%，サメ類19.4%，マグロ3.9%，カツオ5.8%となるから，漁撈具の構成体をこれに対応させるとマダイなどの沿岸漁撈には釣針と箝，サメ・マグロ類などの外海漁撈に銛，そしていわきの貝塚人が一貫して行なった釣漁法によるカツオ漁を追加することにより，その対峙がかなり意味のあることになる。暖系洄游族のカツオ・マグロ漁の凋落は後期前葉以来，この後期後葉でも指摘しうるのである。

4 縄紋時代晩期

晩期になると寺脇貝塚の漁撈活動は一変し，新式改良の利器を携えて積極的に外海へと操業を拡伸し，日本先史でも稀有の鹿角製漁撈具文化を形成してゆく。

大洞 C_2 式前半の型式に主体となって使用されたのは，軸と鉤とが別作りの組合せ釣針軸17点(69, 70, 73)・鉤13点(71, 72)，外鐖2付単式釣針5点(66〜68)，先端に石鏃などを塡入させる刃溝鏃37点(74, 75)，有茎索孔銛5点(78, 79, 82, 83)，閉窩式回転銛21点(84〜92, 94)がある。ただ大洞 C_2 式以前のいわば晩期前葉にもこれらの一部はすでに出現していたことは推測しうるが，なお不解明である。いずれにしても，これらの鹿角製漁撈具は三陸・仙台湾に栄えた骨角器文化の飛散現象の一環として理解しうるが，施撈技術とその利器製作はこうした外からの強い刺激を受けつつも，いわき固有の特色ある様式を堅固に保持している。環境に対する適応の違いに驚かされる。

組合せ釣針は，鹿角製単式釣針の彎曲部の弱さを改良して新たに発案されたいわき独自の漁具と考えてよい。この期の分布は他に真石貝塚1点が知られている。外鐖を2個つけた釣針は直軸U字形(66, 67)と曲軸C字形(68)の2態があり，そして後期以来の「寺脇報告分類」のF型(56)も同時に使用されていたと思われる。マダイを中核とする沿岸魚を対象にしたと考えられよう。後期に発達した「ノ」の字の箝は，晩期では頭部に鐖を備えるようになり，一部銛との区別が困難な例も増えてくる(77)。刃溝鏃(74, 75)は水切りがよく，堅い皮質の動物を刺突するに適した新型鏃である。沿岸を浮遊する上層魚，索餌時に浮上する下層・底棲魚などはその主なる目標物となったことだろう。鐖がつき基部に索肩状の拵えをもつ漁具(76, 78, 81)を箝とするか銛と見るかは意見の別れるところであるが，これも他地域に見聞しない製品であろう。

閉窩式回転銛は外海水棲動物を捕獲する，まったく新しい利器である。仙台湾では，縄紋前期に胚胎し，後期後半に盛況化して晩期末に及んだが，いわきでは少なくとも後期の安行Ⅰ式期までには存在せずそれ以降に出現するが，その盛期は大洞C式期前後とすべきである。いわきの漁撈具では，もっとも個性豊かな回転銛の形態は有脚型(84〜87)と有尾型(88〜94)に分類され，後者の一部に仙台湾の後期末〜晩期初の特徴を読みとる以外に明確に彼地との対応関係を知る資料はない。こうしたことが禍し，編年学的型式研究は未完となっている。主な対象物は，釣針とは対称的なサメ類，カジキ，マグロそして海棲哺乳類があげられよう。寺脇貝塚に代表されるごとく，縄紋後期後葉が単式釣針や刺突具による沿岸性漁撈であったのに対し，晩期になると，その沿岸漁撈を年間操業として温存し，季節的に固定される外海資源の獲得に積極的に鋭進して行く。

寺脇貝塚に代表される閉窩式回転銛は，いわきの沿岸にのみ分布し，他の隣接地域にまで顕著な影響を示さなかったのは千葉県余山貝塚や，福島県小川貝塚の回転銛のあり方からも支持される。茎槽をめぐって短い脚がつく有脚型と茎槽基部の背側に延びる距のある有尾型に大別し，有脚型はさらに体部に穿たれた索孔（85）と索溝（84，86，87）との２種に細別しうるし，脚数の数により３脚（85〜87）と４脚（84）との区分も可能である。この有脚型で注意すべきは，体部に鋭い逆刺状の外鏃を作出した例や，頭部に刃溝をもつ例のない点である。こうした有脚銛は後・晩期に仙台湾や三陸海岸にはまったく存在せず，その意味で寺脇貝塚の有脚銛は縄紋世界では孤立しているが，だからこそこの銛を寺脇貝塚人が考案した独創的所産との理解も開かれることになるのである。

有尾銛は頭部に腹から背にかけてＶ字の刃溝の有無で２別したいが，有尾銛の大多数が頭部に刃溝を備えている点からして，有尾銛はすべて刃溝型にするという強い規制が働いていたとも解しうる余地がある。体部には索孔（90，91）と索溝（88，89，92〜94）の有無により細分もできる。尾部のあり方においても，仙台湾や三陸海岸のような外方へ強く突き出るものはなく，その度合はいたって弱い。尾端の場合も東北方面に見られる３〜４叉の例はなく，すべて二叉尾である。この点もまた１つの地域色と断じてよい。体部に穿たれる索孔は多少の事例を不問とすれば回転銛の最大公約数的特徴といえるが，寺脇貝塚に限ってはむしろ索溝が一般的になっているし，その体部に鋭利な鏃をもつものが絶無なことも，寺脇貝塚の回転銛の表徴をよく伝えている。

5　縄紋時代晩期末葉

縄紋晩期の大洞 C_2 式期に属する寺脇貝塚は隆盛の一路を辿ったが，大洞 C_2 式後半になると寺脇貝塚は突如消滅する。この期以降，いわきの石器時代漁撈を知る手掛りは，平低地の南端に外海を見下ろす小丘陵に形成された薄磯貝塚とその近郊の久保ノ作洞窟以外にない。久保ノ作洞窟からは組合せ釣針の軸が１点（97）出土し，薄磯貝塚からは組合せ釣針の軸未成品１点（96），内鏃１釣針１点（95），閉窩式回転銛６点（98〜100）が採集されている。これら３種の漁撈具のなかで寺脇貝塚と共通するのは組合せ釣針のみで，他はまったく異なっている。これは重大な事実であって，例え両者間にわずかではあるが時期差を認めたとしても，型式上の系譜に強い断絶が窺われる。直線距離にして 9km にも満たない両遺跡間の陸海がこれほど大きな障壁になっていたとは，まさに驚きの一言につきるのである。これは一方から見れば人間の交替とも推考しうる。寺脇貝塚に代表される小名浜湾沿岸の漁撈の閉鎖性があらためて問われることになろう。

薄磯貝塚の晩期末の回転銛は，先に指摘した寺脇貝塚の回転銛の諸特徴をそのまま裏に返した如き様相を呈している。仙台湾の骨角器文化の南漸をここにはじめて具体的に証明しうるほど，薄磯貝塚と仙台湾との結びつきはあたかも外洋での交渉があったかのように外海用回転銛に著しい。

薄磯貝塚の回転銛の対象となった動物は海獣，サメ類，ウミガメなどが推定され，寺脇貝塚との間に差が窺われる。しかし，薄磯貝塚の漁撈活動の基盤は寺脇貝塚同様マダイ漁に置いているのは貝塚の北東に「耕やす海」とでも称すべきタイドプールの形成が推定しうるほどに地形上の立地からも充分に窺われるのである。

網　漁

名古屋大学助教授
渡辺　誠
（わたなべ・まこと）

縄文時代の網漁は内湾性漁業形態の中核を構成しており，外洋への進出が不活潑であることに大きな特色がある。外洋へ網漁が進出しはじめるのは，弥生時代中期以降のことであるらしい。

外洋性漁業がリアス式海岸の卓越した東北地方太平洋岸を中心に発達したのに対し，内湾性漁業は，縄文海進によって複雑に入江の展開したところの，東関東地方を中心に発達した。その時期

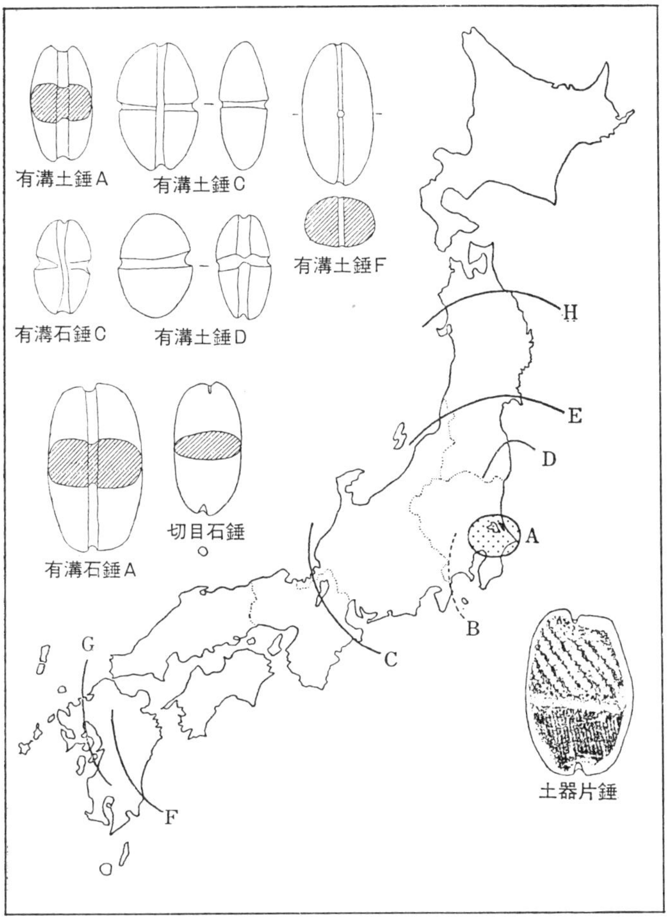

網漁の展開と漁網錘の主要形態

は，中期前半の阿玉台式期である。

この時期になると，漁網錘としての土器片錘が爆発的に増加する。その地域は現利根川下流域と霞ケ浦周辺を中心とする阿玉台式文化圏（付図A）である。一遺跡当りの出土量が急増するばかりでなく，こうした遺跡が集中的に分布し，入江ごとに漁場を占有したかの感さえ呈している。しかもこうした貝塚からは，スズキやクロダイのような浅海河口性の魚類の遺体が多数出土し，これらが網漁の重要な対象であったことがわかる。これらの貝塚の貝もまたハマグリ，シオフキなどの内湾砂泥性の種類であり，ここに内湾性漁業形態の確立をみるのである。後期になると，この東関東の伝統の上に，ヤス漁や土器製塩の展開もみられるようになる。

土器片錘は，縄文早期から中期初頭までの各期にわたり，北海道南部から近畿地方にかけての範囲内において，数カ所に断片的にみられる。しかし阿玉台式期以降と異なり数量が少なく，分布密度も低い。その上特定の魚との対応関係はみられないのであり，大きな差がある。このため阿玉台式期以前を網漁発達段階のⅠ期，以後をⅡ期としている。

Ⅱ期は4小期に細分される。

Ⅱb 期は中期後半である。土器片錘は西関東地方にも濃密に分布するようになるが（付図B），土器片錘に加えて切目石錘が出現し，その分布範囲は近畿地方の一角に達する（同C）。そして河川の淡水魚にも重点がおかれるようになり，コイ，フナ，アユ，ウナギなども重要な捕獲対象魚となる。河川の底質は，砂泥質の内湾と異なり砂礫質である。土器片では破損し易いため，入手し易い礫に切込みをいれることによって，底質の変化に対応したとみなされる。

後期前葉のⅡc 期になると，切目石錘の分布はさらに東九州に達し（同F），後期後半にはほぼ九州島全域に及ぶようになる（同G）。この西日本への伝播とは別に，もう1つの伝播のコースは東北地方にかけてである。土器片錘は東北地方の南部の一角にまで分布範囲を拡大するが（同D），後期前葉になると各種の有溝土錘が出現する。これは底質の問題とともに，土器の器壁の薄手化現象も関係があると思われる。有溝土錘は 17 種あるが，このうちもっとも多いのは，付図中に示すA，C，D，Fの4種である。このうちF種は後期前葉に多く，D種は晩期に多い。土器片錘から有溝土錘の転換は後期前葉でありⅡc 期設定の根拠であるが，この範囲は東北南部までである（同E）。そして晩期には青森県の一部にまで達する（同H）。ここからさらに北に漁網錘が伝播するのは，管状土錘にかわって後の平安時代になってであり，さらに北海道に及ぶのは江戸時代以降のことと思われる。

興味深いことは，有溝石錘の分布図を作成すると，A種は切目石錘の切目が連結して変化したものであるが，C種は有溝土錘C種からの材質変化にすぎないらしい。

東関東から西日本と東北地方へ，それぞれ切目石錘と有溝土錘といった形態差を生じながら伝播したことは，地域性の問題としても興味深いが，共通点も興味深い。どちらの場合も，内水面漁業への展開が活溌であり，はじめに記したように外洋への進出が不活溌なことと表裏をなしている。また東北地方の太平洋岸は外洋性漁業の卓越した地域でもあり，網漁の比重は増加し得なかったのであろう。

Ⅱd 期は夜臼・板付Ⅰ式期以降であり，稲作とともに管状土錘が大陸からもたらされる。これは中国南部の揚子江型土錘に対し，北部で発達した形態で，作り易い上に重量の増減も簡単なもっとも合理的な形態で，以後現代に至るまで管状土錘が漁網錘の主体となる。しかし，この時期の管状土錘の重量は土器片錘・切目石錘・有溝土錘のそれと同じく数 10g にすぎず，重量増加による網の大形化，沖合進出がみられるようになるのは，大阪湾沿岸の弥生中期以降のことで，多くの地域では古墳時代以降のことであるらしい。

万葉集にみえる鯛網（マダイ）などは，この段階の網漁であり，あわせて土器製塩集落がみられる一方，貝塚は急速に減少する。一般にこれを漁業の後退とみる傾向が強いが，交換価値の低い貝の比重が下がっただけで，むしろ漁業自体は一段と専業的に発達したとみるべきであろう。

製　塩

県立水戸農業高校教諭
川崎純徳
（かわさき・すみのり）

1　製塩土器と製塩遺構

関東・東北地方の縄文後期後葉から晩期中葉にかけて製塩土器と呼ばれる薄手無文の粗製土器が発見されることがある。この土器は器肉 2〜4 mm，器形は鉢形を主体にして浅鉢および深鉢のものも存在する。鉢形を呈するものの器高および口縁部の径は 30cm 前後と推定される。底部は尖底，丸底もしくは直径 2cm 内外の小さな平底であり，土器の全面は強い熱を受けて剝落しているものが多い。文様は全くなく，ヘラ状の工具で調整されているが，その作りは粗雑である。

このような土器の存在が注目されるようになったのは，関東地方においては 1960 年に岡山大学の近藤義郎教授による茨城県広畑貝塚の発掘調査以後である。この調査によって近藤教授はおびただしい薄手無文の粗製土器層および灰層が存在することを確認し，これを土器製塩に関するものとしたのである[1)]。

広畑貝塚の調査を嚆矢として関東地方における製塩土器研究が活発化し，1965 年には明治大学の戸沢充則教授らによる茨城県法堂遺跡が，つづいて常総台地研究会によって同県前浦遺跡の発掘が実施され，さらに同研究会によって関東地方一円に製塩土器をもつ遺跡が存在することが明らかにされていった。

製塩遺構と思われるものは法堂遺跡，前浦遺跡において明らかにされている。両遺跡ともに霞ヶ浦湖岸に発達した砂洲の上に営まれたものである。法堂遺跡からは製塩跡と考えられる遺構（未調査）のほかに長楕円形のピットが発見され，その底面にハマグリを主体にサルボウ，アカニシなどの貝殻と礫を敷き並べたような状態が観察されている。遺構のまわりには焼土や灰などを多量に含む土層と製塩土器層とが互層をなすような状態で堆積している[2)]。このような状態は前浦遺跡においても確認されている。広畑貝塚とともに霞ヶ浦低地につくられた製塩遺跡であると推測されるのである。

製塩の方法などについては充分に解明されているとはいい難いが，検出される遺構・遺物からその概略を推定することはできよう。すなわち海水を汲んで製塩土器に入れ，これを加熱して水分を蒸発させて塩の結晶を取り出したものであろう。効率よく塩をとり出すためには濃縮塩水をつくることが課題になるものと思われる。海藻などに付着した塩の結晶を洗い流すなどの方法がとられたのかもしれない。しかし，当時の霞ヶ浦沿岸の貝塚を構成する貝類の主体がヤマトシジミであるところから，はたして海水から塩を析出することができたのかどうか疑問をむける研究者もいる。

製塩土器は各地の調査例によって関東地方においては縄文後期安行Ⅰ期にはじまり，安行Ⅱ〜Ⅲa 期を盛期にして衰退し，晩期中葉の安行Ⅲc 期を最後にして姿を消している。これに対して東北地方における開始期は晩期初頭であり，関東地方と同様に晩期中葉には姿を消すものと考えられる。このように製塩の開始は関東地方と東北地方では若干のズレが認められるが，このことによって製塩法が関東から東北地方へ伝播したことを示すと考えるのは早計であろう。安行系の遺物が東北地方へ波及していく痕跡はほとんどなく，今後の課題として残されるものであろう。

2　製塩土器の分布

関東地方における製塩土器を出土する遺跡は約70カ所にのぼっている。これらの遺跡は図示したように大きく4タイプに区分される。すなわち，(1) 製塩遺跡と思われる低地遺跡，(2) 貝塚を伴う台地遺跡，(3) 貝塚を伴う低地遺跡，(4) 貝塚を伴わない台地遺跡である。製塩遺跡は霞ヶ浦沿岸の砂洲上に形成された法堂，前浦，広畑の3遺跡である。広畑貝塚はしっかりした貝層をもつ貝塚であるが，法堂，前浦では貝塚の形成はなく小さな貝殻がブロック状に検出される。(2)〜(4)は製塩遺跡から搬入されたとみられる製塩土器が客体的に出土する。製塩遺跡である条件は低地遺跡であること，遺構らしきものに灰層，焼土層がみられること，第三に破砕された製塩土器層が存在することによって認定されよう。このような条件を満たす遺跡は仙台湾沿岸にも存在する。宮城県二月田貝塚[3]がそれである。

関東地方においては製塩土器を出土する遺跡は霞ヶ浦西岸の3遺跡を中心にして広範囲に分布する。主な分布は利根川右岸にあたる印旛沼，手賀沼周辺，利根川水系の小貝川，鬼怒川，思川などの水系に密集し，その水系に沿って埼玉県下にも製塩土器が認められる[4]。利根川水系の代表的な遺跡は茨城県中妻貝塚[5]，立木貝塚，小山台貝塚などがある。小山台貝塚については鈴木正博氏の詳細な考察がある。この水系の奥部には貝塚を伴わない遺跡が最近確認されているが，製塩土器の出土頻度はわずかである。利根川水系における安行系土器群は末広がりにひろがっており，これらの遺跡の中に点々と製塩土器を出土する遺跡が存在する。これらの遺跡は貝塚を伴う台地上の遺跡

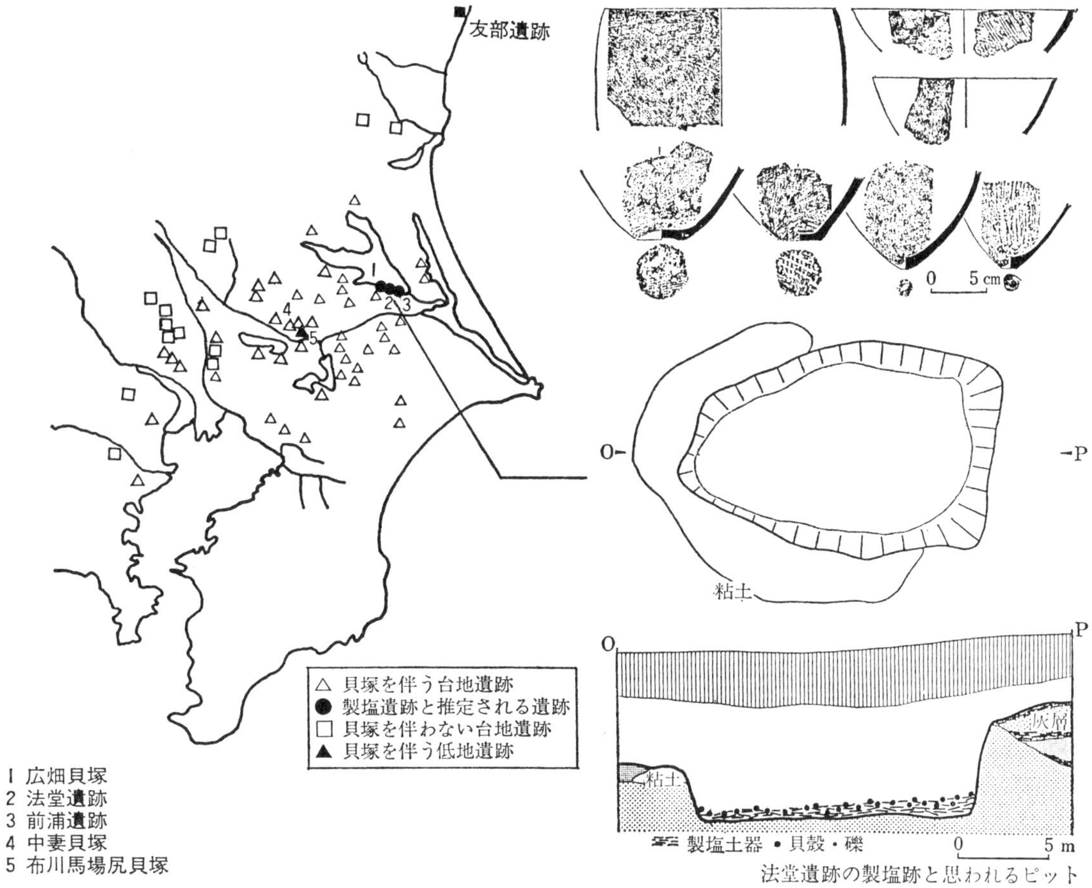

法堂遺跡の製塩跡と思われるピット

関東地方の製塩遺跡（戸沢，1966 による）

が主体を占めているが，茨城県布川馬場尻貝塚のように貝塚を伴う低地遺跡も認められる。利根川左岸の砂地の中に営まれたものであり，かなりの製塩土器片が採集されている。これを製塩遺跡と現段階において認定しうる灰層，製塩土器層などの存在は確認されていない。

東京湾に河口を開く江戸川，荒川，多摩川，都川などの河川流域にも製塩土器を出土する遺跡が存在する。いずれも客体的に伴出する程度のものと思われ，今のところ製塩遺跡と思われる低地遺跡の存在はない。

茨城県北部の太平洋沿岸部の状況は明確ではない。縄文後期安行期に入ると遺跡数は激減し，小規模化する。この地域には愛宕遺跡，友部遺跡が報告されている。いずれも伴出遺物が明確ではない。友部遺跡は太平洋岸から直線距離にして 1km 内外の位置にある低地遺跡である。現在は水田となっているために詳細は把握されていない。

東日本における縄文式製塩のもう１つの核は仙台湾沿岸，陸奥湾の夏泊半島である。製塩土器そのものは器形，整形など関東地方のそれによく似ているが前述したように両地域の関係は明確ではない。二月田貝塚は仙台湾沿岸の製塩遺跡と認定されるであろう。

3　製塩土器出土遺跡の性格

製塩土器出土遺跡は茨城県北太平洋岸，東京湾沿岸などでは少なく，霞ヶ浦・利根川水系に密集する傾向が看取される。こうした分布の扇の要のような位置に法堂，前浦，広畑の製塩遺跡が位置することになる。ここに塩を交易物の１つとした原始交易のルートを想定することができるであろう。寺門義範氏は製塩土器を出土する遺跡を，距離関係，出土量の多寡などにもとづいて製塩専業集団と消費集団に分類し，その間を結ぶ交易圏を主張している[6)]。これに対して筆者は消費集団とした遺跡を塩の最終の消費集団と製塩集団から末端消費集団へ送る役割を担った媒介集団を想定したが[7)]，集団の構造などについては明確にすることができなかった。利根川流域において製塩土器の出土率の高い台地上の遺跡などはそのような機能を有しているものと考えている。

さて，このような製塩が発達する背景は何であろうか。近藤義郎氏が海辺から離れた人々の塩分の必要性を満たすものであろうと述べている[8)]のに対して，寺門義範氏は植物食への依存が高まったために塩に対する需要が増大したと考えている[9)]。また，鈴木正博氏は「極度に専業化した漁撈活動を安定せしめようとした，まさしく量的な必然性によって考慮された画期的な生業形態」[10)]であるとし，海産物の保存のために塩が必要とされたのである。鈴木氏の見解がその分布や出土状況からみて，もっとも合理的な解釈であるといえよう。利根川水系という太い物流のルートによって各地の遺跡群は連結され，それぞれの集落において，その環境に応じた専業形態が確立し，不足物を原始交易によって補っていたのであろう。このために後背地を持たない東京湾岸などでは利根川水系にくらべて集落数も少なかったのではなかろうか。このような集落の連鎖によって原始交易を軸にした高度な採集経済を成立させることができたのである。

製塩土器の成立する背景は霞ヶ浦沿岸における縄文後期中葉（加曽利B期）の漁撈活動の活況にあり，それを安定的に持続させることにあった。海産物は塩によって保存され，それは多くの集落を媒介にして利根川水系奥部の集落まで運搬されていったものと思われる。その見返りに供給されたのは石器の素材や堅果類などの植物食であったかもしれない。このような物々交換――原始交易によって連鎖した各集落はきわめてもろい一面を持っていた。生活物の一部を他に依存する役割が高まればどこかに異変が生じ，均衡が破れた時にその交易ルート内の多くの集落に影響が及ぶことになる。縄文晩期安行Ⅲc 式以後の集落数の激減はそのことをはっきりと物語っているといえよう。

註

1）近藤義郎「縄文時代における土器製塩の研究」岡山大学文学部紀要，15，1962
2）戸沢充則ほか「茨城県法堂遺跡の調査」駿台史学，18，1966
3）塩釜女子高等学校『二月田貝塚（Ⅱ）』1972
4）大宮市奈良瀬戸遺跡，東北原遺跡など
5）鈴木正博ほか『取手と先史文化』1980
6）寺門義範ほか「縄文後・晩期にみられる所謂『製塩土器』について」常総台地，4，1963
7）川崎純徳「縄文時代における交易の発生史的研究」常総台地，6，1970
8）註 1）に同じ
9）註 6）に同じ
10）鈴木正博ほか「関東地方における所謂縄紋式『土器製塩』に関する小論」常総台地，7，1976

浅鉢形土器

川崎市教育委員会
■村田文夫
（むらた・ふみお）

現下の縄文土器文化研究の趨勢が，深鉢形土器（以下，深鉢）を主体とした編年学上の論議に多くのエネルギーを費やしてきていることは衆目の認めているところで，事実，それによる成果も少なくはない。しかし土器には，深鉢のほか，浅鉢形土器（浅鉢）など，様々な器形が存在していて，それらが器形に即した機能を各々分担しあってこそ，はじめて生活用具上の単位としては自己完結する。たとえば，火災によって焼失したとおもわれる長野県新道遺跡1号住からは，完形土器6点——深鉢 3，有孔鍔付 1，浅鉢 1，台付垸形1——が，使用当時の姿で床面上から発掘され，それが藤森栄一氏によって，弥生土器の煮沸・貯蔵・供献機能に擬せられて論じられたことは，決して遠い過去のことではない。とくに藤森氏が，容器としての縄文土器の機能を真摯に考え，その結果，1軒に1個体ぐらいの浅鉢が生活必需品の一部をなしていたのではなかろうか，と指摘された点は，今もって新鮮な響きをもっているのである。そこで，この小文では，深鉢の影であきらかに等閑に付されている浅鉢の，とくに出現期の様相と機能的な推測に若干触れてみたい。

*

さて，従来，浅鉢が出現し普遍化するのは，縄文前期後半（諸磯期）からとみなされてきた。しかし，近時の発掘成果は，その初現を確実に前期前半（関山期）にまでおしあげた。そして，初現期の浅鉢には，波状口縁状のものが結構存在する一方，埼玉県後山遺跡出土の無文土器のように，浅いボール形の器形も確認されている。また，関山式には，深鉢の口縁の片一方に浅い注口状の溝が造作された特異な片口注口土器が存在することもよく知られており，結局，器形の分化は，その初現期の段階から比較的多様であったことがわかるのである。

このように縄文土器には，深鉢，浅鉢のほかにいくとおりかの器形が存在する。だが，つまるところ，それらが容器として物を貯えたり，煮沸の用に供せられたりするものであるならば，なによりも土器内面の観察こそおろそかにできないはずである。試みに，浅鉢に関する報文を詳細に読んでみると，ほぼ一様に内面調整が深鉢に較べて丁重であるかのごとに紹介されていて興味深い。その意味で，後藤和民氏が，豊富な土器づくりの体験から，土器は文様や器面の“みがき”より，たとえば水が漏れないように内面に施された“つぶし”こそが容器としての生命であると主張された点は，説得力に富む重要な指摘といえよう[1]。

そこで，これらと関連させて注目しておきたいのが，土器ではないが，器面に漆が塗布された木製の鉢・皿・盤などの刳物が縄文前期の遺跡から出土している事実である。福井県鳥浜貝塚の出土品の中には，盆状の刳物に片口注口の造作さえある。つまり，深鉢形に片口注口のつく器形が関山期の“土製”容器の中に普遍的に存在する一方，片口注口をもつという点では同一類型の“木製”

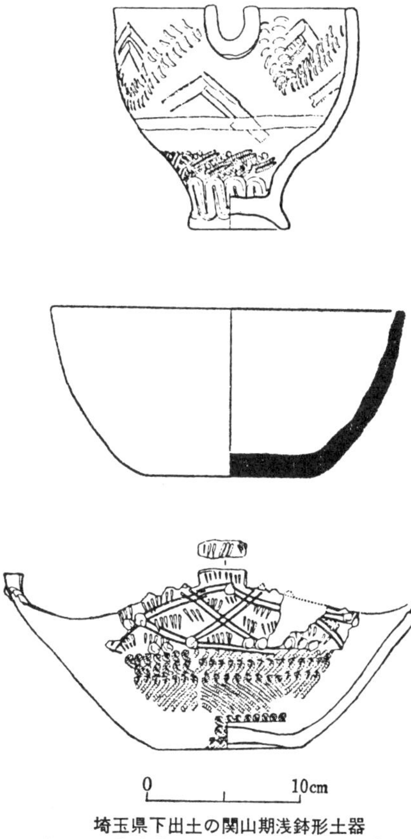

埼玉県下出土の関山期浅鉢形土器
上：井沼方遺跡　中：後山遺跡　下：貝崎貝塚

容器が同じ縄文前期の段階で認められているのである。この事実を敷衍させると，神奈川県長尾台遺跡では，関山期の土製杓子が出土しているので，木製杓子の存在もこの段階から推測できなくない，ということになろうか。いずれ土製にしろ，木製にしろ，浅鉢（盆）・片口注口・杓子と揃ったならば，その使用の実際は液状物の分与などであったのであろう。

では，そのほかに浅鉢の機能としては，どのようなことが考えられようか。たとえば，縄文前期の場合ならば，盛り付け用土器という解釈もあるし，中期の大形のものは，盛りつけた食物を家族の者で食べる共用の器（共用器）という想定もあり得る。そうした中で，浅鉢機能の一端をきわめて具体的に示唆する発掘所見が，東京都大蔵遺跡（縄文中期集落）からあがっている。すなわち同遺跡では，台地裾の泉（井）部分が発掘調査され，そこから打製石斧と多くの浅鉢を得ているのである。泉との関連からまっ先に想定されることとなれば，植物食のアク抜きだ。ちなみに，渡辺誠氏が採集されたトチモチを食する岐阜県白川村の民俗事例の中に以下のような工程がある。すなわち，灰汁でつくったアクを入れた桶の中にトチの実を1ト晩つける。これをショーケに入れて4晩流れ水につけにが味をとる，というものである[2]。このショーケは底の浅い竹製のもので，形態的には片口注口状のつくりとなっている。

このように考えてくると，浅鉢や片口注口が，植物食のアク抜き工程で，相応の用具として利用されていた可能性も先に記した機能に加えて考慮に入れるべきではなかろうか。その意味で，集落を構成する重要遺構の一部として，今後，泉（井）の部分の計画的な発掘調査が頻繁に行なわれるようになれば，浅鉢機能に関する意外なヒントが得られるかもしれない，と期待している。

註

1） 後藤和民『縄文土器をつくる』中公新書，1980

2） 渡辺誠「飛騨白川村のトチムキ石」藤井祐介君追悼記念考古学論叢，1980

注口土器

慶応義塾女子高校教諭
■藤村東男
（ふじむら・はるお）

1 はじめに

液体を注ぐために管状の注口を胴部に取り付けた土器を注口土器と呼ぶが，口縁部に半管状の注口を付けた土器は片口土器と呼ばれ，両者を一応区別して取り扱っている。この注口土器はすでに縄文時代早期の新潟県上川村室谷洞窟遺跡などから出土しており，縄文時代を通じて存在していたことが知られている。しかし中期までの注口土器は例数も乏しく，また注口の形や取り付け位置も片口土器に似ており，片口土器の範疇に含めて考えるべきものである。そこで本稿では注口土器の形態が定着し，土器組成の面からも一定の位置を占める後期以降を対象として述べることとする。

2 変　遷

後晩期の注口土器は時期によって形態・文様に差があり，また各時期の特徴はそれぞれの型式説明の一部としてなされるべきであるが，紙数の限られた本稿では関東・東北地方を例にとって概略のみを記すこととする。まず後期を代表する注口土器は関東地方に存在する。堀之内式においては，挿図の1～3に示したように胴部がくの字に屈曲した頸部の短い壺に太く短い注口が付く。口縁には環状の把手が注口に連らなって付く。

つぎに加曽利B式（4～6），では，頸部が直立した球形の壺に太く長い注口が付けられる。なお口縁の把手は注口から分離し，やがて消滅する。後期末の安行Ⅰ式・Ⅱ式（7）では深鉢に短い注口が付き，2カ所に懸垂孔を持つものもある。関東地方ではこの安行Ⅱ式を最後に独自の注口土器は消滅し，晩期になると東北系のものと交替する。

東北地方に目を転じると，後期後半には頸部の長い球形の壺に短い注口を付けたものが登場する（8）。やがて晩期直前になると，胴部が偏平化した無文の注口土器が見られる（9）。この無文の注口土器を引き継ぎ，さらに偏平化が進んで晩期初頭の注口土器が成立する。大洞B式・BC式には，10・12のように口頸部が内傾したものと，

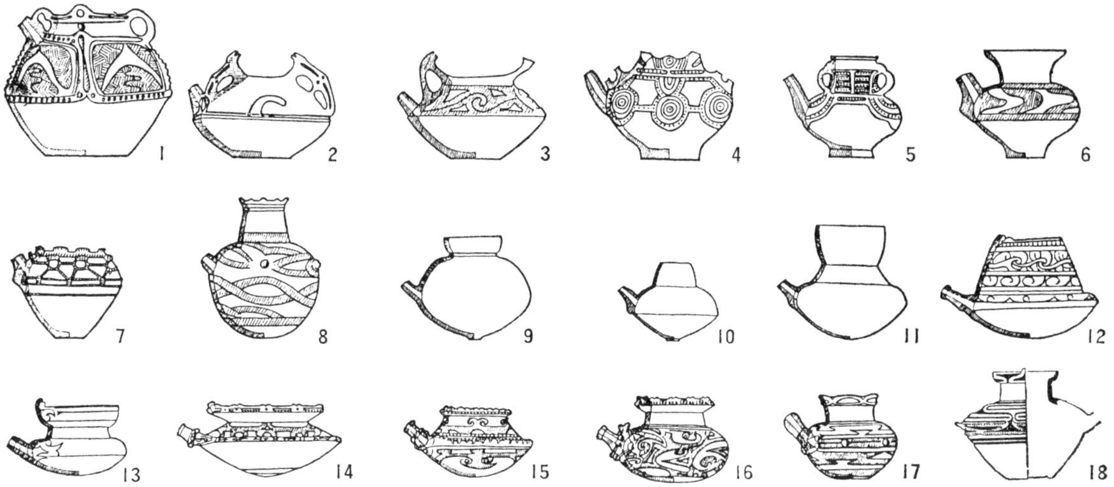

注口土器の変遷
1・3・6 椎塚　2 堀之内　4 加曽利　5・7 福田　8 新地　9・11・14 是川　10 冬部
12 羽根山　13・16 亀ガ岡　15 根岸　17 檜原　18 沼津（縮尺約 1/10）

11・13 のように一段くびれ外反するものとがあり，前者は東北地方全体に分布し，後者は北半に限られる。

中葉の大洞 C_1 式・C_2 式では晩期初頭の伝統を引き継ぎ偏平なもの（14・15）と，壺に注口の付加されたもの（16・17）とがある。末葉の大洞 A 式・A′ 式になると出土量は急激に減少し，やがて消滅する。形態は 18 のように壺に注口の付いたものである。

以上後晩期の概略を述べたが，注口土器の形態には同時期の壺などと共通し，わずかに注口の有無によって識別しうるものと，注口土器固有の形態をとるものとがある。大まかにいえば後期初頭，後期末，晩期末の3時期には前者の共通の形態となり，その間の時期には後者の固有の形態となる。この現象は注口土器が他の器形（とくに壺）から器形分化し，やがては統合されていく経過を示しているものであり，注口土器の用途を考えるうえからも重要なことであろう。

3 用　途

注口土器内から磨製石斧などが発見された例があるが，注口土器は注口の存在からみて，液体を収め注ぐための容器以外の用途は考えられない。その場合想定しうる液体は少量でも価値を持つ酒などであろう。それはまず注口土器には製作上の稚拙さはあっても，いずれも精製品であり，また出土量は他の土器と比べて一段と低く，晩期においても平均2％ほどである。さらにその容量も岩手県九年橋遺跡の例では平均 450cc ほどの小型品であり，少量の貴重品を収納するための容器であることがわかり，酒器である可能性が高い。

注口土器酒器説をさらに一歩進めたものに藤森栄一・武藤雄六[1)]，渡辺誠[2)]らによる鍔付有孔土器よりの器形分化説がある。渡辺によれば中期の鍔付有孔土器は醱酵器であり，やがて両耳壺，土瓶形注口土器を経て，晩期に至ると醱酵器としての細口壺，酒器としての急須形注口土器に器形分化していったとする。これは注口土器を壺と関連づけて把えた点や，中部地方の中期を醱酵器を介在させることによって，関東地方の後期と東北地方の晩期に繋げた点で注目すべきものであるが，立論の出発点である鍔付土器には，太鼓説や種子壺説などがあり，必ずしも衆目の一致するところにはなっていない。しかしいずれにしても注口土器と壺とは形態・文様のうえで密接な関係にあり，両者の用途を考えるうえからも再検討の必要性が感じられる。

註
1）藤森栄一・武藤雄六「中期縄文土器の貯蔵形態について―鍔付有孔土器の意義―」考古学手帖，20，1963
2）渡辺誠「勝坂式土器と亀ヶ岡式土器の様式構造―東北地方の鍔付有孔土器を介して―」信濃，7―2，1965

植物調理用石器

名古屋大学大学院研究生
■ 齊藤基生
（さいとう・もとなり）

ここでは，植物調理用石器としての石皿・磨石・凹石（敲石）・叩石と打製石斧について，それらの変遷と機能・用途を述べたい。

1 石　皿

石皿には明瞭な凹石を持つものと盤状のものがあり，縄文時代全般にわたって存在する。前者は早期からみられる[1]。中期に大型化し，装飾が施される例もある。後期では作りがきゃしゃになり，脚が付いたりもする。晩期は後期と似た傾向である。分布は東日本の方が濃いものの，絶対数の変化は少ない。全国的にみた場合，信濃川中流域の中期，新潟県津南町沖ノ原遺跡[2]，同中里村森上遺跡[3]，同長岡市岩野原遺跡[4]などでは，石皿の大きさや形態が変化に富んでいる。これらの遺跡ではクッキー状炭化物が発見されることが多く，石皿のバラエティーと興味ある関係を示している。とくに岩野原遺跡では，クッキー状炭化物が小型石皿に詰まった状態で出土し（写真），石皿が単に製粉だけではなく，「捏ね鉢」もしくは「型」として使用されたことを示している[5]。また，製粉以外の用途，赤色顔料の製造も指摘されている[6]。盤状の石皿は早くから注意されていたにもかかわらず[7]，その後あまり注目されなかった。そのため出現時期・分布などについて詳しいことは不明だが，おそらく凹面を持つ石皿と軌を一にしていると思われる。盤状のものは定型化せず，凹面を持つものと用途に差があったかもしれない。

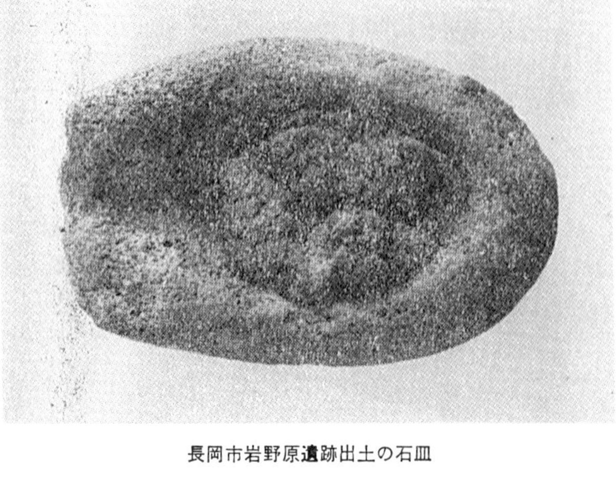

長岡市岩野原遺跡出土の石皿

2 磨　石

磨石は石皿とセットになり製粉に関わってきたと考えられる。形態に限ってみれば，すでに先土器時代から存在している。磨石の「スレ」た部分は全面に及ぶ例もあるが，多くは側面を除いた表・裏面にある。また，側面には「ツブレ」がみられることもあり，磨る以外の機能も持っていた。大きさ，形態は様々あるがほぼ掌に収まる。もっとも整った形態は固形セッケン様であるが多くは素材となった礫の旧態をよく留め不整形である。このため出土品を磨石と認定するか否かによって数が大きく増減し，石器組成を研究する際障害となっている。いずれにしろひとつの遺跡で出土する磨石と石皿の比は 1：1 とならず，圧倒的に磨石が多い。このことは磨石が手軽に置き換えられたのに対し，石皿が長期間使われたことを示している。また，石皿と組み合わす必要のない用途があったかもしれない。磨石は縄文時代全般を通して形態の変化は乏しく，分布についても極端な片寄りはみられない。

3 凹　石（敲石）

凹石という名称が一般的であるが，凹の持つ機能を重視して「敲石（たたきいし）」という呼び方もある。ここでは凹のない「タタキ」石と混同をさける意味で，凹石としておく。凹石は早期からみられ[8]，磨石に比して定形化が進み形はよく整っている。まれに素材となった礫の旧態を留めている例もある。凹は一般的に片面に1カ所もしくは両面に1カ所ずつある。両面に凹が複数ある場合，表裏それぞれの数はほぼ一致する。凹石の大きさは磨石同様掌に収まるのが一般的で，凹はほぼ中央にある。凹の平面形は正円に近く，同一面に複数ある場合は離れている例と連結する例がある。また凹の断面形は，皿状，碗状，円錐状などがあり，敲打が集中した結果生じた凹が多い。固い木の実を潰したのであろうか。とにかく従前指摘されたことのある火鑽臼としての機能はない。凹石に類する凹を持った石器に，雨ダレ石，蜂の巣石と呼ばれるものがある。凹石が手持ち式なのに対しこれは据え置式である。石皿の裏面にある例が多く，製粉過程の一部を担っていた。凹石は東日本に多く，分布に片寄りがみられる。

4 叩　石

叩石は「ツブレ」の痕跡を留めているものを一括してそう呼ぶ。一部はすでに先土器時代に存在しているが，これらは石器製作に関わるものとされている。素材となった礫の形状をほとんど変形しないためバラエティに富んでいるが，大きさは磨石・凹石同様掌に収まる程度である。石質は磨石・凹石に比して緻密なものが多い。「ツブレ」のみられる部位は，礫の長軸端部，稜となった側縁上，もしくは側面などであるが，とくに規則性はない。「ツブレ」は凹石の凹のように集約的に纏まるのではなく，面として広がる。たたくという機能は凹石と同じであっても用途が違っていたようである。凹石と叩石のどちらがより強く植物調理に関わっていたか現段階では断定できない。分布などについて詳細は不明である。

5 打製石斧

打製石斧はここの題にある植物調理用石器ではないが，採集具として欠くことができない。

打製石斧の系譜は先土器時代まで遡ることができるが，土掘り具としての機能が分離・安定するのは縄文時代前期になってからである。ここがいろいろな意味において大きな転期である。打製石斧の平面形は，短冊形・撥形・分銅形の3基本形（実測図）に分けられる[9]。短冊形と撥形は全般を通してみられるが，典型的な分銅形は関東地方の中期からみられるものの，東海地方以西にはない。短冊形から撥形への平面形態の変化はなめらかで，機能・用途に大差はない。素材の石質と関係が深い。短冊形と撥形の大部分は身が反っている。これに対し，分銅形は反るものが少なく，また肉厚で大型のものが多く，前二者と機能・用途に違いが考えられる。数量について，北海道地方では全時期を通して打製石斧と呼べるものはほとんどない。東北地方も同様に非常に少ないが，晩期にやや増加する傾向がみられる。関東地方では中期に急増するが，多摩川流域以外はそれほど多くはなく，後・晩期には多摩川流域を含め他地域と似た程度まで減少する。中部山岳地方も関東と似た傾向で，中期に急増するものの後・晩期には減少し，また地域的な片寄りもある。東海・北陸地方以西でも打製石斧は前期から現われるが，後期の京都府桑飼下遺跡[10]など数カ所を除き絶対数は決して多くはない。打製石斧はよく中期になると「爆発的」に増加すると言われてきたが，時期的・地域的偏在が著しく，この形容詞があてはまるのは中期の多摩川・天竜川流域，後期の桑飼下遺跡などである。その他の地域は多少の差はあるものの，各時期を通じて意外と絶対数の変化はない。出土数の多さがそのまま使用頻度の高さには結びつかず，このあたりに打製石斧の機能・用途

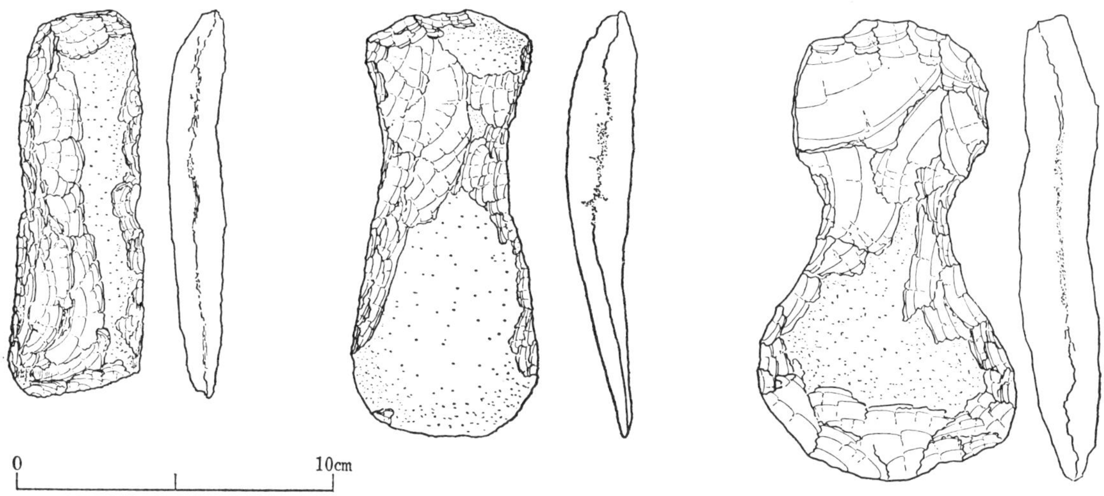

東京都貫井遺跡出土の打製石斧

を解く重要な鍵が隠されていそうである。

6 まとめ

各器種別に概観したが，多くは先土器時代にその萠芽が認められる。ただし，これらすべてが初めから植物調理用にだけ限定されて使用されたとは言い難い。植物調理用石器としての比重が増大するのは，やはり打製石斧が土掘り具として安定して現われる縄文時代前期後半ぐらいからであろう。渡辺誠氏はここに「アク抜き」技術の獲得を認め，これが食用植物の拡大をもたらし，農耕によらない縄文社会を想定した[11]。また最近の発掘調査では自然科学分野の情報も多く集められ，成果があげられつつあるが，それを鵜呑みにすることは慎まなければならない。石器・土器などの機能・用途に関する基礎的研究を踏まえた上での分布・組成の研究が必要であり，またいかに関連分野の成果を組み入れ体系づけていくか，それが縄文時代の食生活を解明するための課題である。

末尾ながら本文を纏めるにあたり，名古屋大学渡辺誠先生，新潟県教育委員会寺崎裕助氏，明治大学大学院生前山精明君に貴重なご指導・ご助言を賜わったこと，記して謝します。

註

1) 杉原荘介・芹沢長介『神奈川県夏島における縄文文化初頭の貝塚』明治大学文学部研究室報告考古学第二冊，1957
2) 江坂輝彌・渡辺誠編『沖ノ原遺跡発掘調査報告書』新潟県津南町教育委員会，1977
3) 金子拓男編『森上遺跡発掘調査概報』新潟県中里村教育委員会，1974
4) 駒形敏朗・寺崎裕助『岩野原遺跡』新潟県長岡市教育委員会，1981
5) 金子裕之編『縄文時代Ⅲ（後期・晩期）』日本の美術，191，至文堂，1982。調査者の1人はこの石皿が熱を受けているとし，グラタン皿のように用いられたのでは，と述べている。
6) 芹沢長介氏は縄文農耕を否定する立場でその根拠として，ブレイドウッドの見解を引用している。芹沢長介「縄文文化」日本考古学講座，3，河出書房，1956
7) 鳥居龍蔵『諏訪史』信濃教育会諏訪分会，1924
8) 註 1）に同じ
9) 石は粘土のように製作者の微妙な意図を確実に反映する素材ではないので，その限界を越えた細分は無意味である。
10) 渡辺誠編『桑飼下遺跡発掘調査報告書』平安博物館，1975
11) 渡辺誠『縄文時代の植物食』雄山閣出版，1975

解体調理用石器

■中村若枝
（なかむら・わかえ）

解体調理用具として，その用途を推定されているものに石匙（石匕・石小刀ともいう）がある。獣の皮剝ぎ・肉を切る・骨を削るなどの機能を備えており，生活用具として欠くことのできない万能の利器であったろうといわれている。旧石器時代のブレイド（石刃）やスクレイパー（掻器）が発達したもので，一端につまみを持つ特有の形態として定型化するのは，縄文時代早期前葉である。

まず，北海道・東北地方において出現し，日本各地に拡散するのは前期以降である。縦長あるいは扇形の剝片を利用し，多くはバルブ（打瘤）の部分にノッチを入れ，つまみを作出している。このつまみに対し，刃部が平行する形態を縦型，直交する形態を横型と分類している。縦型石匙は，東北地方以北の初現期に多く，縦方向に剝取した剝片を用いる石刃製作技法の系統を受け継いでいる。前期になると横型も伴出し始め，次第に横型が盛行するようである。一方東北地方以南では，出現当初より横型が主流を占めている。また東北地方のものには，つまみの基部にアスファルトや撚糸が付着している例（宮城県山王遺跡）もある。古くは N.G. マンローが推定したように，つまみは携帯に便利なように紐をつけるためのものであったのだろう。刃部の断面は 15～45° の角度を持ち，45° 内外が一般的である。決して鋭利ではない。さらに分布密度を見ると，円筒土器文化圏においては豊富であるが，中部・関東以西では多くはない。例えば，長七谷地貝塚（青森県，早～前期）からは 331 点出土しており，石器出土総数の 10% 近くを占めている。ところが大畑貝塚（福島県，早・中～後期）の場合，検出された石匙は 6 点にすぎず，その内時期の確かなものは早期 2 点，中期（大木 8a 式期）1 点のみである。この大畑貝塚における動物遺存体の出土状況を見ると，

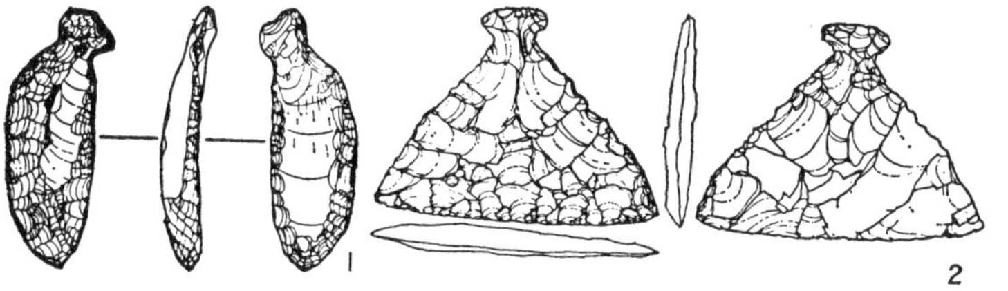

縦型石匙（1）と横型石匙（2）　1：大畑貝塚（1/3）2：鳥浜貝塚（4/9）

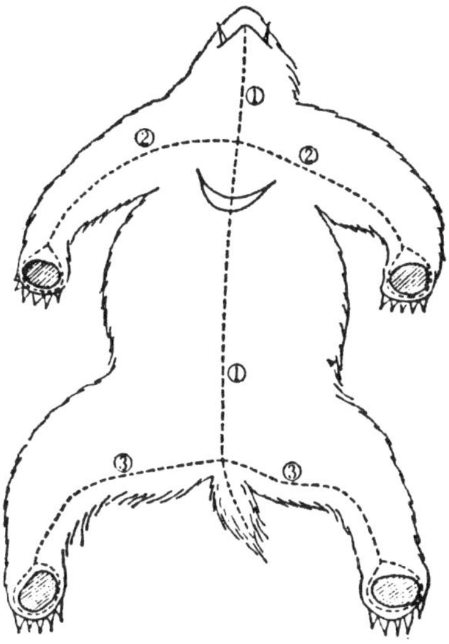

三面郷（新潟県）の熊の皮切り順序（国土地理協会『民俗資料選集』より）

大木8a・b式期ではニホンシカの最小個体数は16頭を数えている。また，イノシシ・ニホンシカが200頭近く検出されている貝の花貝塚（千葉県，中〜晩期）の場合，石匙はわずか2点にすぎない。このように，携行器具として用途も広く，生活必需品であったろうと推定されながらも，全体的にみるとその出土量は決して多いとはいえないのである。ことに石匙の出土量は早・前期に集中しており，狩猟活動が盛行する後・晩期に増加する傾向は窺えない。出土状況を概観する限り，獣の皮剝ぎ＝石匙という通念に，疑問をはさむ余地がありそうである。藤森栄一氏は，勝坂式土器に伴出する石匙が大型粗製化している点を指摘し，土掘り具のバラエティとして機能変化したものであると考え，縄文農耕存在理由のひとつに挙げておられる。

では，実際どのような利器を駆使し，解体調理が行なわれたのであろうか。遺跡における動物遺存体の損傷状況と伴出石器および民俗事例に基づき，被猟動物の処理のあらましを復元してみよう。

集落は，狩猟テリトリーからそう遠くない地に構えていたであろうが，それでも体量70〜100kgもあるイノシシやシカなどを丸ごと運搬しようとすれば，相当の困難が伴う。クジラに至っては，その場で解体するしかなかったろう。仕留めた獲物は，運搬が容易な場合を除いて，多くはその場で解体処理されたのであろう。

最も一般的な狩猟対象獣であったイノシシ・シカの場合，まず身の危険のない作業のしやすい場所に移動し，獲物を仰臥させる。第1刃は，のど笛から胸→腹へと入れる。内臓を出すためである。おとし穴で捕獲した場合はなおさらのこと，腐敗しやすい内臓をまず処理する。冬場はまだしも暖かい春先には，死後2日もたつと内臓の腐りが肉にまで及んでしまうという。内臓を出し終えると，次は皮剝ぎに取りかかる。この時，胴腹部腔中に溜った血液も珍重されたようだ。アイヌはそのまま飲み，新潟県の民俗事例によれば，腸詰めにし凝結させた後，野菜類と煮て食べている。皮は，前肢ついで後肢の裏面も裂き，頭部は耳の後方までで止めておき，完全に剝いでしまう。遺骸が生暖かいうちの方が，作業が容易だという。この点でも，猟場で解体する方が合理的だったのだろう。頭部は皮つきのまま切り外し，次に四肢，さらに胴体を肋骨にそい数個に分断する。ここまでが推定される猟場での解体作業である。

熊の皮剝ぎ実験によれば，チャートあるいは黒曜石製でしかも小型精製の石匙は，脂をはじき能率の点で包丁やナイフに優る機能を有したという。しかし，先に見たように，便利な石器でありながら出土は限られる。チャート・黒曜石製で精製品となれば，なおさらである。実際には自然の鋭利な縁辺を残すフレイク，あるいは簡単な細部加工を施したスクレイパー様石器などが使われていたのではないだろうか。大畑貝塚からは，ナイフ的用途に用いたと推定されるフレイクの一群（厚さ5〜8mm）が検出されている。また貝の花貝塚でも，スクレイパー様石器が数点出土している。それでも捕獲した獲物の数に十分見合う量ではない。石材の豊かな地であれば，その場で原石を打ち割り，フレイクを手に入れることも可能であったろう。それ故，解体が済めば惜しげもなく猟場に捨ててしまったかもしれない。獲物を追い野山を駆けめぐるのに，身軽であることは不可欠な条件だ。アイヌも獲物が多くない限り，イリマキリ（皮剝用小刀）は持ち歩かず，普通のマキリ（小刀）1本で処理してしまうようである。

集落に持ち帰った獲物は，分配され調理される。まず，骨角器の素材としても大切な骨を傷めないよう，関節をはずす。遺跡から出土する動物遺存体の骨端部に，横位に走る数条の切痕がみられることがある。靱帯を直角に切断しようとした際についたキズで，鋭利な刃部を持つ石器によるものである。肉は筋肉にそい骨からはずす。さらに，骨は骨髄を食べるために，中央より割る。髄は脂肪質の高いラードのような感触である。この時，骨髄を取り出し易いよう，円錐形に広範囲に割るコツも心得ていたらしい。頭蓋も脳髄摘出のため入念に壊されている。

金子浩昌氏によれば，小山台貝塚（茨城県）出土のイノシシの場合，まず頬骨弓を中間部から切断し下顎骨をはずしているようだ。次に頭蓋底部を切断し，脳髄腔を露呈させ，打撃器で打ち割り，脳髄を取り出している。下顎骨の方は，骨体の中央部を切断する方法と，下顎下縁部を入念な切り込みを入れた後剝ぎ取る方法とにより，やはり髄を摘出し食べていたようである。伴出石器の中で，打撃に適しているものとして，打製石斧・独鈷石・敲打痕のみられる磨石などがあげられる。また骨の切断には，丁寧に研がれた小型磨製石斧なども有効であったろう。このように，多大な労力を使い手に入れた獲物は，捨てる部分がないまでに食べ尽していたのである。石器は食肉目の動物の顎や牙の単なる代用として役立っていただけではなく，食物の利用効率をはるかに高めていたのである。

一般に道具は，さまざまな規定要因に応じて作られ，特殊化した用途に堪えるよう形態変化を繰り返し定型化していく。しかし，日常生活の中では，多目的機能を持ち活用範囲の広い道具が重宝とされることも多い。食べるための道具も例外ではないだろう。解体調理にあたっては，鋭利な縁辺を残すフレイクが，今日のナイフのように最も多く用いられたのではないだろうか。このことは，石器に残された使用痕からその用途を知ろうとする方法に加え，動物遺存体などにつけられた傷痕から逆に使用石器を限定していく方法のなかで，確かめていかなければならないだろう。

口絵解説

クロダイの鱗の顕微鏡写真

■ 丹羽百合子
早稲田大学考古学研究室

魚鱗は魚の新陳代謝の結果，隆起線を形成しながら外側へと成長していく。そして隆起線の疎密があたかも年輪のようにみえることが早くから注目され，主に水産学の分野で魚の成長度，生活史などの調査に利用されてきた。しかし，年輪形成の時期や原因，また年輪の形態が魚種によって様々であることから一頃のような安易な読み取りは，現在ではむしろ控えられている。

考古学上の遺物としては，ロシアのKoviakova遺跡で15世紀にはすでに知られ，その後も各国で報告例が知られている。日本では1910年代に岸上鎌吉博士が“Prehistoric Fishing in Japan”（1911年）に記載されたのをはじめ，筆者らが確認しているものをも含めて20例以上の出土例がある。

魚鱗は，その形態から，かなり詳しい種の同定を行なうことができ，最小個体数，年齢構成，捕獲季節などを推定することができる。従来は，魚鱗のもつこのような有効性を，充分に発揮できたとはいえなかったが，幸い筆者らは，最近，東京都港区伊皿子貝塚（縄文時代後期前葉）で500枚近くの完形の鱗が出土地点，層位を確認しながら採集されるという機会に遭遇し，上記のような考古学的魚鱗の分析の試論を行なうことができた。結果は，最小個体数85個体のクロダイがこの貝塚で鱗を落して解体処理された（が，他の部位骨が出土しないのでここでは食べずに集落地へと運ばれた可能性が強い）。体長20〜35cmのクロダイが95%を占め，夏〜秋（8—10月）に捕られたものが7割以上である。厚く規模の大きい貝層では各季節があらわれ，小規模の層では季節が単一になる。さらに貝による季節推定を参考にして，貝層の層序を，継続する数年間の具体的生活カレンダーとして把握することができた。

口絵12頁は，伊皿子貝塚第85層出土のクロダイの魚鱗である。全体形は個体内でも部位により異なる。現生標本と比較すると，この例は体右側の側線鱗より上方へ6列，前方から18番目付近のものと推定された。鱗長約5mm。年輪は，拡大写真に示したように隆起線が不連続となる“たち切り”cutting over現象として現われる。矢印部分がそれで4本確認された。体長は260mm位と算出される。季節推定には，最終年輪から最外縁までの距離（R_n-r_n）を測り，同部位に比定される現生標本から次の年輪位置（r_{n+1}）を推定，$\left[\dfrac{R_n-r_n}{r_{n+1}-r_n}\right]$の値により推定する。この標本の場合は9月頃となる。

口絵解説

大形住居址（東北地方）

青森県埋蔵文化財調査センター
工藤泰博
（くどう・やすひろ）

最近東北地方では，縄文時代の遺跡の発掘調査がふえ，これらに伴う遺構も多く発見され，この時代の集落形態が次第に解明されつつある。その中に特異な存在として，居住のための住居址群の中に，特殊な大形住居址が存することが注目される。これらの大形住居址の機能を解明するのが，これからの重要課題となるわけであるが，まずこれまでの東北各地の検出例を探ってみよう。

1. 青森県大鰐町大平遺跡[1)]

円筒下層b式からd式までの土器を出土する前期～中期初頭の遺跡で，西にのびる台地の端に近い所に，住居址群が分布する。大形住居址は住居群の東側にやや離れて構築され，南北に長軸をもち検出されている。規模は，J-4 号 9.6m×7.4m，J-13 号 10.2m×7.3m，J-23 号 12.4m×9.3m，J-25 号 12.2m×9.1m，J-26 号 12.1m×9.1m で，いずれも長楕円形を呈している。

2. 青森市近野遺跡[2)]

円筒上層d式の土器を伴出する中期の大形住居址が南北に長軸を持って検出されている（口絵）。規模は，第8号 19.5m×7m，第17号 10(?)m×5(?)m である。第8号住居址は，その形態が富山県不動堂遺跡で検出された住居址と類似しており，5対の主柱穴と，南北に2対の控柱穴が確認されている。この住居址は，北方に，尾根状にのびる台地の中央部に位置し，これを囲むように居住を主とする住居址が分布している。炉は長軸線上に5基検出されている。

3. 青森県弘前市大森勝山遺跡[3)]

遺跡は，岩木山麓の東側に位置し，後期から晩期にかけての土器を伴出する大形住居址が1棟検出されている。規模は 13.7m×12.8m で，ほぼ円形を呈している。主柱穴は，中央部に4個配列され，径1.4m 前後の石囲炉が中心部から，やや南東に寄って検出されている。

4. 秋田県能代市杉沢台遺跡[4)]

円筒下層cから上層aにかけての土器を出土する遺跡で（前期～中期），北に延びる台地の南東から北西にのびる縁に平行して，住居址群が分布し，大形住居は長軸をほぼ南北にして住居址群の南側に構築されている。その規模は，SI-06 が 16m×6.6m，SI-07 が 31(?)m×8.8m，SI-18 が 15(?)m×7(?)m，SI-44 が 28(?)m×9m で，柱穴は長軸線上に対をなし，炉は 5～10 基設けられている。

5. 秋田市柳沢遺跡

第6号住居址は 15m×5m の規模で，前期である。

6. 岩手県北上市丸子館遺跡

堀ノ内Ⅰ式に併行する後期の土器を伴出する大形住居址で，「小規模遺跡の中に極めて規格性の高い住居跡である」と述べられており，その規模は D-I-ロが 11m×10.4m である。

7. 岩手県北上市八天遺跡[5)]

「加曽利B式以降を盛期とする中期末～後期初頭にかけての大形住居址で，10回の建て替えがなされ，集落の中に特異に存在する，居住性の低い構築物である」と述べられ，炉は中央部に存したと推定されている。その規模は，17m×13.5mで，ほぼ楕円形を呈している。

8. 岩手県二戸市中曽根Ⅱ遺跡[6)]

早期から前期にかけての住居群の中に3棟の大形住居址が検出されている。いずれも隅丸長方形を呈し，その規模は149号 9.8m×3.6m，155号 13.8m×6.6m，193号 11.6m×8.5m である。

9. 岩手県二戸市長瀬B遺跡

早期中葉に位置づけられる大形住居址で，その形態は隅丸長方形を呈し，炉は検出されていない。規模は 9.6m×7.3m である。

10. 岩手県松尾村野駄遺跡[7)]

前期末葉に位置づけられる大形住居址が1棟検出された。東西に長軸をもち，その規模は 8m×4.5m で長方形を呈しているが，3基の炉が長軸線上に検出されている。

11. 岩手県江釣子村鳩岡崎遺跡

前期末葉に位置づけられる大形住居址が検出され，その規模は 23m×5m で，長方形を呈し，地床炉が3基確認されている。また，中期初頭の大形住居址（DE-18）も検出され，その規模は 23m×8.5m で，3回の拡張を行なっており，地床炉

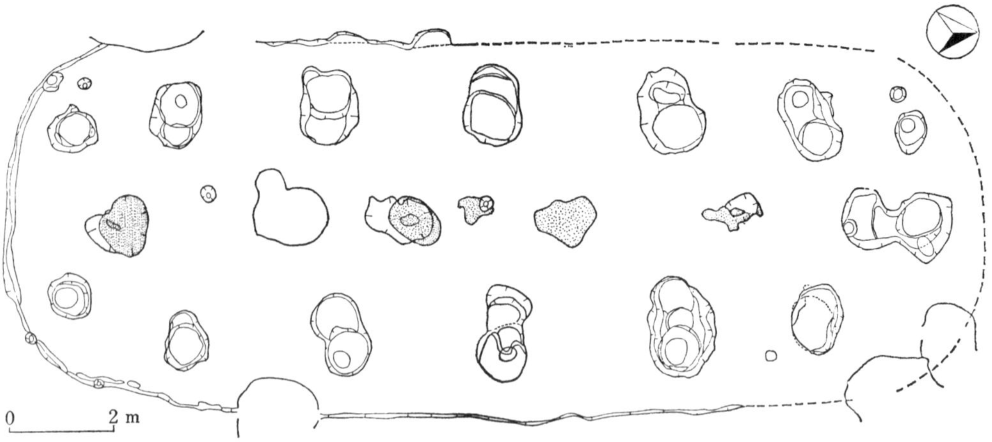

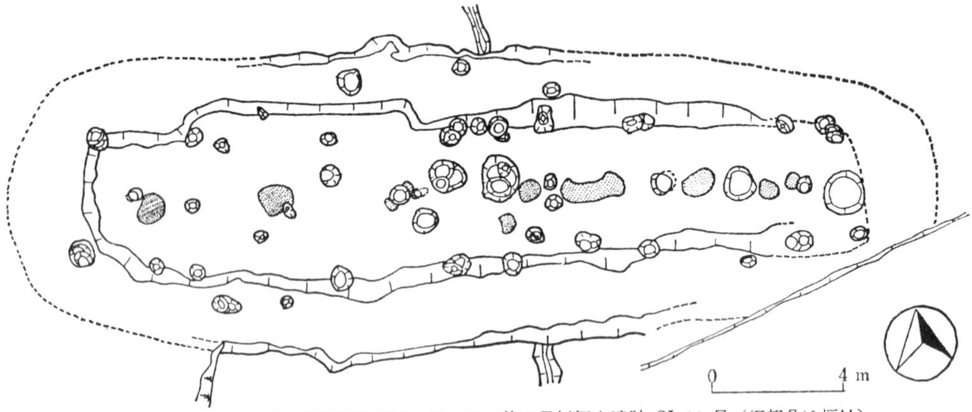

大形住居址　上：青森県近野遺跡第８号　下：秋田県杉沢台遺跡 SI 44 号（網部分は炉址）

は長軸に沿って十数基検出されている。

12.　岩手県雫石町塩ヶ森遺跡

中期前葉の大形住居址が１棟検出されている。規模は 13m×9.3m で，長軸線上に２カ所の炉が確認されている。また，床面には本住居址に伴うフラスコ状ピットを２基検出している。

13.　岩手県二戸市荒屋Ａ遺跡[8)]

中期中葉の大形住居址が１棟検出されている。規模は 17m×8m で南北に長軸をもち，４基の炉を検出している。

14.　岩手県軽米町叺屋敷Ｉ遺跡

大木９式（中期中葉）に伴う大形住居址で，規模は 9.5m×7.9m。長楕円形を呈し，石囲炉が１基検出されている。大形住居は集落の中心的位置にある。

15.　岩手県都南村湯沢遺跡

大木 10 式（中期末葉）に位置づけられ，規模は 8.8m×8.5m でほぼ円形を呈し，炉は３基検出されている。

16.　岩手県松尾村長者屋敷遺跡[9)]

縄文時代の大集落の中に前期前半の大形住居址が検出されている。規模はＦⅣ-5が11.6m×8(？)m・地床炉・樽形，Ａ住居群 10.8m×6.8m，Ｂ住居群 13.4m×8.4m，ＨⅢ-12 住居群 23m×8.2m，ＧⅤ-2 が 12.8m×5.5m・12 基の炉で，いずれも隅丸長方形である。

17.　山形県最上町水上遺跡

大木９b 式（中期）に位置づけられる 8.4m×4m の規模をもつ住居址が１棟検出されている。

18.　山形県東根市小林遺跡[10)]

大木２式（前期）に位置づけられる大形住居址で，その規模は 9.9m×4.7m である。

以上，東北４県のこれまでの大形住居を列記したが，これらの遺構は全国的にみても東北・北陸地方に多い。その量はまちまちであるが，今後の調査によって規則的な分布などが把握されるものと思う。検出された大形住居の集落における位置を概観すると，いずれも集落の中心部に構築されている。これは，この遺構が共同で使用する意図があったためであろう。

また，大形住居は1集落の中で少数棟しか検出されておらず，しかも同じ位置での建て替え・長軸方向への拡張がなされていることは，集落との相対的な関係や，自然環境を考慮されたためであろう。

次に，大形住居址の形態を時期的な点からみると，早期から中期にかけては，隅丸長方形（小判形）が多く，後期から晩期にかけては円形のものが多い。しかも，小判形を呈するものでは長軸方位がほぼ南北のものが多い。

大形住居址は，すでに「集会所」，「祭祀遺構」，「共同作業所」の諸説がある[11]。これまでに検出された遺構内外の状況をみると，「祭祀遺構」とするには遺構内に祭祀に関連すると思われる岩偶，土偶，岩版の出土例が極めて少ない。したがって，祭祀遺構とするには，資料不足の感がある。

遺構内の付属施設をみれば，床面に複数の地床炉，石囲炉が検出され，単体で検出される場合は大形である。これは，集会などで単に暖をとるだけの必要規模とは思われず，共同作業的要素が濃くなる。また，大形住居址の検出される遺跡には，調理具と考えられる半円状扁平打製石器，磨石類の出土例が多く，これらは堅果類の調理に使用されたものであろう。近野遺跡の大形住居址の柱穴から多量に炭化した堅果類（ドングリ，クルミ，クリなど）が出土したのも，縄文時代の人々が堅果類を多用した好例といえる。渡辺誠氏は，大形住居址について「雪国の共同作業所」とし，食糧を屋根裏に貯蔵したと述べられている[12]。屋根裏貯蔵は，居住を目的とする住居と比較すれば，大形住居の方がはるかに多くの食糧を貯蔵できる。また，ピットのように，地下系施設に貯蔵するよりも，乾燥状態のよい屋根裏の方が長期保存のできる利点があり，氏の「共同作業所」説がかなり有力となってくる。つまり，共同作業所は雪国における集落の食糧の共同管理作業を行なう場所であったろう。いずれにしても，大形住居の機能については，検討を要する課題であるが，集落の中において重要な機能を持つ構築物であることは間違いない。

註

1）青森県教育委員会『大平遺跡』1979
2）青森県教育委員会『近野遺跡』1979
3）岩木山刊行会『岩木山』1968
4）秋田県教育委員会『杉沢台遺跡』1981
5）北上市教育委員会『八天遺跡』1979
6）二戸市教育委員会『中曽根Ⅱ遺跡』1981
7）岩手県埋蔵文化財センター『野駄遺跡』1981
8）岩手県埋蔵文化財センター『荒屋Ⅱ遺跡』1981
9）岩手県埋蔵文化財センター『松尾村長者屋敷遺跡Ⅰ』1980，同『Ⅱ』1981
10）山形県教育委員会『小林遺跡』1976
11）中村良幸「大形住居」縄文文化の研究，8，1982
12）渡辺誠『縄文時代の植物食』1974

大形住居址（北陸地方）

金沢美術工芸大学助教授
小島俊彰
（こじま・としあき）

昭和57年4月，富山県朝日町不動堂遺跡に萱葺きの住居址3棟が復元し公開された。2号住居址の復元には，約6,800束（直径15cm大）の萱が必要であった。普通の大きさ（径6m）の1号住居址が1,300束というから，この一事をもってしても，2号住居址に加えられた縄文人の総労働量は，一般住居とは一律に計算できぬ多大なものだったと考えられる。

縄文中期前葉の不動堂遺跡2号住居址は，長さ17mの長楕円プランを持ち，14の柱穴が規則正しく対称的に掘りこまれ，長軸線上に4個の石組炉が設けられていた[1]。昭和48年の発掘当時は，このような巨大な類例はなく，“日本最大の竪穴住居址”の名を得たものだった。

日本最大という称号は，不動堂2号住居址から青森県近野遺跡8号住居址（長径19.5m），岩手県鳩岡崎遺跡DE 18・CJ 24住居址（長径23m）へ，さらに現在は長径31mの秋田県杉沢台遺跡SI 07住居址に移っている。

しかし，富山・石川県においては，不動堂遺跡の発掘から8年を経過しこの間に数多くの住居址が発見されているのに，不動堂2号住居址を凌駕するものはない。大きなものは，11mの松原遺跡4号住居址[2]，9mの水上谷遺跡6号住居址[3]，8mの薊生（あんぞう）遺跡4号住居址[4]などがあげられる[5]。いずれも各遺跡の中では大きく，同じ縄文中期に属していて，集落の中における共通した意味を持っていたという考慮は必要であるが，不動堂２号住居址のような絶対的な大きさはない。

新潟県の大形住居址としては，中期後葉の津南町沖ノ原遺跡第１号長方形大形家屋址[6]がよく取り上げられる。長さ 10m。沖ノ原遺跡の中では大形であり形態も違い，特別な遺構である。しかし，不動堂や近野・鳩岡崎・杉沢台例とは，炉が１個のみであることや，大きさに隔りがある。長さだけでなく，沖ノ原例は幅が4m と小さい。杉沢台や近野・鳩岡崎など大形長楕円形住居址の典型的なものは，長軸に大小はあっても幅は8m 前後，向き合う柱穴の間隔は4m 位という共通する大きさがある。この数値は，普通の住居址よりも，一まわり大きなものである。

北陸地方の前期から後期前葉の住居址には，明明白白に増築や建て替えの痕跡を持つものは，不動堂２号住居址以外にはない。水上谷・松原・莇生の大形の住居址も，また沖ノ原例も大柱穴に何かいわくがありそうだが，増築・建て替えの行為は報告されていない。

不動堂２号住居址の主柱穴（P_1～P_{14}）の６穴は，重複して掘られている。写真にこれが表われていないのは，一方が貼り床で埋められているからだ。このことなどを理由に，２号住居址は３回の増築の結果であるという見解が発掘時からある[7]。吉峰遺跡（富山県）で発掘された中期初頭の 34 号住居址が，不動堂２号住居址を半截したような半円形をしていたこともあって，増築説は今も生きている[8]。一部の柱を抜き替えたとか，建て替えたという見方もできるだろう。

不動堂遺跡２号住居址

東北地方の典型的な大形住居址のほとんども，建て替え・増築の跡を明瞭に残している。あたかも増築・建て替えが目的ででもあるかのように，同一地点で手を加えては用いている。

大きさと建て替え・増築の２点から，北陸における不動堂２号住居址の特異性と典型的大形住居址間の共通性を述べてきたが，これは決して沖ノ原例などの特殊性を否定しようとするものではない。大形住居址の分布が多雪地にあることから，「共同利用の作業所で屋根裏は貯蔵庫」とその用いられ方を積極的に論じている渡辺誠氏の説[9]には聞くべき所が多く，その観点では共通点も当然多くなる。ただ，特異性をつきつめることによって，不動堂２号住居址の持つ意味に少しでも近づければと思うのである。

近年富山県大門町小泉遺跡の花粉分析をおこなった安田喜憲氏は，縄文前期後半（分析層からは新崎式もその後に発見されている）の小泉では「縄文人の撰択的な中尾の言うクリの半栽培の段階が想定される」と発表している[10]。新崎式期が転換期といわれて久しいが，安田氏が提起した問題とも重ね合わせて，新崎式期と不動堂２号住居址を見つめて行きたい。

註

1）富山県教育委員会『富山県朝日町不動堂遺跡第１次発掘調査概報』1974
2）池野正男ほか『富山県庄川町松原遺跡緊急発掘調査概報』庄川町教育委員会，1975
3）橋本正・神保孝造『富山県小杉町水上谷遺跡緊急発掘調査概要』富山県教育委員会，1974
4）西野秀和『莇生遺跡』辰口町教育委員会，1978
5）石川県能都町姫西上野遺跡に長径 13m の事例があるが，本報告を待ちたい。
6）江坂輝彌・渡辺誠『新潟県中魚沼郡津南町沖ノ原遺跡発掘調査報告書』津南町教育委員会，1977
7）註 3）に同じ
8）この他に中村良幸氏が「大形住居」（『縄文文化の研究』8，1982）の中で，３回の完全重複説があると記している。
9）渡辺誠「雪国の縄文家屋」小田原考古学研究会会報，9，1980
10）安田喜憲「気候変動」縄文文化の研究，1，1982

貯　蔵　穴

秋田県埋蔵文化財センター
永瀬福男
(ながせ・ふくお)

1　土壙の概要

縄文時代前期から晩期の集落跡の調査では，住居の近くで，貯蔵穴と考えられる袋状土壙が検出されることが多い。

袋状土壙の形態はバラエテーに富むが，基本形は，開口部と頸部が狭く，胴部はだんだん広くなり，底面は円形をなす。理科の実験に使用する「フラスコ」に類似するため，フラスコ状ピットと呼称されることもある。深さは1.5m前後のものが多いが，なかには1mに満たないものや3mを超えるものもある。

底部は平坦な場合が多いが，近年の調査例には，底部周囲に溝をめぐらす例，放射状に溝を掘る例のほか，数個のピットを持つ例が増えている。

住居との関係では，住居内に付設される場合と住居外に構築される場合があり，後者の例が多い。そして，住居外に構築された袋状土壙は，集落の一定の場所に群集する傾向を窺うことができる。

住居の外に構築された土壙のなかには，周囲に柱穴がめぐり，上屋の存在を惹起させる例も存在する。このような例や住居に付設される例などから考えると，土壙内の空間を確保しておきたかったものと思われる。すなわち，雨水・雪・土砂で埋没しないための配慮であり，住居の外に構築した土壙には，蓋をして使用したものと考えられる。

上狭下広のフラスコ状を呈する土壙を掘る作業は，垂直や上広下狭の穴を掘るのとちがい，かなり困難な作業である。にもかかわらず，なぜ，このような土壙を掘る必要があったのか。開口部を狭くすることによって，一定の温湿度を保持することが目的であったと考えられる。また，蓋をして使用したとすれば，広い開口部よりは狭い開口部のほうが，蓋をしやすい。頸部が長いのは，土壙の周囲を歩きまわったり，出入りするとき開口部周辺の土砂が崩落しないように，土層を厚く(頸部を長く)する必要があったためと考えられる。

2　土壙内の出土遺物

これらの土壙からは，遺物が検出されることは少なく，土壙の性格を決定し得ない原因になっている。数少ない遺物出土例を手元の資料で紹介したい。

人骨が出土した土壙は，岩手県上里遺跡[1)]，秋田県萱刈沢貝塚[2)]などがあり，上里遺跡では，1基の土壙の覆土から7体の人骨が検出されている。

貝類が検出された土壙は，秋田県杉沢台遺跡[3)]でヤマトシジミ，萱刈沢遺跡でヤマトシジミ，千葉県築地台貝塚[4)]でキサゴ・二枚貝，荒屋敷貝塚[5)]でキサゴ・ハマグリなどの例がある。

秋田県大畑台遺跡[6)]では，鳥骨(トビ)のほか獣骨(シカ)，魚骨(サメ類・エイ類・ニシン・サケ科・マダイ・クロダイ・ブリ・サバ類・コブダイ・カサゴ科・アイナメ・コチ・ヒラメ)を出土した土壙もある。千葉県加曽利北貝塚[7)]でも魚骨が出土している。

堅果類を出土した土壙は，北海道トビノ台遺跡[8)]でクルミ，秋田県梨ノ木塚遺跡[9)]でクリ，宮城県三神峰遺跡[10)]でクルミ，今熊野遺跡[11)]でクルミ・クリ，富山県水上谷遺跡[12)]でクリ，新潟県川船河遺跡[13)]でドングリ，千葉県加曽利南貝塚[14)]でクリ，岡山県南方前池遺跡[15)]でドングリ・クリ・トチ，山口県岩田遺跡[16)]でドングリなどの例がみられる。

3　土壙内の温湿度

上狭下広を特色とする土壙は，温湿度を一定に保ちたいという思考があったのではないかという発想のもとに，秋田県下堤遺跡[17)]，萱刈沢遺跡，館下Ｉ遺跡[18)]では，調査期間中に土壙内の温湿度を計測している。

下堤遺跡では，開口部径76cm，深さ179cm，底部径286×256cmの土壙で，外気の変化に関係なく，温度15℃，湿度93%。

萱刈沢遺跡では，開口部径93×85cm，深さ178cm，底部径201cmの土壙で，外気に関係なく温度15℃前後。

館下Ｉ遺跡では，開口部径108cm，深さ118cm，底部径 100cm の土壙で観測したところ，外気の温湿度が 38℃，45%のとき，土壙内は 18℃，94%であった。また，二重構造の土壙（フラスコ状土壙の底部にフラスコ状の土壙を持つ）では，外気の温湿度が 26℃，60% のとき，上の土壙内は 19℃，90% であり，下の土壙は15℃，90%であった。

３遺跡の観測データをまとめると，外気の変化に関係なく，温度は 15℃ 前後，湿度は 90% 以上である。

上記の観測は，夏期に実施されたものであるが，冬期はどうなるのだろうか。秋田県古館堤頭遺跡[19]では，土壙の周囲に柱穴のめぐる例が２基検出された。この柱穴を上屋架構のためのものと考え，上屋を復元してみた。柱穴は円形に配置されていたため，上屋は円錐型とした。復元の材料は，柱をクリ丸太，屋根はカヤでふいた。１～３月の観測結果は，表のごとくであり，観測結果をまとめると次のようになる。

(1) 土壙内の温湿度には大きな変化はないが，外気温に微妙に反応する。外気温 −10℃ のとき，土壙内は −2℃ 近くまで下降した。１～２月は，土壙の開口部・頸部・床面は常に凍結していた。

(2) 土壙の開口部にカマスで蓋をしてみたところ，外気の変化とは関係なく，温度は2℃で，湿度は 82～93% であった。したがって土壙内は凍結することはなかった。３月になると温度は 3℃に上昇した。

蓋をした土壙内にジャガイモを貯蔵してみたところ，凍結することなく保存されたが，春になると発芽した。

２月に秋田県山本町のある農家で，ジャガイモを貯蔵している貯蔵穴で温湿度を測定してみたら，蓋をした状態で 2℃，80% であった。

4　植物性食料の貯蔵穴

袋状土壙の性格は，形態・集落内での構築位置・覆土の状況・出土遺物と出土状態・温湿度を総合的に考察することによって明らかになってくるものと考えられる。そして，第一義的には植物性食料の貯蔵を，第二義的には土壙墓・捨て場・その他の再利用と考えるのがもっとも蓋然性が高いように思われる。

根茎類・堅果類を穴のなかに貯蔵する方法は，古くから行なわれてきた。貯蔵のための適温・適湿度は，たとえば，ナガイモ・ゴボウは 2～3℃，90～93%，ダイコン・ニンジンは 0～3℃，90～95% であり，ナガイモ・ゴボウは −0.5℃ で，ダイコン・ニンジンは −1.5℃ で凍結する[20]。

根茎類の貯蔵のための適温・適湿度は，冬期間

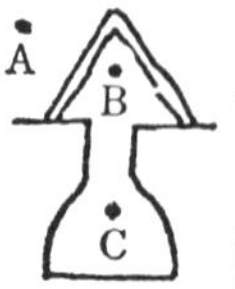

表　袋状土壙の温度と湿度（秋田県古館堤頭遺跡）

測定地点（A：屋外　B：屋内　C：土壙内）

			土　壙　No.1				土　壙　No.2				
	A		B		C		B		C		
年月日	温　度	湿　度	温度	湿度	温度	湿度	温度	湿度	温度	湿度	備　考
52·1·29	−2 (−10.5～−5)	31(31～80)	−2	65	−1	65	−3	67	−1	65	No.1，2 の頸部，床面とも凍結
2· 1	−7 (−9～−7)	65(56～96)	−1	87	0	80	−4		−1		No.2 の床面凍結 積雪 60cm
2· 5	− (0～−11)	82(60～96)	0	82	1	80	−2	84	0	81	工藤氏宅貯蔵穴 (2℃，80%)
2·12	−3 (3～−7)	62(57～96)	−1	78	1	90	−2	76	−1	83	No.2 の床面凍結 積雪 90cm
2·22	−7 (−6～−10)	73(66～93)	−1	78	(2)	(93)	−3	79	−1	81	工藤氏宅貯蔵穴 (2℃，80%)
2·26	2.5 (−5～4)	62(62～95)	1.5	77	(2.5)	(92)	1.5	76	1	84	
3· 5	−5.5 (−5～−8)	65(46～94)	−2	75	(3)	(92)	−3	77	−1	80	積雪 30cm
3·19	7 (−4～7.5)	77(79～93)	2	70	(3)	(92)	2	75	2	85	積雪 0cm

1)　A地点の（　）内の数字は，その日の最高と最低を表わす。
2)　土壙 No.1 のC地点（　）内の数字は土壙に蓋をしたときのデーターである。
3)　測定時刻は午後２時前後である。

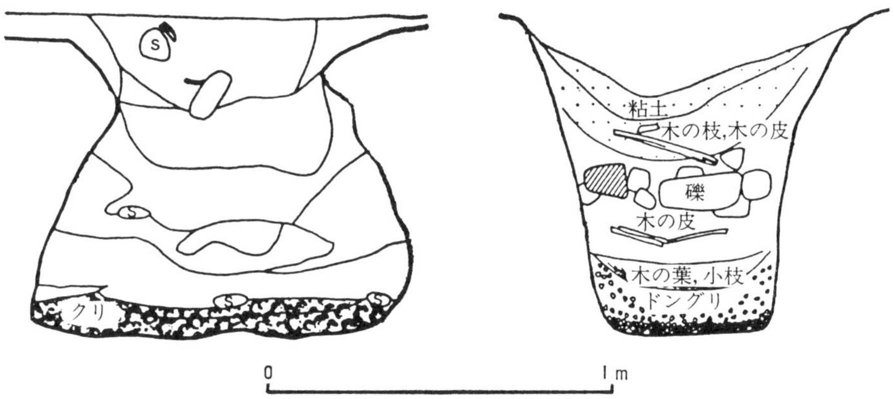

秋田県梨ノ木塚遺跡
（大野憲司，1979 より）

山口県岩田遺跡
（川越哲志，1981 より）

堅果類出土の土壙

に土壙の開口部に蓋をしたときの温湿度と一致する。土壙内から根茎類を遺物として検出することは不可能であろうが，前述のようにクリ・クルミ・ドングリなどの堅果類は出土している。

鳥骨・獣骨・魚貝類の出土例もあるが，動物性食料の貯蔵は無理のように思われる。夏期の温湿度は，15℃ 以上，90% であり，すぐ腐敗する。冬期間も湿度が高いため，長期間の保存は不可能であろう。したがって，鳥骨・獣骨・魚貝類の出土は，投棄と考えたほうがよさそうである。

また，人骨を出土する例については，縄文時代の土壙墓が袋状土壙とは異なる形態をしているのが一般的であることを考えれば，貯蔵穴の再利用と考えたほうがよさそうである。

以上のように，上狭下広の袋状土壙は植物性食料の貯蔵穴と考えられるが，根茎類も堅果類も春になると発芽するため，貯蔵期間は一冬を越すだけであったと考えられる。

なお，岡山県南方前池遺跡，山口県岩田遺跡に代表される西日本の晩期の貯蔵穴は，単に堅果類の貯蔵だけでなく，傾斜地に構築されているところから，渋抜きをも考慮していたのではないかと考えられている。

縄文人が，その生活を維持し，発展させるためには，安定した食料の確保が絶対必要条件であったはずであり，動物性食料の保存もさることながら，植物性食料の保存にも腐心していたものと考えられる。

註

1） 岩手県埋蔵文化財センター『岩手県埋蔵文化財発掘調査略報』1980
2） 八竜町教育委員会『萱刈沢貝塚』1980
3） 秋田県教育委員会『杉沢台遺跡・竹生遺跡発掘調査報告書』1981
4） 千葉県文化財センター『築地台貝塚・平山古墳』1978
5） 千葉県文化財センター『千葉市荒屋敷貝塚』1978
6） 日本鉱業株式会社船川製油所『大畑台遺跡発掘調査報告書』1979
7） 千葉市教育委員会『加曽利貝塚 I』1967
8） 中田幹雄『トビノ遺跡緊急発掘報告』1966
9） 秋田県教育委員会『梨ノ木塚発掘調査報告書』1979
10） 仙台市教育委員会『三神峰遺跡発掘調査報告書』1980
11） 宮城県教育委員会『金剛寺貝塚・今熊野遺跡調査概報』1973
12） 富山県教育委員会『富山県小杉町水上谷遺跡緊急発掘調査概報』1974
13） 川船河遺跡団体研究グループ「川船河遺跡について」地球科学，67，1963
14） 加曽利貝塚調査団『加曽利南貝塚』1975
15） 南方前池調査団「岡山県山陽町南方前池遺跡」わたしたちの考古学，7，1956
16） 川越哲志「山口県平毛町岩田遺跡」日本考古学年報，21・22・23，1981
17） 秋田市教育委員会『小阿地』1976
18） 秋田県教育委員会『館下 I 発掘調査報告書』1979
19） 山本町教育委員会『古館堤頭遺跡発掘調査報告書』1977
20） 藤本順治「越冬野菜の貯蔵法」農業秋田，12，1972

縄文時代の漁撈具

■楠本政助
宮城教育大学講師

1 鹿角製釣針

1～5は長さ約3～4cmの比較的小形の釣針である。例示した資料はすべて縄文中期のものだが，アグ（逆棘）のあるもの，ないものなどが混在し，形の上では現在の鉄製品と変わらない。2は軸頭にくびれがなく，単純な結びでは紐が抜け落ちてしまう。特殊な結び方か使用法があったかもしれない。

6，7は錨状釣針。7は右側の針先が折れたのを軸の部分で研磨し，通常の釣針として使用したものである。なお，この形の釣針は餌をつけて（軸に紐で結びつける）普通の釣りに使えないこともないが，餌のつけかえや魚の口から針をはずすのに大変な手間がかかる。一般的な使用法以外に，たとえば次のような使い方もあったのではないだろうか。

スルメイカの最盛期は夏である。錨状釣針をイカ釣り用の擬餌針として使用できないか試してみた。水面近く浮上したイカの群れにこの釣針をおろした途端，なんの抵抗もなく足をからませた状態でつぎつぎと釣れたのである。むろん餌などつけていない。ただ，赤い小さな布切れを軸頭に結びつけただけであった。とはいえ，この種の試みで数十尾のイカを釣り上げただけで，これが直ちにイカ釣り専用の擬餌針と断言することはできないが，出土地が仙台湾から大船渡にいたる沿岸で，しかもイカが岸辺近くまで接近する地域に集中している事実は看過できない。したがって，当初述べたように普通の餌をつけた釣針として使えなくはないが実用面では不便この上ないとなると，あるいは擬餌針の可能性が強くなってくるのではないだろうか。

10は軸部片である。この場合通常の内アグの釣針にさらに軸の内側に1個アグがついた例である。11は先端部の状態はわからないが，軸の下方に下向きのアグがついた例。12は鹿角を枝とも縦に2つ割りにして作った超大形の釣針である。裏面の髄質もきれいに除去し，調整されていて先端部も鋭い。

以上，仙台湾の縄文中期末にともなう釣針の数例を紹介したが，釣針としての機構をそなえたものはこの時期すでに100％出尽していることがわかる。中には10，11のようにアグの位置が常識から外れ，“いったい何の目的で”と疑問に思うものもあるが，縄文中期後半から末期にかけては漁撈活動のもっとも盛んな時期である。したがって，この種の珍奇な釣針も過渡的なものの1つとしてみられぬこともないが，それより彼らのたくましい創造力を暗示するものと解してやりたい。

2 鹿角製刺突具

1，2は単装固定銛。仙台湾一帯では縄文後期末以後に多く現われる。この種の銛の大半は基部にタールが付着していて，そこにソケット（弓筈または浮袋の口と称されていた角器）を装着して竹の柄に固定し，使用したものであることがわかった。

3は組み合せ式固定銛。木製の柄頭に2本ないし3本を散開固定するタイプ。前述の単装固定銛との相違は，基部が斜めに削られているのと紐かけの突起や溝がついている点である。こうした特異な基部構造になっているため，柄に装着した際先端は自然に散開し，器体の安定を得ることができた。仙台湾周辺では縄文後期末以後に急増するが，中形魚の捕獲にはかなりの威力を発揮したことであろう。

4～6は「ノ」の字形の固定銛である。長さは約5～10cm前後のものが多い。特徴は器体が湾曲し先端部が鈍なのに対し，尾は一様に鋭く，またそのほとんどが器体中央に近い個所にタールが付着している点である。この「ノ」の字形は，木製の柄の先に器体の中間を添わせるようにして緊縛すると，尾は一様に外側に張り出して巨大な逆棘となる。先端をことさら鈍く丸めているのは刺突時の衝撃に耐えるためであり，逆に尾が鋭利なのは逆棘としての効果を十分発揮させる目的からであった。また，中間に著しいタールは柄に装着する際固着を高めるためで，実用の段階では先端部と尾部が若干露出しているだけで，ほとんどはタールで塗り込められた上を紐で巻き込んで強く縛った。通常この形式の銛は関東以北の太平洋岸一帯で縄文後，晩期に大量に発見されている。それは器形の単純な割に刺突効果の絶大なことに対する信頼度の高さをもの語っている。

7～10は柄の先にソケットを設け，器体の一端をこみとして挿入する離頭銛の一群である。7～9は縄文中期後半に仙台湾で発生した古式離頭銛で，このタイプは縄文後期末に燕尾式系統の離頭銛が出現するまで，実に1,800年もの長い歳月を少しずつ改良しながら使い続けられたのである。なお形の上から古式離頭銛と有鉤回転銛（10）に分類されているが，使用法は全く同じで古式離頭銛から有鉤回転銛に進化したことは明らかである。

11，12は燕尾式離頭銛で，仙台湾では縄文後期の終り頃に姿を見せ始めた。この離頭銛の特徴は旧来の古式離頭銛系と異なり器体の下部に盲孔すなわちソケットがついていることである。したがって，長い柄の先に木製のこみがつきソケットに差し込んで獲物に打ち込むが，ソケット自体が鹿角であるためきわめて強固で，従来の銛の最大の欠陥であったソケットの軟弱さが解消した。12は実験用に複製したもので，先端に抉りを入れて無柄石鏃を挿入しタールで固めている。まれに晩期中葉に出土する。

縄文草創期の貯蔵穴——
——————鹿児島県東黒土田遺跡

■ 河口貞徳
鹿児島大学講師

東黒土田遺跡（鹿児島県曾於郡志布志町内之倉）は縄文草創期の遺跡で，宮崎県との境にあり，県道大堂津—志布志（111 号）線が宮崎県の射場地野集落にはいる手前の北側にあたる。志布志湾に注ぐ前川上流のせまい谷頭平地に，北から突き出した丘陵末端の舌状台地（標高 162m）に立地し，平地面からの比高は約 20m である。

昭和 55 年 12 月に河口貞徳・瀬戸口望が発掘調査を行なった。その結果，地層は基盤のシラス層（姶良カルデラ起源・約2万2千年前）まで深さ 1.4m あって，7 層に分かれ，地表から2層目にはアカホヤ層（竹島・幸屋火砕流・約6千年前），4 層目には薄層理軽石質火山灰層（桜島火山起源・10,063 年～11,200 年前）が明瞭に堆積していて，編年上良好な鍵層となった。

遺物は第3層と第6層にみられ，第3層からは縄文前期および早期の遺物が出土し，第6層からは縄文草創期とみられる隆帯文土器片と，遺構が検出された。

本遺跡でとくに注目されるのは，1 万年を遡る第6層の出土状況である。6 層上部からは長さ 165 cm，幅 70cm，深さ 20cm の，安山岩などの板石で縁どりした舟形土壙が出土しており，一端は未発掘のため長さはさらに延びるであろう。内部から木炭粉の出土があり，縁石の一部が焼け爛れているなど，火を用いた顕著な遺構である。

6層下部からは，さらに下層のシラス層に掘り込まれた木の実の貯蔵穴が検出された。直径 40cm，深さ 25cm の浅鉢状を呈し，内部には炭化した堅果が，黒色の土が混じった状態で一ぱいに満たされており，直上を被覆した土も黒色を帯びていたのは，木の枝などをかぶせたためかもしれない。摘出した木の実は，長軸と短軸の測定値平均が 15.15±1.63×11.46±1.68mm であった。粉川昭平氏らによると，同形子葉で，形は基部の太いものが多く，溝のみえるものがなく，子葉はほとんど分離し，幼根が長く深くはいっているなどの特長があり，クヌギ，アベマキ，カシワ，ナラガシワのような落葉性の *Quercus* である可能性があるという。この貯蔵穴出土の木の実による C-14 年代は 11,300±130 年 B.P. で，鍵層の年代とも適合するものである。

当時は洪積世最末期（1.1 万年前）の顕著な氷河小進出期にあたり，年平均気温で3～6度現在よりも低かったと推測されている。遺跡地に落葉性の *Quercus* の森林が存在したことから，当時の南九州は現在よりもはるかに寒い気候であったものと推測される。

第6層からは，前述の遺構に共伴するものとして隆帯文土器が出土している。口縁部に粘土帯を貼り付け，指または棒を用いて押圧したもので，隆帯の縁部に爪形が連続施文されたものもある。同類の土器は志布志町鎌石橋遺跡，鹿屋市牧之原遺跡のほか，宮崎県串間市大平遺跡などからも出土し，大隅半島南部に分布がしられ，1 つの型式を形成するものと思われる。

東黒土田遺跡において，堅果が貯蔵穴を設けて保存されていたことは，その文化段階の内容を明らかにしたものであり，堅果の種類が落葉性の *Quercus* であったことは，当時の森林帯が現在と異なって，南九州まで落葉広葉樹林帯に被われていたことを示し，はからずも土器の発生は，照葉樹林帯でなく，落葉広葉樹林帯においてであるらしいことを示すこととなった。中村純氏は花粉分析の結果によって，晩氷期（12,000～9,000 年 B.P.）には森林帯は 1,000m くらい下降していたとしているが，東黒土田遺跡における結果はこれを裏づけるものとなった。

本遺跡は渡辺誠氏の設定した植物採集活動の類型の第Ⅱ期に該当するが，それに具体的内容を与えるもので，第Ⅱ期に与えられた文化段階よりもやや進んでいるようである。

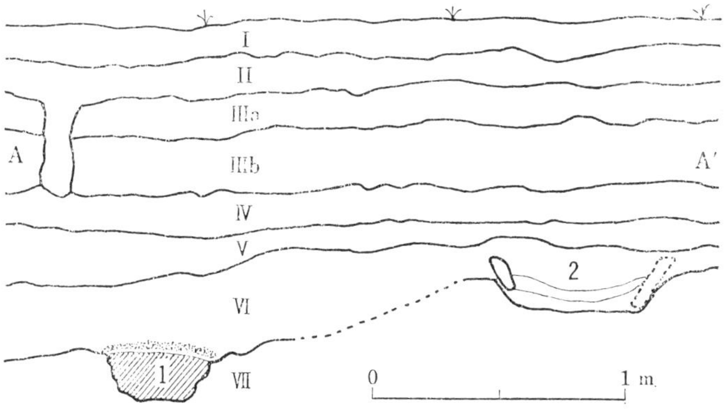

東黒土田遺跡地層図（AA′ 水準 162.81m　1：貯蔵穴　2：舟形土壙）
Ⅰ：黒褐色火山灰層　Ⅱ：アカホヤ層　Ⅲa：青灰色層　Ⅲb：黒褐色層　Ⅳ：薄層理軽石質火山灰層　Ⅴ：黒褐色土層　Ⅵ：褐色土層　Ⅶ：シラス層

人類学からみた縄文時代の食生活

東京大学教授　埴原和郎
（はにはら・かずろう）

縄文時代の人々の食生活あるいは栄養の状態がどのようであったかを，自然人類学の立場からどれくらい推測できるだろうか。

古代人の食生活を論ずることは，むしろ考古学的研究に負うべきことで，自然人類学の立場から考えることはきわめて困難である。しかし食生活，あるいは栄養の状態は骨や歯に何らかの影響を与えるはずで，ある程度の推測は可能であろう。そこでこの稿では，縄文人の食生活あるいは栄養条件について，骨や歯から推測できることをいくつかとりあげてみようと思う。

1　う蝕と咬耗

まず食物ともっとも関係の深い器官は，いうまでもなく歯であり，食物が歯に与える影響のうち，もっとも明瞭に現われるのはう蝕と咬耗である。そこで，まずう蝕について考えることにする。

現代の日本人ではう蝕罹患率がきわめて高いといわれている。これはもちろん食物，とくに糖質の影響が強く，糖質の摂取量とう蝕罹患率の間には高い相関がある。

う蝕の成因については，歯科の専門家の間でさまざまな議論があるが，ほぼ一致した見解は次のような考えかたである。う蝕は，歯の表面に附着した糖質が口腔内の細菌によって発酵して酸を生じ，これによってエナメル質が脱灰され，また有機質が溶解されることによって起る。

またう蝕の発生率は，歯の自浄作用の程度と逆の相関をもつ。歯の自浄作用は，固い食物や線維質の多い食物をとるときに強くなり，う蝕を生ずる原因となる糖質の歯の表面への停留を阻止するのである。したがって当然，う蝕の発生は食物の種類に大きく左右されることになる。

さて縄文人は一般にう蝕が少ないと考えられているが，実はかなり高い罹患率を示すことが知られている。縄文人のう蝕の調査はしばしば行なわれているが，ここでは歯科の専門家である井上直彦・伊藤学而・亀谷哲也ら（1980-81）の調査結果を紹介する。

井上らは東大人類学教室に保管されている後期縄文人の歯において，う蝕罹患率（有病者率）が58.2%にのぼることをたしかめた。この数字は現代人の85.5%よりは低いが，鎌倉時代(62.8%)および江戸時代(62.5%)に近く，室町時代(28.6%)よりはるかに多い。

さらに井上らによれば，う蝕には“砂糖型う蝕”と“ディスクレパンシー型う蝕”があるという。前者は単純に糖質の摂取によるものであるが，後者は顎骨と歯の大きさの不調和（ディスクレパンシー）によって歯ならびが悪くなり，自浄作用の及ばない部分が多くなるために発生するものである。

この点からみると，縄文人では顎骨が比較的大きく，歯ならびがきれいであるので，彼らのう蝕は“砂糖型う蝕”であるということになる。もちろん縄文人が現代のような砂糖をたべていたわけではないが，このことは，彼らがかなり多量の糖質を摂っていたことを示唆している。

一般に縄文時代は採集狩猟経済で，肉や海産物を多く摂っていたと考えられているが，この調査の結果はそのような考えと一致しない。この時代の食物で糖質の多いものとしては，ヤマイモやユリなどが考えられるが，少なくとも関東を中心とする後期縄文時代には，かなり多くの糖質を含む食物を摂っていたのではないかと思われる。

最近，縄文時代にも原始的な稲作が行なわれていたのではないかということが考古学者の間で問題となっているが，う蝕の罹患率からみて，糖質食品の問題はさらに追及してみる必要があるように思われる。

ただしう蝕については遺跡間に大きな差があったらしい。たとえば吉胡貝塚人骨ではう蝕有病顎率は 50.5%，津雲貝塚人骨では 24.0%（以上いずれも清野謙次・金高勘次，1929による）である。これらの数字は有病者率と有病顎率であるので，井上らの結果と直接比較はできないが，いずれにしても縄文人のかなり多くがむし歯に犯されていたことを物語っている。

つぎに歯の咬耗について考えてみる。いうまでもなく，歯の咬耗の主原因は食物の咀嚼にあるが，その程度は，食物の種類によって大きく左右される。

ところで，歯の咬耗は年齢とともに強くなるので，死亡年齢がちがう個体の咬耗度を各時代について直接に比較することはできない。そこで，各時代の咬耗度を比較するためには，年齢要素を消去する必要がある。アメリカの E. C. スコット（1979）はこのため，主軸分析法を採用することを考えたが，この方法の原理は次のとおりである。

まず第1大臼歯と第2大臼歯との咬耗度に注目し，その差を数値化する。その理由は，前者がほぼ6歳，後者がほぼ 12 歳で萠出するので，両歯の咬耗度の差は約6年間の咬耗の程度を表わす。この差を多数の個体について主軸分析法で計算すると，その集団の平均的な咬耗度がわかり，しかもこれは年齢要素を消去したものとなる。

筆者ら（1981）はこの方法を応用し，縄文時代から現代にいたる日本人の咬耗度を比較した。その結果，縄文人（中期以降）では 1.0，弥生人（北九州内陸部）0.91，鎌倉時代人 0.77，江戸時代人 0.66，現代人 0.69 という数値をえたが，これは時代が下るとともに咬耗度が低下してきたことを示している。

縄文人で咬耗度が強いのは，彼らが硬い食物，つまり肉類や線維の多い食物を摂っていたためと考えられる。この結果は，上記のう蝕罹患率と矛盾するようであるが，この矛盾は次のように説明できる。

縄文人のう蝕は一般に歯の隣接面に多く，咬合面には少ない。この事実は，彼らが糖質を含む食物とともに，線維質の食物や肉などをも摂っていたことを示すものと考えられる。つまり，線維質の食物や肉類は咬合面の自浄作用をうながし，この部分でのう蝕を阻止するが，歯の隣接面までは自浄作用が及びにくい。そこで比較的多くの糖質をも平行して摂っていたとすれば，一方では強い咬耗を生じ，また同時に隣接面のう蝕も生じたということになる。

以上を総合して考えると，縄文人は肉，魚貝類，線維性の食物と同時に，かなり多量の糖質を摂っていたのではないかと思われる。またこれらの食物の比率は，当然遺跡の立地条件に左右されたと考えられ，これが遺跡間のう蝕罹患率の差を生じたのであろう。

2 身　長

身長はもともと遺伝的要因に支配されているが，最終的にはその他の環境要因，つまり種々の生活条件の影響をかなり強く受けるものと思われる。たとえば日本人は，明治以後約 100 年の間に，平均 10 cm 以上も背が高くなったが，これは遺伝子が変化したのではなく，生活条件の変化によるものと考えられる。そして生活条件の中でもっとも大きな役割を果たすのは，やはり栄養であろう。

たとえばマヤのティカール遺跡出土の人骨を研究した W. ハヴィランドによれば，この遺跡では西暦 500 年を境として男子の平均身長が 10 cm 近くも低くなっているが，これは人口増加のために，1人あたりの栄養が低下したことによるものであろうとしている。

日本人の身長の時代的変化については，平本嘉助（1972）の研究がある。平本は大腿骨最大長より藤井明（1960）の計算法によって身長を推定したが，その結果，男子の平均身長は縄文時代（中期以後）が約 159 cm，古墳時代 163 cm，鎌倉時代 159 cm，室町時代 157 cm，江戸時代 157 cm，明治初期 155 cm と計算された。これをみると，縄文時代から古墳時代にかけて身長はかなり高くなったが，その後徐々に低くなり，明治初期，つまり江戸時代の最末期に生まれた人がもっとも低身長になっていることがわかる。

この身長低下の原因は一概にはいえないとしても，栄養の不足または偏りがその一因となっているように思われる。その要因として，仏教の影響によって肉食が極端に少なくなったからだという考えかたもあるが，それが主要因となったかどうかはわからない。しかしティカール遺跡の例からもわかるように，人口増加によって個体単位の栄養が悪くなることも考えられるし，また栄養の不均衡という要素も見逃しえないであろう。

この点から考えると，縄文人の栄養はかなり良好で，またバランスのとれたものであったと思われる。アメリカインディアンでも，農耕の発達によって食物の量は多くなったが，栄養の質は低下し，そのために身長が低くなったと思われる例がある。

このように，身長という点からみても，歯のう蝕や咬耗でみたように，縄文人は適度の動物性食品，線維性食品および糖質を，かなりよいバランスで摂っていたのではないかと思われる。

3 骨のハリス線

骨に現われる病変の種類は多いが，とくに栄養障害と関連するものとしてハリス線が注目されている。これは大腿骨，脛骨，足指骨など，主として下肢の長骨に現われるもので，骨の長軸と直角の方向に生ずる骨梁である。そして生体でも骨そのものでも，X線検査によって容易に認めることができる。

縄文人において最初にハリス線に注目したのはおそらく鈴木尚（1950）で，縄文早期の平坂貝塚人にこれを認めて報告した。鈴木によれば，この個体は思春期までに，数回にわたってかなり重篤な栄養失調を経験したという。

また北條暉幸（1972）は中足骨のハリス線を調査し，縄文人では現代人に比してその数が多く，またハリス線そのものが太いことを報告した。

再びアメリカインディアンの例をあげると，C. カシディの研究では，脛骨のハリス線はインディアン・ノル（ケンタッキー州，約5,500-4,000年前）の人骨では平均 11.3 本であったが，同じくケンタッキー州のハーディン遺跡（16-17世紀）の人骨では 4.1 本であったという。

ハリス線の成因に関する動物実験によると，これは栄養失調のみでは起りにくく，その後の十分な栄養補給が必要であるという。この見地からみれば，ハリス線が多数生じていることは，栄養状態の悪化が何度も起ったことを物語るが，同時にそれは，恢復するための十分な栄養をとりうる時期もあったことを示している。

カリフォルニア・インディアンについて調査した H. マックヘンリーは，ハリス線の数についてカシディと同様の傾向を認めたが，それは，古代において栄養の季節的変動があったためであろうとしている。

一般に採集狩猟生活では食物の貯蔵ができず，栄養摂取量は自然条件に左右されることが多い。また季節によってもかなりちがっていたと考えられるので，年間を通して同程度の栄養をとっている農耕民や現代人に比して，ハリス線の出現率は高くなるものと思われる。しかし，ハリス線が多いということは，縄文人が常に飢餓にさらされていたことを示すものではなく，かなり重篤な栄養失調が恢復しうるような，豊富な栄養をとる時期もあったことを示していると考えられる。

以上，骨または歯から推測される縄文人の食生活についてごく簡単にふれたが，全体的にみると，縄文人の食生活は自然条件に左右されやすい不安定な面もあったが，常に飢餓状態にあったのではなく，時期によってはかなり豊かな食生活をしていたように思われる。またある程度の糖質食品も含めて，全体としてかなりバランスのよい栄養を摂っていたと考えてもよいであろう。

最近，主としてアメリカでは，人骨から当時の栄養状態を推測する“古栄養学”（paleonutrition）が盛んになり，さまざまな研究方法が開発されている。たとえば人骨中のコラーゲンに含まれる炭素同位体 ^{12}C と ^{13}C との比によって，摂取した植物の種類が推測されることがある。

また人骨中のストロンチウム含有量によって，植物食と動物食との差がわかるともいわれている。つまり，植物には多少ともストロンチウムが含まれており，これが骨の中に蓄積されるのであるが，動物の肉の中にはストロンチウムがきわめて少ないので，骨中に蓄積される割合も低くなるのである。

このような研究は日本ではまだ行なわれていないようであるが，古代人の食生活や栄養状態を知るためには，さまざまな考古学的研究とともに，今後はこのような方法をも含めた，新しい視点からの人骨の研究が必要であろう。

縄文農耕論の再検討

縄文中期に，はたして「農耕」とよべるようなものが存在しただろうか。さらに，縄文晩期後半の開始が確実視されている稲作の起源は，今後どこまで遡れるだろうか。

縄文中期農耕論／縄文晩期農耕論

縄文中期農耕論

諏訪考古学研究所
■宮坂光昭
（みやさか・みつあき）

1　藤森栄一氏の中期農耕説

縄文中期農耕存否の学史のなかで，第二の論争を生んだ諏訪地方（八ヶ岳西南麓）をフィルドとした故藤森栄一氏と諏訪考古学研究所の同志たちは，報告書『井戸尻』（1970年）発刊前後，縄文中期農耕論を証明しようと，中期縄文文化諸現象に焦点を当てて物の観方，考え方をしてきた。つまり一連の藤森論文[1)]の補強をする心づもりであった。ことに『井戸尻』を作成する過程で，仲間で問題点を論議しあい，それがやがていくつかの論文になったのである。

当然筆者もその頃の論文[2)]は，縄文中期農耕論を補強する心算のものであった。また武藤雄六[3)]，桐原健氏[4)]らも同じ目標の論陣をはったのであった。一方，藤森氏に教示を受けていた渡辺誠氏も縄文中期における食糧の追求を，海岸部で漁撈面から，山地では植物質食糧集成[5)]とアクぬき技術解明に成果をあげてきていた。

藤森中期農耕説は，1つには縄文中期文化研究に飛躍的な発展をうながした。そして，先生の到達した「植物嗜食民」[6)]の生活にいたるまでには原始的な焼畑陸耕論による植物栽培から，クリ帯文化論のクリの木の保護管理という栽培のしかたを考えていた。つまり民族学者が提出した仮説の半栽培という段階にあたるものであった[7)]。

藤森先生の研究において，その反省期には，出土した植物遺存体については，「これは植物学の仕事であり，われわれは考古学を通じ，中部高地の縄文文化の構造を究明すべき」と教え，「前論の粗雑であった分については撤回もする」[8)]と述べ，中期農耕論の再資料として耐えうるような再構築をはじめた[9)]。そのような考えの結果，「植物嗜食民」という表現を用いて，濶葉樹林のなかの果実と植物，動物に依存する生活文化に到達している。

藤森縄文中期農耕論の最後のまとまった論[10)]は雑穀栽培を強調していない。栽培的である風物を強調し，栽培物はイモ類，クリ，ユリなどで，打製石斧はその掘り具と想定したのである。しかも「始源農耕の肯定論者としては」とことわって，縄文中期に特定地域に原初の植物栽培がはじまり，気候の理由から全国的に拡散せず終わった，と結んでいる。

筆者とか武藤らは，この頃東アジア全体のなかで農耕自成説のほか，渡来を考える立場から，中国のヤンシャオ文化期にあるアワの栽培に目をむけ，縄文前期末頃，海流にのって日本海の北陸あたりにアワ，ウルシ，彩文土器の渡来（漂着）を考え，雑穀栽培の発言[11)]をしたことがある。

藤森先生逝去後，地元での縄文中期農耕論は2つの考え方に代表されよう。1つは農具としての石器機能の実験と雑穀栽培実験および食用植物を食糧化する実験の方法，他は縄文中期農耕論の最

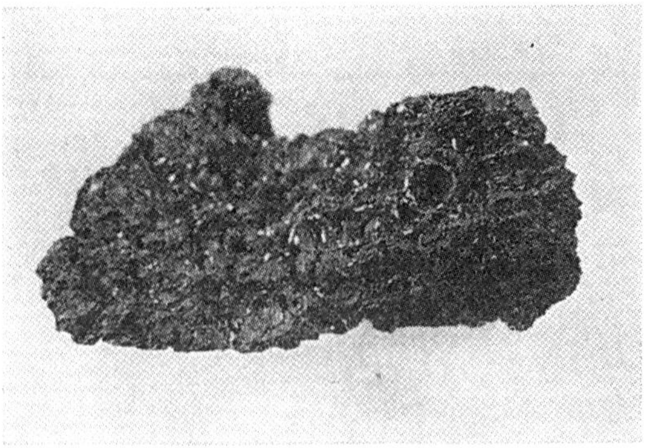

アワ状穎果の炭化物の一部
諏訪市荒神山 70 号住居址出土。空洞は約 2 mm の粒。

弱点であった，縄文後期文化への解釈の仕方を，「われわれは考古学を通じ」文化内容の変化を把握する事。そして植物遺存体出土の扱いは，「これは植物学の仕事であり」とする，関連諸科学を導入する考え方である。

前者は報告書『曽利』(1978年) などにみる方法である。筆者は荒神山遺跡 70 号住居址出土炭化種子発見の際，調査団側に植物専門家の鑑定を強く進めた[12]ように，植物学者側などの科学的な同定をうけるような考え方に立ってきた。

荒神山遺跡の炭化種子塊はエノコログサ属の穎果の炭化で，大石遺跡資料の分析では，アワの穎果の炭化する過程で生じたものと発表された[13]。その時点で筆者は縄文中期農耕論は雑穀栽培が存在したものとして，あとは八ヶ岳山麓における中期文化から後期文化への衰退化の実証的説明と，八ヶ岳山麓以外の地域での雑穀栽培の伝播・分布の有無の証明の必要を考えていた。当時，炭化種子類似物の発見は荒神山遺跡３，大石遺跡６，原村上前尾根遺跡２など，諏訪地方にあいついで知られていた。

1978年７月，有用食物研究会による信州シンポジウムが開かれ，松谷暁子氏が荒神山遺跡出土炭化種子について，灰像法による走査電子顕微鏡の鑑定結果を報告された。それによるとアワかどうかを同定したところ,「シソ科のエゴマ」であるといわれた。諏訪の研究者は初耳の報告で，受け止め方は二通りあったと思う。『曽利』にみる考え方と，植物遺存体の鑑定は専門分野にまかせ，考古資料による立論の方法という考え方であった。荒神山，大石両遺跡出土の炭化種子はその後，アワからアワ状の穎果の炭化物と変更され[14]，炭化種子を同定する側のむずかしさを感じさせられた。

2 植物栽培肯定資料の検討

縄文中期農耕藤森説は，縄文中期文化の遺物のなかに，農耕に関係するものがどうもあるらしいと考えた点と，中部関東地方で急激に土器が隆盛化し，遺跡も増加するのは狩猟・採集社会より，農耕社会を考えた方が解釈できるのではなかろうか，と考えた点にある。初期の論文に取りあげた資料は次のようであった[15]。(1)石鏃，(2)打製石斧，(3)乳棒状石斧，(4)石皿，(5)石棒・土偶，(6)凹石の問題。そののち，凹石の発火具説は改変された。また集落構成数も，土器形式の編年整備により，同時500戸とした戸数も変更している例も含め，一層中期農耕説の研究範囲の拡大に努めている。その間に反論，批判と研究の推進が当然生じ，縄文中期文化の研究は編年，文化論，集落領域論に盛行をみた。

縄文中期農耕藤森説の総決算は，植物栽培存在の肯定資料を 18 項目あげ，かつ，出土植物鑑定による栽培物の可否は植物学の分野であり，考古学者は考古資料をもって中期縄文文化の構造解明に立ち向うべきであると，考古学研究の本道を述べている。

さて，縄文中期農耕藤森説の肯定資料として提示された 18 項目について，筆者らの責任分野もあるので，整理して検討してみよう。

(1)栗帯文化論，(2)石鏃の稀少問題，(3)剥片の復活，(4)石匙の大形粗型化，(5)石皿の盛行，(6)凹石の意義，(7)土掘具の盛行，(8)石棒・立石の祭壇，(9)女性像としての土偶，(10)土器機能の分岐，(11)蒸器の完成，(12)顔面把手付甕，(13)神の灯，(14)貯蔵具の形態，(15)埋甕の問題，(16)蛇・人体・太陽の施文，(17)集落の構成，(18)栽培植物の問題

以上の提示資料には文化論，生産具としての一次的なものと二次的なもの，精神生活上の用具が提示されている。いま精神的生活具(「栽培的な風物」[16]) を除外し，直接的な資料にあたると，(7)の土掘具については陸耕用具，竪穴住居掘りの道具，芋など根茎類の掘具とも共通する。(5)石皿の盛行については，製粉，粉砕，敲打の道具として共通し，芋，そしてクリ，ドングリ，トチなど堅果類のアク抜きにも利用される。(10)，(11)については，土器の使用途が植物性向きであるということで，澱粉質のもの向きである。(17)の縄文中期農耕説的な集落景観は，農業専業の村ではなく，山村

炉址内出土のパン状炭化物
長野県豊丘村伴野原遺跡 33 号住居址出土
直径 16×17cm，厚さ 3cm

風景としての，年間スケジュールが農業，狩り，山菜取り，秋の果実類の採集という姿とみている。(18)栽培植物の問題は，(1)と合せてクリに目をむけ，ついでイモ類，ドングリ，クルミに注目した。クリ帯文化論は縄文中期遺跡出土の炭化種子中，かなりの高比率でクリの存在することから，管理保護（毎年の高収穫は不可）も考えている。

以上，直接的な資料として考えたものは，いずれも，澱粉を採取するものに無関係ではない。となると，渡辺誠氏の取りくんでいる「アクぬき技術」の問題で，野生植物のうち，堅果類以外のものも対象とされてくる。つまり野生植物全体のうちから，かなりの有用植物が対象としてうかびあがってくる。

藤森中期農耕説以後，縄文中期農耕論へのアプローチは，小林，五味両氏による石器の研究[17]がある。石器について不勉強の筆者には十分理解できないが，導き出された法則は，「道具は材質に無関係に，同一形態ならば，同一機能になる」というもので，現在の農具と類似する石器を縄文農具としている。

そのほか，いくつかの発言（『山麓考古』）があるが，その結晶が報告書『曽利』であろう。この報告書では，打製石器は耕作から収穫にいたる諸農具であるとの観方をしている。さらに凹石を，クルミ割具説から石皿とセットとしての製粉具説を提示しているが，これも，「同一形態は同一機能」論から出ているものである。

土器観察で注目すべきは，外壁の焼痕とススと，内壁のオコゲの付着に着目していることである。これは焚火による火熱の位置と，内容物の炭化痕との関係であって，長時間弱火にかけて煮沸する用途の結果としている。ドングリのアクヌキの方法にも，長時間の煮沸によるタンニン汁の取り替えの方法がある。つまりアクぬきの一方法にも利用可能と考えられよう。

『曽利』によると，これらの研究結果から，曽利遺跡では縄文中期後半の集落は，ムギ作農耕を行なった集落と報告されている。今後植物遺存体の発見に精度を高め，その専門の科学的鑑定というハードルをクリヤーしてこそ，一層の実証性が高まるであろう。

3　照葉樹林文化論と今後の展望

最近，日本列島の人間生活の舞台のほとんどを占める，照葉樹林と広葉落葉樹林に対する研究が盛んである。つまり植物生態系と文化発展段階の関係について，縄文時代から広域的な視野より考えるものである。いわゆる，中尾佐助氏の照葉樹林文化論以来であって，水稲栽培段階以前を，照葉樹林前期複合と照葉樹林後期複合とした。また焼畑研究の佐々木高明氏により，照葉樹林焼畑農耕説が提出された。このことは照葉樹林帯の農耕は雑穀栽培を中心とした焼畑農耕で，照葉樹林前期複合とした野生採集と半栽培とは別個の立場にある。そののち中尾氏は前説を発展して，(1)野生採集段階，(2)焼畑農耕を基盤とする雑穀栽培段階，(3)水稲栽培段階という区分を提示している[18]。

これらの民族学側から提示されている説はいずれも照葉樹林帯のなかの文化段階であるが，われわれにとって「隔靴掻痒」の感をいだくのは，「もともと私たちの仮説は，年代決定には大変弱い」[19]という言葉にいい表わされていよう。しかし花粉分析の成果は次第に精度を高めており，列島に本格的照葉樹林文化と呼ぶべき時期は縄文時代前期以降といわれるが，中部山地などはさらにその形成が遅れるといわれ，約 4,000 年前の年代を示している[20]。

花粉分析の成果が示すところにより，比較民族学側の提出している，照葉樹林帯のなかにおける文化発展段階の弱点である年代決定にも見通しを与えたことになる。またわれわれの問題にしている中部高地における植物生態は，縄文中期後半頃から照葉樹林の形成がはじまるようである。となると，中部高地の中期縄文文化の生活基盤は冷温帯落葉広葉樹林（クルミ，ハシバミ，トチなど）と，暖温帯落葉広葉樹林（クリ，コナラ）の接点で，一部日だまりなどに照葉樹の進入がある景観とみられる。そこへまもなく気候の冷涼化がおそってくるが，「植物嗜食民」にとって，照葉樹林帯が必ずしも住みよくはなく，環境の変化は大きかったとみられる。

藤森氏が最後に論述している「濶葉樹林文化」[21]または「雑木林文化」[21]とは，まさしくこの落葉広葉樹林の中の生活である。中部高地の縄文中期の文化は，照葉樹林前期複合段階（野生採集＝アクぬき技術＋半栽培）の前段に位置し，地域では北側に存在するものとみられ，いうならば，落葉広葉樹林文化後半段階といえよう。つまり安田氏の提唱した壮大な東アジアを含めての「ナラ林文化圏」に属する文化である。藤森中期農耕論はこの段階に一歩足をふみ入れ，模索していたことになる。

縄文中期農耕論の更なる発展は，考古資料による理論の構築はもちろん，文化論の発展，さらにより一層の科学分野からの学際的協力を得る必要がある。つまり植物遺存体などの発見の精度を高め，植物学者の同定，灰像法，走査電子顕微鏡による同定，花粉分析による同定，C^{14} の測定，さらに人間の排泄物である糞石の分析も摂取食物の解明に役立つだろう。一方，東アジア全体のなかでの文化発展の研究も重要である。

註

1) 藤森栄一「日本原始陸耕の諸問題」歴史評論，4—4，1950
　同「集落の構成」図説世界文化史大系，1960
　同「縄文中期農耕存否に関する新資料」日本考古学協会発表要旨，1961
　同「日本石器時代の諸問題」考古学研究，9—3，1963
　同「縄文中期文化の構成」考古学研究，9-4，1963
　同「縄文時代農耕論とその展開」考古学研究，10—2，1963
2) 宮坂光昭「縄文中期における宗教的遺物の推移」信濃，17—5，1965
　同「縄文中期勝坂と加曽利E期の差」古代，44，1965
3) 武藤雄六「中期縄文土器の蒸器」信濃，17—4，1965
　同「有孔鍔付土器の再検討」信濃，22—7，1970
4) 桐原健「南信八ヶ岳山麓における縄文中期の集落構造」古代学研究，38，1964
　同「縄文中期にみられる室内祭祀の一姿相」古代文化，21—3・4，1969
5) 渡辺誠「縄文時代の植物質食物採集活動について」古代学，14，1969
6) 藤森栄一『縄文農耕』学生社，1970
7) 中尾佐助「半栽培という段階について」どるめん，13，1977
8) 藤森栄一「縄文中期農耕肯定の現段階」古代文化，15—5，1965
9) 藤森栄一「釣手土器論」月刊文化財，41—12，1966
　同「縄文人の生活」日本の誕生，1966
　同「顔面把手付土器論」月刊文化財，43—10，1968
　同「縄文の呪性」伝統と芸術，1969
　同「縄文の蛇」月刊文化財，46—8，1971
　同「乳棒状石斧論」一志茂樹先生喜寿記念論集，1971
10) 藤森栄一「採集から栽培へ」日本文化の歴史，1969
11) 諏訪シンポジウム「縄文の世界」1975年12月5日，東アジアの古代文化を考える会，中日新聞
12) 宮坂光昭「阿久遺跡保存運動と地域主義」地域と創造，1978
13) 松本豪「諏訪市荒神山遺跡出土の植物炭化物」長野県中央道発掘調査報告諏訪市，3，1974
　同「長野県諏訪郡原村大石遺跡で発見された炭化種子について」どるめん，13，1977
14) 松谷暁子「長野県原村大石遺跡出土のタール状炭化種子の同定について」長野県中央道遺跡発掘報告原村，1，1981
　松本豪「長野県諏訪郡原村大石遺跡で発見された炭化種子について」同上
15) 藤森栄一「日本原始陸耕の諸問題」歴史評論，4—4，1950
16) 註 10）に同じ
17) 小林公明「石包丁の収穫技術」信濃，30—1，1977
　五味一郎「縄文時代早・前期の石匙—その農具としての成立」信濃，32—6，1980
18) 中尾佐助『栽培植物と農耕の起源』岩波書店，1966
　同『農業起源論』中央公論社，1967
19) 佐々木高明「農耕のはじまりをめぐって」歴史公論，3，1978
20) 安田喜憲「照葉樹林の形成と縄文文化」どるめん，13，1977
　同「縄文文化成立期の自然環境」考古学研究，84，1975
　同『環境考古学事始』ＮＨＫブックス，1980
　塚田松雄『花粉は語る』岩波新書，1974
21) 藤森栄一編著『井戸尻』長野県富士見町教育委員会，1970

縄文晩期農耕論

別府大学教授
賀川光夫
(かがわ・みつお)

日本列島で農業が行なわれるようになったのはいつか，という問題を実証することはたいへんむずかしい。これには農業ということをあらかじめ決めておく必要がある。

日本列島は常緑樹，落葉樹林におおわれていて，秋にドングリを採集して食糧としていたことは考えられ，それを実証する炭化したドングリが各地でみつかっている。そのうちのクリは主要な食品で，それを特定の場所で栽培していたとしてこれを農耕の始まりと考えることもできる。しかし，特定の地にクリを栽培していたことを具体的に実証することはまず不可能である。

イモについてはどうであろう。球根類が豊かな日本列島において，ドングリと同じようにそれを加食することは古くから行なわれていた。民俗例や植物育種学の上から南方のイモ類（ヤムイモ，タロイモ）が栽培されるようになった，とみるむきもある。しかし，ヤマイモやサトイモが縄文時代に栽培されていたとする証拠をさがすことはクリ栽培を実証することにもましてむずかしい。そこで，農耕の起りはどのような植物の栽培を指せばよいか，とすることになるが，穀類を指すことがよいと思う。アワ，ヒエ，ムギ，トウモロコシなど，コメの他にも多数の穀類があるが，これまで考古学的に実証例の多いコメの栽培についてその起源を究明することに興味が集中している。「縄文晩期農耕論」は問題を提起した時点で「穀類の栽培」とくにコメの問題を中心として考えを述べてきた。

「縄文晩期農耕論」は，穀類の栽培を晩期にしぼって，可能な実証例を求めた結果によって付せられた仮の課題であった。今日，周辺地帯とくに東アジア地域の考古学研究が進展して関係資料の充実がみられるようになると，さらに古い時代に栽培が行なわれていたとの意見がでてくる。筆者もそのような観点に立って実証例を確立しつつある。

1　日本周辺の農耕の始まり

近年中国の考古学，とくに仰韶以前の土器の発掘が相つぎ，きわめて興味深い問題が提起されている。長江（揚子江）の南，江西省万年県仙人洞[1]では縄文土器に似た赤焼きの土器がみつかり，同じような土器は広西省桂林市甑皮岩遺跡[2]からもみつかっている。

仙人洞では上，下層に分類され，下層には主に撚糸文を施文する土器が，上層では縄文を施文した土器がみつかっている。甑皮岩洞穴は同じく細かい撚糸文を主とした土器にまじって，少ないながら農業工具とみられる石杵などがみつかり，原始農耕が行なわれていた，と報告されている。仙人洞及び甑皮岩は C^{14} で8,000年前と計算され，ここに長江以南の農耕が始まる。

華北では，河南省裴李崗遺跡[3,4]，河北省磁山遺跡[5,6]から素焼きの土器がみつかり，仰韶以前の文化とされている。これらの遺跡では篦点文，弧線篦点文が灰褐陶及び灰黒陶にまじってみつかっている。この篦点文は韓国西岸，岩寺洞遺跡の櫛目文土器によく似た土器で，類似土器をわが国であげれば曽畑式土器にあたる。裴李崗，磁山遺跡は C^{14} で8,000年と測定されている。

裴李崗遺跡では石鎌が5点出土し，刃部は内湾

中国河南省裴李崗遺跡出土篦点文土器

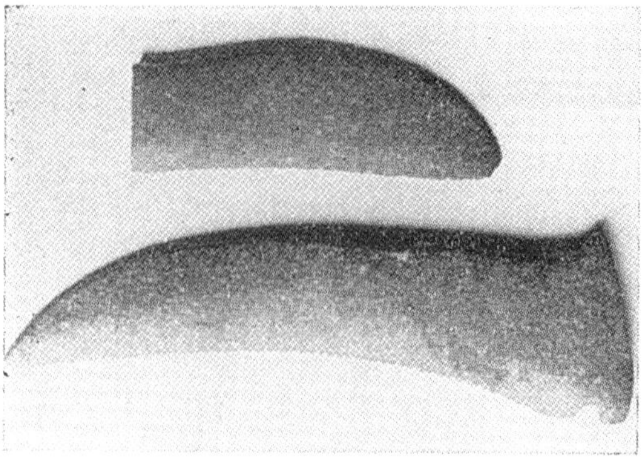

裴李崗遺跡出土篦点文土器共伴の石鎌

し，鋸歯をつくる。磨製で刃部の後端に着柄に必要な欠口がある。わが国の鉄製鋸歯の鎌に類似している。この石鎌に猪の土偶が共伴しており，農耕と家畜の関係をあらわすものとして注目されている。黄土地帯の裴李崗，磁山文化の農業はアワ作であろうと考えるので，華北でのアワ作は西安半坡遺跡などで代表される仰韶文化アワ作以前となり，8,000 年前に農耕が開始されたことになる。

華北のアワに対して，華中はコメの栽培と思われる。先の甑皮岩の原始農耕はコメと考えてよいが，水田において多少の灌漑を行ない，コメを生業としたのは浙江省河姆渡遺跡[7,8]である。ここでは夾炭黒陶をもちい，稲穂や猪の文様を刻入することでコメの栽培と家畜の存在を明らかにした。遺跡は杭列によって畔をつくり，水利を可能にした水田遺構が確認されている。

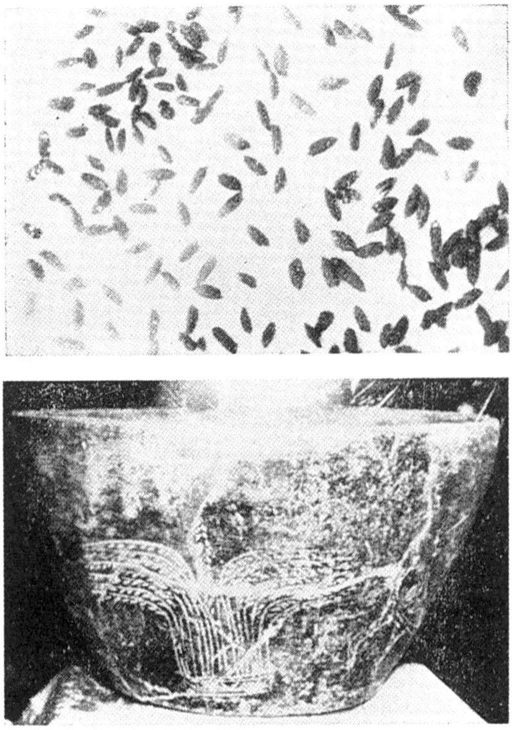

中国浙江省河姆渡遺跡出土の炭化米（上）と夾炭黒陶の稲穂文（下）

夾炭黒陶は黒皮陶ともよばれ，青蓮崗，良渚文化の硬質黒陶へと発展する。浙江省銭山漾遺跡[9]では河姆渡遺跡同様炭化したコメ（粳・秈）がみつかっている。銭山漾遺跡で硬質黒陶や粗硬陶とともに柱状抉入石斧（祖型）や三角形石器，磨製石鏃などが出土しているが，この組成は韓国南部の無文土器文化や，九州の夜臼式土器にみられる大陸系石器の祖型として注目される。

良渚文化につぐ湖熟文化には黒陶と印文陶がある。硬質の印文陶は特徴があり，それが韓国南部慶南道馬山市固城貝塚[10]よりみつかっている。この印文陶の発見で浙江一帯との交流が理解される。

韓国におけるコメ栽培では漢江流域の京畿道驪州郡占東面欣岩里遺跡がもっとも注目されている。この遺跡はソウル大学校金元龍教授の調査で，1978 年の報告[11]によると，コメの出土とその形質研究が細かく記録されている。遺跡から出土した土器は無文土器，紅陶で，石器には半月形石庖丁などがある。この年代測定は 12 号住居跡から採集された木炭を韓国原子力研究所において C^{14} 測定した結果 3,210±70 B.P.，2,620±100 B.P. と記録され，日本の測定では 2,980±70 B.P.，2,920±70 B.P. を計測している。コメは精密投影機で検査し，短粒型，粳（日本型）として形質良好な 31 粒について計測値をだしている。その平均は長さ 3.72 mm，幅 2.23 mm と小粒の短粒形である。コメのほかオオムギ 2 粒，キビ・アワ 1 粒，モロコシキビ 1 粒などもみつかっている。

忠南道扶餘郡草村面松菊里遺跡[12]では土器に紅陶，石器では三角形石庖丁などがある。52 地区の長方形住居跡からみつかった木炭による C^{14} 測定で 2,665±60 B.P.，2,565±90 B.P. の年代がでている。同 54 地区 1 号住居跡の床面には多量の炭化したコメがみつかり，コメの栽培が実証された。

欣岩里，松菊里などの無文土器時代にはコメ栽培が行なわれ，この他にも慶南道晋陽郡大坪面大坪里など出土例は増加している。一方，慶南道馬山市固城貝塚で赤色軟質土器 90% に印文陶がみつかり，外洞城山貝塚からは下層に赤色軟質土器，上層に金海式土器が出土し，ここからコメがみつかっている。韓国で無文土器時代にコメが栽培されていたことは以上の研究で明らかであるが，コメのルートについて任孝宰教授は中国華南より黄海を経て直接渡来したものとの考えを述べている。韓国の穀類栽培は欣岩里などでみられるコメ以外にアワ，ヒエなどの雑穀を含めた畑作にも注目しなければならない。

さて最近，ピョンヤン市南京遺跡から穀類栽培の報告があった[13]。この青銅器時代の住居跡からはコメ，アワ，キビ，モロコシキビ，マメなどがみつかっている。土器の中には美松里型の壺があるが，これは明確に黒陶系統で，韓国南部から発見されるものと同系列とみてよい。朝鮮半島北部ではかつて智塔里遺跡で櫛目文土器とともにアワまたはヒエの発見が報告されていることもあって興味深い。朝鮮半島南部一帯では無文土器にはじまるコメの栽培が，青銅器時代にはやや北部にまで影響をのばしたことがわかる。紀元前 10 世紀内外のコメ栽培の時期は，日本の縄文時代晩期の初頭にあたる。

2　縄文後期農耕論の提言

中国大陸の箆点文土器は仰韶文化彩陶以前で，文様構成は朝鮮半島の櫛目文土器に似ていることが注目される。中国河南省裴李崗遺跡の農耕と朝鮮半島黄海道智塔里のアワ，ヒエの発見は，この土器の構成のうえで相似といえる。この場合の農耕は畑作で，アワまたはヒエであると思われる。このように中国，朝鮮半島では土器の発生と農耕の起源が同じ時代で対比されるような気配すらみえてきた。

一方，日本ではどうであろう。坂本経堯氏が熊本県玉名市古閑原遺跡で 1952 年阿高式土器とともに8粒のコメを発見している[14]。8 粒の平均は長さ 7.9 mm，幅 3.9 mm，比は 2.03 で粳型（短粒）とされている。また阿高式土器を出土する熊本県下益城郡城南町阿高貝塚からイノシシの土偶がみつかっている。このあたりが周辺地域との対比において今後注目していかなければならない問題となろう。

縄文時代の農耕は実証例が晩期に集中することで，この時代のコメの栽培を重視する。晩期に盛行した土器は黒色磨研土器である。晩期の黒色磨研土器は後期末の三万田式に祖型がみられるようであるが，直接的には御領式土器を頂点とする。この御領式土器は晩期につながる重要なものであって，これから晩期土器への影響が強い。御領式土器を出土する福岡県法華原遺跡から炭化したコメをみつけだしたのは金子文夫氏である。周辺の事情から考えて，この炭化したコメが後期末の御領式土器に共伴するものであるとして疑いあるまい。

さて，最近農耕の起源についての研究はこれを学際的に行なう方法がとられ，花粉分析などがもちいられている。そのうち土壌中のプラント・オパールの検出によって藤原宏志氏は興味深い研究を行なった。この検査においても後期農耕の源流が問題とされ，福岡市四箇東遺跡及び熊本県鍋田遺跡においてイネ機動細胞プラント・オパールが検出された，と報告している[15]。この遺跡はいずれも後期末三万田式土器を出すところで，四箇は低湿地域の微高地に包含されたほぼ単純な土器層で，土器中の底部にあたる土壌からの採集資料である。鍋田遺跡は 40m の台地上にある住居床面の焼土からの検査で，これも資料として価値の高いものである。この2遺跡のプラント・オパールの検出は後期末のコメ栽培を証明したもので，これにより法華原遺跡のコメの遺体発見も生かされる。

四箇東遺跡は低湿地帯で，状況からみて原始的湿田とみられ，同じ福岡市板付遺跡などのように水利を生かし，管理された水田とは区別される。鍋田遺跡の場合は畑作のコメであろう。晩期の畑作によるコメの栽培は九州山脈中部の高地や雲仙岳周辺の丘陵地帯に集中することが多く，ここでの畑作については議論があった。しかし，鍋田遺跡でのプラント・オパールの検出は大分県大石遺跡，熊本県ワクド石遺跡，長崎県山ノ寺遺跡など，晩期Ⅰ・Ⅱ・Ⅲ式各期のコメ栽培を可能にした。さらに韓国慶南道大坪里の土器圧痕にも普遍して資料価値を高める結果となった。このように晩期コメ栽培の源流が後期に遡ることで穀類の栽培の起源を後期末葉とすることもできる。

後期農耕論については，筆者がたびたびその可能性を述べ，扁平石斧や打製石庖丁，打製石鎌などとともに黒色磨研土器など，石器や土器の組成から問題を提起した[16]。

3　縄文晩期農耕の諸相

晩期農耕については筆者が 1966 年以来[17]，その可能性を追求してきた。「農耕の起源」と題する問題は計り知れないほど大きな意味をもっていて，1 枚の原稿も慎重にならざるをえない。したがって一寸した間違いも許されそうにはなく，筆者の試論にも反論が続いて起った。そして 20 年近い歳月が流れ，おおかた晩期に農耕が存在したとする実証が各地で行なわれるようになった。

（1）　山ノ寺遺跡と大石遺跡の調査

1960 年，日本考古学協会は西北九州調査特別委員会を設置し，当時問題になりつつあった後期旧石器と縄文晩期（正しくは弥生以前）の問題に取りくんだ。後者は農耕の起源を暗黙のうちに主題としていたことは明らかで，杉原荘介教授による『日本農耕文化の生成』（日本考古学協会編，1961 年）もその上で理解される。調査は長崎県原山遺跡と山ノ寺遺跡が中心となり，支石墓の実態と生活遺跡の問題が追求された。とくに山ノ寺遺跡は，森貞次郎教授が刻目凸帯文土器を晩期の特徴とした重要な遺跡であった。森教授は 1958 年，九州考古学会で「所謂縄文晩期山ノ寺式土器」と題する研究発表を行ない，刻目凸帯文のあるカメ形土器の特徴を述べた。このカメ形土器には，黒く研磨された浅鉢形や織布圧痕土器などがともなうものとされた。山ノ寺式土器にコメの圧痕形がみられ注目されたが，それは九州大学農学部で検査されて発表された[18]。

山ノ寺遺跡は雲仙岳の東傾斜面にあり，土器包含地は傾斜が強く，この地でのコメの栽培は焼畑が適当であろうと思われる。コメが焼畑で栽培される例は九州山地での民俗例が多い。熊本県阿蘇郡西原村灰床では焼畑でシコクビエと陸稲を栽培していたのがつい先年までみられた。この地区は晩期土器にコメ圧痕をみつけたワクド石遺跡に近い。山ノ寺のコメについて江坂輝彌教授は周辺の谷での水稲としているが，これは興味深く示唆されるところが多い。東南アジア，とくにビルマ奥地の渓谷では部族は長屋に住み，その中央の一族は火種を絶やさず焼畑の入火もそれをもちいる。焼畑はコメを栽培するためであるが，種籾は同時に谷の湿地や傾斜地につくられた小水田にもまかれる。山ノ寺のコメの栽培には参考になる辺地農耕であり，江坂教授の考えは晩期農耕に生かされる。

大石遺跡は 1965，67 年に調査された。遺跡は九州の東部別府湾に注ぐ大野川流域の台地上に位置し，縄文晩期Ｉ式土器をほぼ単純に出すところとして有名である。遺跡は平坦な独立丘で，四方は谷をもって他台地と対する。北側に湧水地があり，南側には十角川が流れる。台地の中央に径 8m，深さ 3m に及ぶ竪穴があって，円形スタンドが造り出されている。竪穴の底部は 3m の円形ステージで，多分舞踊会をはじめ集会が行なわれたものとみられる。また周辺の柱穴の配列から竪穴を中心としてパオ状の住居が存在していたと考えられる。出土遺物は粗製の深鉢形土器（二重口縁に線刻がみられる）と，黒色磨研土器を主とした土器類で，石庖丁，石鎌，扁平石斧などが主であった。さらに硬玉の勾玉の発見もあり，土器や石器の組成がこれまでの縄文時代とは違っていた。

植物生態学者は現状の植生からして，遺跡には潜在植生がすべて失われており，これを放置すればススキなどの雑草が茂る状態だとして，反覆野焼が行なわれたとみられる，と報告している。大石遺跡で発見されたコメ形の土器圧痕は笠原安夫元岡山大学教授によってコメと確認されたが，野焼が反覆された状態は，焼畑を想定してよいと思われる。

山ノ寺，大石両遺跡はともに晩期の代表的遺跡であるが，コメの出土またはコメ形の土器圧痕はその後各地の遺跡からみつけだされている。山ノ寺遺跡についでこのコメ栽培を強力に実証したのは佐賀県唐津市菜畑遺跡である[19]。菜畑遺跡は山ノ寺遺跡のような原始的農法ではなく，東西に延びる水路及び両側に設けられた畦，北側畦畔によって仕切られた水田跡の検出によって，小規模ながら水田の経営が行なわれていたことが実証された。菜畑遺跡では山ノ寺遺跡に比べて晩期Ⅲ式土器の様子も一段と明らかになり，カメ形，浅鉢，壺，高杯などの組み合わせが明らかとなった。石器には石庖丁をはじめ，磨製石斧，扁平片刃石斧，磨製石鏃などがあり，磨製石器が目立つ。

（2）　夜臼式土器と板付遺跡

晩期初頭の土器編年については小池史哲氏の論文[20]がよくまとまっているが，晩期Ｉ，Ⅱの編年に対応して晩期Ⅲの編年については山崎純男氏の論文[21]が注目される。

さて晩期終末のⅢ式文化は山ノ寺の刻目凸帯を

もつカメ形土器を特徴とするが，それは夜臼，板付１式と弥生土器の初期への道をたどる。山崎氏は，凸帯文土器の性質を地域の変化，器種構成，凸帯文それ自体の特徴など細部にわたり分類し，夜臼Ⅰ式，夜臼Ⅱa，Ⅱb と分類して板付Ⅰ式については夜臼Ⅱa とⅡb の間に彩文土器の出現をもって位置づけている。そして板付遺跡 G-7a，7b 地区の調査から夜臼Ⅰ式土器の文化層で水田を観察できる，としている。この水田は矢板，板材で土留めをした土盛りの畦畔で区画され，水田の東端に水路と井堰，水田と用水路を結ぶ取排水口などが検出されたとして，整備された水田を実証した。山崎氏の夜臼Ⅰ式は編年的には晩期Ⅲ式の山ノ寺期を指したものと考えられ，整備された水田跡は板付期の水田と層位で観察されるとしている。

コメを栽培する技術は，島原半島の山ノ寺では焼畑と湿田の両者を併用し，およそ原始的な農法が想定される。さらに唐津平野の菜畑遺跡では畦畔をもちいる小規模灌漑水田としてやや高度な水田経営が行なわれていた。これに対して板付遺跡の夜臼Ⅰ式の水田は灌漑整備された水田であった。これを生産の面からみれば粗放，原始水田から管理された水田経営までがみられる。これはそのまま時代の変化と考えられればよいのであるが，年代的には同時代であって，生産方式の違いをどのように理解すればよいか，単純に地方の優劣差とのみではいえまい。地方差ということは大変便利である。しばしば土器の若干の違いを地方差で片付けることがある。土器にしても，生産の問題にしてもそう単純なものとは思われない。

（3） 縄文晩期土器の編年

考古学は編年の学問といわれている。層位がすべてに優先することは当然であるが，縄文時代の遺物を包含する土層はせいぜい2mにも満たない。その沖積土から約１万年間の層位を確認することは困難である。そこで土器の分類をもって層位的研究に変えることになるのである。土器の細かな分類は近年統計的に向上しつつある。そして標式土器を設定し，それに若干の相異があるものは地方差としておく[22]。ここで大切なことは，土器形式論が編年論と混同し，あらゆる問題に土器分類が優先してしまっていることである。

コメの栽培は韓国南部と北九州から始まり，そこから地方への派及が行なわれるとされる。この原則的な問題は土器論と一致すると解釈されている。コメの東への派及については伊勢湾沿岸に板付式土器の影響がみられるからであると説明し，伊勢湾沿岸には比較的早い時期に栽培が始められたと説明している。生産の問題を土器論で解決しようとする例である。

生産の問題を考える場合，地理的環境によってその地域の特徴がみられるので，土器は参考にすべきだという考えが一部にある。土器形式万能の考えに対する１つの問題提起として注意する必要があろう。筆者はかつて晩期土器の編年について，その特徴から３式に分類した[23]。この分類はそれぞれ地方的な特徴を重視するというより，重要遺跡の土器をそれぞれ特徴に応じて分類したものである。したがって地域的特殊性について問題があるはずであるが，おおかた基本的な点については網羅したつもりである。Ⅰ式〜Ⅲ式の中で大きく訂正を要するところは今のところ見い出せないので，一部を地域の特徴によって検討すればよい。したがって地方差として分類整理のやり直しの必要もあるまいと思っている。そこで前述の晩期Ⅰ，Ⅱ式の分類を福岡県広田遺跡で細論した小池史哲氏や，Ⅲ式の細分を主として福岡県早良平野に限って論考した山崎純男氏の論文などは評価してよい。

３式に分類してそれぞれの土器を基準に生産の問題をみてみると，大分県大石遺跡が晩期Ⅰ式にあたり，コメの圧痕がみられる。また熊本県ワクド石遺跡は晩期Ⅱ式で，これにもコメの圧痕形がみられる。同じく熊本県古閑原遺跡も晩期Ⅱ式でコメ圧痕がみられる。炭化したコメがみつかったのは熊本市上ノ原遺跡である。

これらのコメ圧痕土器を出土した遺跡は山岳や台地で，水田によるコメとは認められない。そのいずれも畑作によって栽培されたコメで，その農法は焼畑であろう。石斧で森林を切り開き，入火して扁平石斧で耕作し，石庖丁や石鎌で収穫する方法がとられた。この方式は朝鮮半島の火田や現在の東南アジア辺地の焼畑でよくみかける方法である。晩期Ⅰ，Ⅱ式土器にともなう石器の中では石鏃が減少する傾向をみるが，狩猟から農耕への急速な変化を示すものではあるまいか。

晩期Ⅲ式の農法に湿田と灌漑農法がみられるのは山ノ寺，菜畑，板付などで明らかである。刻目凸帯文のカメ形土器と黒色磨研による浅鉢形のほか壺形や高杯がみられ，Ⅰ，Ⅱ式と違った土器の組み合せをみる。石器としては太形蛤刃石斧や柱状抉入石斧，三角形石庖丁などにまじって片刃石ノミが目立つ。この石器組成からみて大陸系石器の発達がよくわかる。Ⅲ式土器の盛行期，とくに板付期の水田があまりにも整備されていたように報告されているが，もう少し初期的な湿田であったとは考えられないだろうか。現時点での水田の構想は周辺地域，東南アジアの水田にも例がなく，日本の歴史時代にも例がない。ましてや縄文時代には例がないものと考えたいがどうであろうか。もし完備された農法が晩期に存在したとしたら，歴史学者や農学者の納得のいく説明が必要である。この点今後の問題として検討してもらいたい。

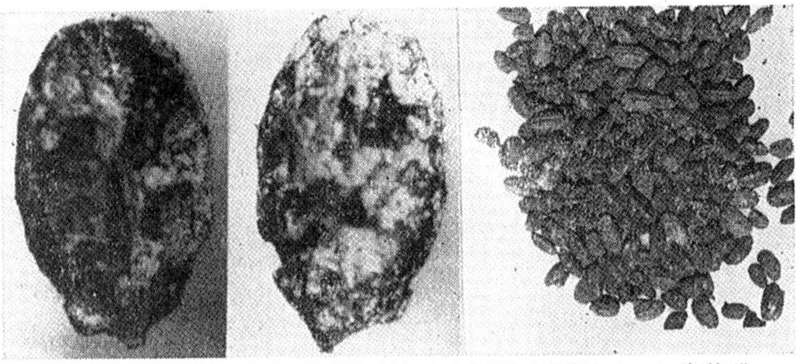

長崎県脇岬遺跡出土のオオムギ表裏（左）と大分県恵良原出土のコメ（短粒形）

4 おわりに

縄文晩期農耕は，晩期土器Ⅰ式，Ⅱ式，Ⅲ式の変化とともにある程度の具体性を見出すことになった。そしてⅠ式土器，Ⅱ式土器の黒色磨研土器の盛行期には焼畑とみられる地域での遺跡が多く調査されている。これに対してⅢ式土器をだす遺跡では生産方式は違い，湿田，水田の様子がうかがえる。このように今日の九州地方では晩期農耕は否定しえないところまできている。そして福岡市四箇東遺跡や熊本県鍋田遺跡ではプラント・オパールの検査でコメがみつかり，福岡県法華原遺跡の炭化したコメとともに後期末葉の農耕の存在も重視せねばならぬ状態となった。

コメを栽培する技術は石器によっても充分な研究ができる。石庖丁をはじめとする大陸系の石器が晩期に盛行することは注目すべきであるが，この石器の源流を調べることがコメの道を決定することになる。中国良渚文化の石器の組成に注目すべきだという点を述べてこの問題は稿を改める。

コメ以外の栽培もまた重要で，長崎県脇岬遺跡での晩期Ⅲ式土器とともにみつかったオオムギなどは短粒型（粳）のコメとともに重要である。今後はアワ，ヒエの問題を重視して晩期農耕の実相を考察する必要がある。

註

1）江西省文物管理委員会「江西省万年県大源仙人洞遺址試掘」考古学報，1963—1

2）広西壮族自治区文物工作隊・桂林市革命委員会「広西桂林甑皮岩洞穴遺址的試掘」考古，1976—3

3）河南省開封地区文物管理委員会編『裴李崗文化』1976

4）李友謀・陳旭「試論裴李崗文化」考古，1979—4

5）安志敏「裴李崗，磁山和仰韶」考古，1979—4

6）邯鄲市文物管理局・邯鄲地区磁山考古隊短訓班「河北磁山新石器遺址試掘」考古，1977—6

7）浙江省文物管理委員会・浙江省博物館「河姆渡遺趾第一期発掘報告」考古学報，1978—1

8）河姆渡遺趾考古隊「浙江省河姆渡遺趾第二期発掘的主要収穫」文物，1980—5

9）浙江省文物管理委員会「呉興銭山漾遺趾第一，二次発掘報告」考古学報，1960—2

10）金元龍「慶南馬山市外洞城山貝塚」「慶南固城東外洞貝塚」韓国考古学年報 2，1974

11）ソウル大学校博物館編『欣岩里住居址』4，1978

12）国立中央博物館『松菊里』1，1978

13）中山清隆「平壌市南京遺跡の発掘成果」考古学ジャーナル，197，1981 および『朝鮮画報』1982—2

14）坂本経堯ほか「古閑原貝塚調査抄報」熊本県文化財調査報告書，6，1952

15）藤原宏志「古代における栽培植物および利用植物の残存遺物に関する研究」自然科学の手法による遺跡，古文化財等の研究，1977

16）賀川光夫「縄文後期磨消縄文Ⅲ式の文化」古代学研究，57，1970

17）賀川光夫「縄文時代の農耕」考古学ジャーナル，2，1966

18）森貞次郎・岡崎敬「縄文晩期及び弥生式初期出土の土器上の籾および炭化籾の計測表」九州考古学，15，1962

19）中島直幸「菜畑遺跡」末盧国，1982

20）小池史哲「福岡県二丈町広田遺跡の縄文土器」森貞次郎博士古稀記念古文化論集，1982

21）山崎純男「弥生文化成立期における土器の編年的研究」鏡山猛先生古稀記念古文化論攷，1981

22）山崎純男・島津義昭「晩期の土器」縄文文化の研究，4，1981

23）賀川光夫「晩期の様相と研究史—九州」新版考古学講座，3，1969

第二部

弥生人は何を食べたか

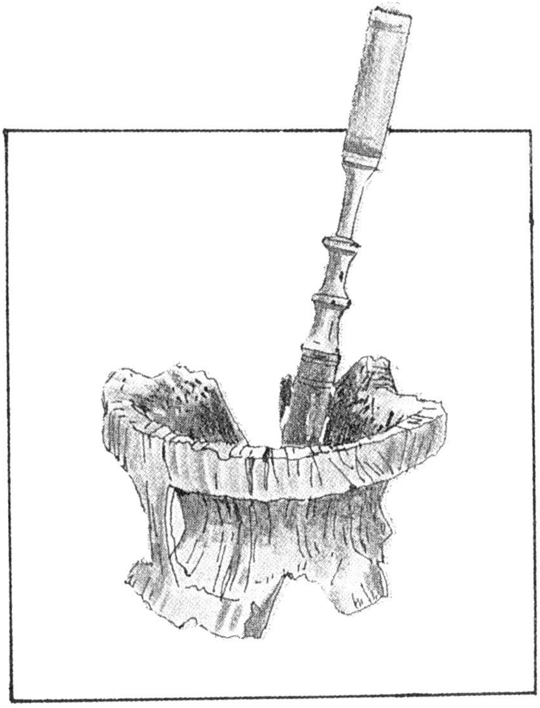

弥生人の食料

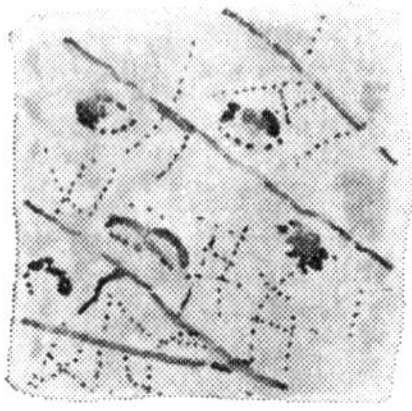

熊本大学助教授　甲元眞之
（こうもと・まさゆき）

弥生時代は，コメにのみ依拠する社会の成立を意味するのでなく，多様な食料の一つとして，弥生人にうけ入れられたのである

1　弥生時代の食料の研究

1884年（明治17）に1点の壺が発見されて以来，弥生時代の研究は常に縄文時代との違いを強調することで，その時代的性格が把握されてきた。山内清男氏による稲の存在の指摘[1]，八幡一郎氏による一定地域内の遺跡の動態と石器組成の違いの究明[2]，高橋健自[3]，梅原末治[4]両氏による青銅器の研究などはその特色を明確にしたものであり，1937年から開始された奈良県唐古遺跡の発掘調査は，農耕社会の実態をくまなく明らかにしたのであった[5]。

1947年（昭和22）から全国の学者を動員して行なわれた静岡県登呂遺跡の発掘と，1955年からなされた日本考古学協会特別委員会による弥生時代遺跡の全国的な調査は，登呂に示される農村が列島全体にわたって，ほぼ斉一性をもって展開したことを明らかにした[6]。またこの時期，金関丈夫氏による弥生人骨の研究[7]，岡崎敬氏による初期鉄器の研究[8]などが発表され，弥生時代には水稲耕作が行なわれたというだけでなく，鉄器時代に属し，人種も異なる側面があることなど，縄文時代とは明瞭な差がそこに示されたのである。こうした背景のもとに杉原荘介氏は，登呂遺跡の水田址から収穫できる米の量を推定し，大幅な余剰があることを指摘して，“豊かな農村社会”として弥生時代をとらえたのであった[9]。

1960年代の後半からはじまった大規模開発の波は，またたくまに全国に拡がり，それに伴う緊急調査によって，従来の弥生時代のイメージでは把握されない多様な“文化”がそこに見出されるようになってくる。また花粉分析をはじめとするさまざまな自然科学の分野の研究もとりあわせて行なわれるようになり，地域的ヴァリエーションが明白に浮びあがってくるようになってきた。一言でいえば，弥生文化における縄文的伝統の持続，縄文文化の中での弥生的特色の萌芽，地域的格差の増大であって，決して斉一性のみで語りうるものではない。このような現象の実態をよく物語るものに，弥生時代の植物質食物の検討を行なった寺沢氏による優れた研究がある[10]。これによると，西日本の弥生人は予想以上に自然食をとりいれており，照葉樹林帯でありながら落葉樹林系の食物の多いことは，自らがつくりだした二次的環境を積極的に利用して，縄文人よりもかえって自然依存を深めていたことが類推されるのである[11]。水稲以外でもムギ，マメ，アワなどの畑作物もかなりみられ，多角的な経営を行なっていたことが知られるのである。

ここ10年来全国的な拡がりをもって水田遺跡の発掘があいつぎ，一面では弥生時代の水田耕作への傾斜を示すものとも受けとめられるが，各地域，各時期により，かなりの変差があることも知られるようになった。地域ごとの水田収穫量の算出も可能になってきて，2，3人によってその結果も公表されている。乙益重隆氏は先述した杉原氏の分析結果に疑問を抱き，登呂遺跡での収穫量を奈良時代の基準で計算しなおしている[12]。その結果，杉原氏の主張する200石の1/4程度が仮想労働人口数ともつりあいがとれることをのべている。瀬川芳則氏は最も低く見積るもので，住居址1軒あたりの水田面積を概算し，1軒の住居人口5人での年間食糧比を出して，滋賀県大中の湖南遺跡で100日程度，登呂で45日程度の食料にしかならないことをのべている[13]。また寺沢氏は前期，中期，後期の3時期の収穫量を計算し，前期の岡山県津島遺跡では14〜28日，中期大中の湖南遺跡では第1号地域157〜78日，第2号地域107〜53日として，後期登呂遺跡では267〜200日と乙益・瀬川両氏のほぼ中ほどの概数を発表しているのである[14]。弥生時代の前期から後期にかけて少しずつ収穫量は増加しているものの，依然としてコメだけでは食料は不足するわけであり，コメ以外の食料に多く依存していたことにはかわりはない。

上記した人々の計算は発掘された水田が常に耕作されたとの前提でなされている。農学者によれば水稲を無肥料連作した場合，収穫量は74.7%に減ずるというから[15]，3年連作すれば収穫量は半分にまで低下するのであり，寺沢氏の実験によれば，現在の水稲を1年放置した場合収穫量は1/4に減ずるという。このことからすれば，連作がありえたとしてもせいぜい2年どまりであり，その後1年間は休耕処置がとられなければならなかったであろう。こうした水田の休耕は平安時代にも行なわれていて，「かたあらし」と称されていた[16]。連作による忌地現象をさけるために，一定期間休耕するものであり，平安時代でもこうした休耕田がかなりの面積を占めている。11世紀中頃の伊賀国興福寺・東大寺領300余町のうち，1/3が不耕作地であり，筑前碓井封田では本田の43%がその年耕作されていなかったという記録がある。

このような2年か3年に1度の休耕のシステムを考慮に入れれば，当然のことながら総収穫量は2/3〜1/2に減じた数が実数に近いものとみなければならない。寺沢氏による登呂遺跡の最も収穫の多い例でしても，コメだけで食料をまかなうとしてもせいぜい4カ月程度にしかならないのであり，残りの8カ月というものは，当然自然食物を含めたそれ以外の食物に依拠せざるをえないこととなり，こうした数字は西日本の弥生人が縄文人以上に自然への傾斜を深めているという現象を最もうまく説明してくれるものである。弥生時代に稲作が導入されたとしてもそれはすぐさま水稲耕作にのみ依拠する社会の成立を意味するものではなく，自然界における食料獲得の一つの方法として受け容れられたのであり，水田や畑地を大規模に開拓することで結果的につくりだした二次的環境をも最高度にとり込んで生活を送っていたとするのが実情に近いものであったであろう。

このような現象は決して弥生独特のものではなく，中石器時代から新石器時代への過渡期においては，地球上ほぼどの地域でもみられたものと思われ，鉄器時代に入っても多くの食料を採取にたよっていた例もみうけられるのである。

2 農耕起源の問題

西北ヨーロッパの低地帯では，青銅器時代から鉄器時代にかけての頃の人間が泥湿地に落ち込んでそのまま保存されたのがしばしば発見され，"Bog Man" と呼ばれている[17]。身体全体の保存が良好なために胃を解剖すると，死者が死ぬ数時間前に食べた食物が検出される。デンマークのGrauballe Man の場合は，66種発見された植物種の中で栽培種は7種だけであり，中には麦角病や黒穂病にかかった植物さえも食していたことが判明している[18]。またデンマークの Tollund Man の場合では，オオムギのほかにタデ属，トゲサルサ？，スカンポ，サンシキヒルガオ属，カミツレ，アマナズナなどの採集した植物も発見されていて，こうした自然食をも含めたものが，初期鉄器時代の普通の食事であったことが考えられている[19]。

極度に乾燥した地域においては，人間の排泄物がそのまま化石の状態で残されることがあり，これを分析することで何を彼らが食べていたかという分析もなされている。アメリカ・ユタ州の Danger cave では多量の burrow weed が発見されており[20]，メキシコの Sierra Madre 洞穴ではエノコログサやトウモロコシの若い穂がみつかっており，トウモロコシも成熟した粒を食べていないことが知られている。またこの遺跡ではヒョウタンが栽培されていたことが知られているが，糞石の中にどれもヒョウタンのないことから，これは容器用に栽培されたものであり，食糧用ではなかったことが考えられている[21]。

このように農耕生活に入ったかなり新しい段階

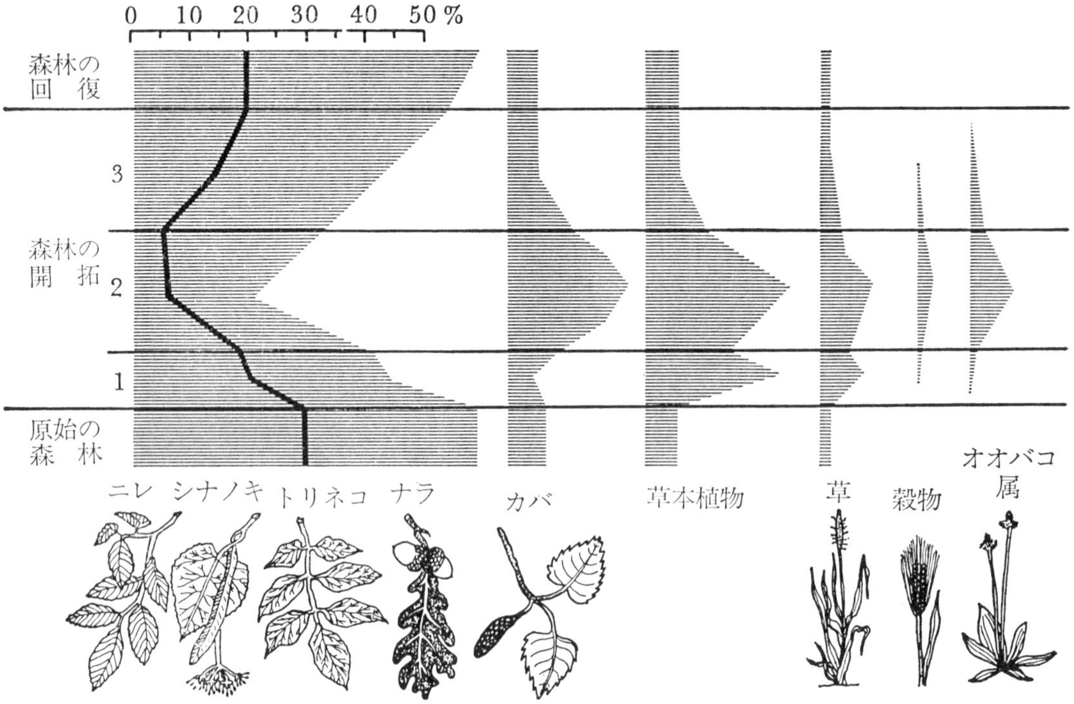

イヴェルセンによる森林破壊のモデル

三つの樹林の花粉の減少と草本類の増加がみられ，それに耕作用の穀物の増加が伴う。
数年後に森林が回復し，草本類や穀物の減少がみられる。

においても，自然に成育する食糧はかなり重要であったことは考えておかねばならない。他方農耕的性格をもった人間の行為はかなり古い段階にまで溯上してゆくという説がこの 10 数年来とりざたされてきている。それは中石器時代や後期旧石器時代の再評価という形で研究が進められてきているのである。

イギリスでは 3,000 年 B.C. を境として急激なニレの花粉の減少がみられ，Atlantic 期と Sub-Boreal 期を区分する目安となっている。ニレの減少に続いてオオバコ類が増加し，穀類の花粉も出現しはじめる。ちょうどこの頃最も早い新石器時代の遺物が出はじめることから，花粉分析にみられる Elm Decline は農民による森林開拓の結果として起こされたものであり，ニレの葉はまぐさとして家畜に与えられたことを示すと考えられている[22]。ところが最近この Elm Decline に先だつ時期に森林の伐採が行なわれたり[23]，穀物の花粉が採取されることがあり[24]，土器などの新石器時代の特徴をもつ遺物を出土する遺跡も 20 近く発見されるようになってきた[25]。この現象を中石器時代のコンテクストの中で理解するのか[26]，新石器時代と解釈するのか[27]議論の分れるところであるが，後者にしても，Windmill Hill 文化のような本格的農民開拓の序曲とみるのか[28]，中石器人の農民化ととらえるのか[29]決着をみていない。狩猟採集民が森林伐採を行なうのは，Mellars が主張するように[30]，原始林に火を放って二次的環境をつくり出し，有用食物の育成とシカなどの動物の繁殖を助長するためであり，こうした中石器人による環境操作の中での農耕や牧畜の位置づけを行なおうとする考えも提示されてきている[31]。

農耕の発祥地と考えられる西アジアにおいても，後期旧石器時代以来の穀物依存の生活の中から農耕が出現したことが明らかにされるようになり[32]，Higgs を中心とした“初期農業史”のプロジェクト[33]がはぐくんだ，後期旧石器時代以来の人間の生業活動の流れの中で農耕や牧畜を評価しようとする説の有効性がうかがえよう。

弥生時代は稲作を基盤とする社会が醸成したものであったとするのはいいすぎであれば，農耕暦が生活や社会のリズムであった時代といい換えることはできよう。食糧の総計からみればコメに依存するのではなく，コメ以外のもの（多くは自然食物）に依拠する社会であったと考えられる。弥生後期の段階では多く見積ってもせいぜい 1/3 程度を占めるにすぎないのであり，しかし他方 1/3 であってもそれに対する求心性が働くために社会が動くともとらえることができ，この点の評価は当然のことながら，各人のよって立つ基盤により異なるのである。

註

1) 山内清男「石器時代にも稲あり」人類学雑誌，40—5，1925
2) 八幡一郎『南佐久郡の考古学的調査』1928
3) 高橋健自『銅鉾銅剣の研究』1925
4) 梅原末治『銅鐸の研究』1927
5) 京都帝国大学 文学部 考古学研究報告 16『大和唐古弥生式遺跡の研究』1943
6) 日本考古学協会編『日本農耕文化の生成』1961
7) 金関丈夫「人種の問題」日本考古学講座，4，1955
8) 岡崎　敬「日本における初期鉄製品の問題」考古学雑誌，42—1，1956
9) 杉原荘介「登呂遺跡水田址の復原」案山子，2，1968
10) 寺沢　薫・知子「弥生時代植物質食料の基礎的研究」『考古学論攷』，5，1981
11) 甲元真之「農耕集落」『日本考古学』4，近刊
12) 乙益重隆「弥生農業の生産力と労働力」考古学研究，98，1978
13) 瀬川芳則「稲作農業の社会と民俗」『稲と鉄』日本民俗文化大系 3，1983
14) 註 10）に同じ
15) 市川健夫ほか編『日本のブナ帯文化』1984
16) 戸田芳実「中世初期農業の一特質」『日本領主制成立史の研究』1967
17) P. V. Glob : The Bog People. London. 1977
18) H. Helbaek : Paleo-Ethnobotany. in D. Brothwell & E. Higgs eds. Science in Archaeology. London. 1963.
19) 註 17）に同じ
20) J. D. Jennings : Danger Cave. Memoirs of the Society for American Archaeology, No. 14, 1957
21) E. O. Callen : Diet as revealed by Coprites. in D. Brothwell & E. Higgs eds. Science in Archaeology. London. 1963
22) S. Piggott : Early History. in J. Thirsk ed.: The Agrarian History of England and Wales. Cambridge. 1981
23) R. M. Jacobi, J. H. Tallis & P. A. Mellars : The Southern Pennine Mesolithic and Ecological Record. Journal of Archaeological Science. Vol. 3—3, 1976
24) K. J. Edwards & K. R. Hirons : Cereal Pollen Grains in Pre-Elm Decline Deposits. Journal of Archaeological Science. Vol. 11—1, 1984
25) C. Renfrew ed.: British Prehistory. London. 1976
26) R. Dennell : European Economic Prehistory. London. 1983
27) R. Bradely : The Prehistoric Settlement of Britain. London. 1978
A. G. Smith, The Neolithic. in I. G. Simmons & M. J. Tooley eds.: The Environment in British Prehistory. London. 1981
28) P. J. Fowler : The Farming of Prehistoric Britain. London. 1983
29) C. Renfrew : Before Civilization. London. 1973
30) P. A. Mellars : Fire, Ecology, Animal Populations and Man. Proceedings of the Prehistoric Society, Vol. 42, 1976
31) G. Barker : Prehistoric Farming in Europe. Cambridge. 1985
32) 藤本　強「レヴァントの細石器」東京大学文学部考古学研究室紀要，1，1982
藤本　強「ナイル川流域の後期旧石器文化」考古学雑誌，68—4，1983
藤井純夫「レヴァント初期農耕文化の研究」岡山市オリエント美術館研究紀要，1，1981
常木　晃「西アジアにおける食料生産の開始について」古代文化，35—4，1983
33) E. S. Higgs ed.: Papers in Economic Prehistory. London. 1972
E. S. Higgs ed.: Paleoeconomy. London. 1975
M. R. Jarman, G. N. Bailey & H. N. Jarman eds.: Early European Agriculture. London. 1982

ブリテン島南部の初期農耕作物
Itford Hill 遺跡出土の四条大麦の炭化した節間
（H. Helbaek, 1952 より）

弥生時代の食料

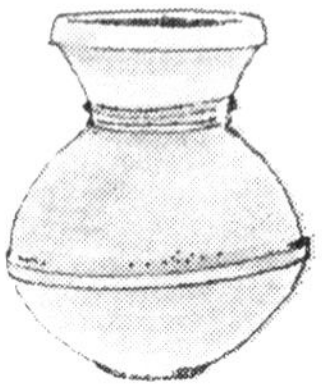

農耕の時代といわれる弥生時代にはコメや畑作物はどんな比重を占めていたか。また縄文以来の採取活動はどうだったろうか。

コメ／畑作物／堅果類／狩猟・漁撈対象物

コメ

九州大学助手
■田崎博之
（たさき・ひろゆき）

現在20以上の弥生水田跡が発見されているが，水稲農耕は凸帯文土器期に西日本にかなりのスピードで伝播した可能性が強い

私たちが接してきた教科書の挿図や，博物館などの展示パネルにえがかれた弥生時代の生活は，稲作に塗りつぶされている。しかし，そこにえがかれた稲作は，低湿地に種籾をバラ播き，自然灌漑にまかせるといった粗放な段階のものであったり，規則性をもつ水田に黄金色に穂を稔らせた稲が整然と並ぶといった相当完成されたものであったりする。

弥生時代は日本に稲作が定着した時代であるが，コメと弥生土器とが関連すると考えられはじめたのは明治時代のことである。八木奘三郎氏は，弥生土器に籾圧痕を残すものがあること，焼米が伴うことを指摘している[1)]。これに加えて，大正末〜昭和初め頃には，山内清男・森本六爾氏らは，弥生土器に伴う大陸系の磨製石器に石庖丁などの農具が含まれること，聚落遺跡が低地へ進出することから，弥生時代には沖積地・河口の洲のような低湿地に水田を営み，水稲が栽培されていたとした[2)]。さらに，昭和12年から開始された奈良県唐古遺跡の発掘調査では，焼米・炭化した稲の穂束などをはじめ，木製の鍬・鋤・竪杵などの農具が多量に発見され，水稲農耕が弥生時代の普遍的・主要な生活手段であったとの認識が深まっていった。

1　弥生時代の水田と立地

水田遺構が発見されたのは，昭和 22〜25 年の静岡県登呂遺跡の発掘調査である。自然堤防上に弥生時代後期の 12 軒の住居跡・2棟の高床倉庫・森林跡と水田跡が検出された。水田跡は，矢板と杭を打ち込んだ畦で囲まれ，北西から南東へのびる水路を中心として整然と並んでいた。その後，70,585 m² におよぶ水田の範囲が確認され，杉原荘介氏により，375〜2,396 m² の 50 枚の水田が復元されている。また，水田は，遺跡の北西側と南東側にひろがる過低湿地をさけて，微高地上に営まれている。微高地上で検出された森林跡は，スギ・イヌガヤ・クスノキ・シラカシなどで構成され，植生からいうと当時の微高地上は居住に適さないほど湿潤ではなく，同じ微高地上に営まれた水田も半湿田ほどの状態であったろう。登呂遺跡の水路を伴い整然とならぶ水田景観は，葦がはえ湛水しがちな過低湿地に種籾を播くという粗放な段階と考えられていた弥生時代の水稲農耕に大きな修正をせまるものであった[3)]。

その後，とくに昭和 50 年代以降，全国各地で続々と弥生時代の水田が検出されている。その中で注目されるのは，これまで縄文時代晩期後半とされてきた凸帯文土器期の水田の発見であり，も

う1つは，東北地方での弥生時代中期にさかのぼる水田の検出である。

わが国の水稲農耕の初現は，凸帯文土器の1つである夜臼式土器と最古の弥生土器である板付Ⅰ式土器との共伴期に，炭化米・籾圧痕をもつ土器・石庖丁が伴うことから，該期からとされてきた。しかし，昭和53年の板付遺跡の調査で，夜臼式・板付Ⅰ式土器の共伴期の水田と，その下層から間層を挟んで夜臼式土器単純期の水田・水路・畦畔および取排水口が検出されたのである。水田の1区画は水路に沿った長方形区画で，東西6〜10 m，南北50 m以上とされ，板付台地と諸岡川の氾濫原との間の台地が一段低くなった所に営まれていた。水路の検出状況は，ある程度の灌漑が行なわれ，水田は半湿田〜半乾田の状態であったろうという。

さらに，佐賀県菜畑遺跡，福岡県野田目遺跡でも凸帯文単純期の水田が検出されている。また，兵庫県口酒井遺跡でも凸帯文土器（滋賀里Ⅳ式〜船橋式土器）に伴って，炭化米・籾圧痕土器・石庖丁が出土している。最近大阪府牟礼遺跡でも，ほぼ同時期かやや新しい時期の井堰と水田が発見されたという報道があり，凸帯文土器のある時期に，水稲農耕が西日本にかなりのスピードで伝播した可能性が強くなってきた。

東北地方では，『日本書紀』の斉明天皇5年7月の「天子問曰，其国有五穀。使人謹答，無之。食肉存活。」との記事から，稲作の伝播は奈良時代以降，あるいは鎌倉〜室町時代とされてきた。伊東信雄氏が籾圧痕土器・炭化米の存在から弥生時代における稲作農耕の存在を推定してはいたが，南から搬入されたという疑問も残されていた。ところが，昭和56〜58年に，青森県垂柳遺跡，宮城県富沢水田遺跡で弥生時代中期の水田が発見されたのである[4]。垂柳遺跡は，自然流路・河畔湿地・自然堤防状の微高地がいりくんだ沖積低地にある。水田は低湿地のハンノキの自然林を切り開き，微高地縁辺部に営まれ，調査区内の湿地帯には水田は営まれていない。検出された656枚におよぶ水田は，いずれも中期田舎館式土器期のもので，1区画が約3〜23 m^{2}で，登呂・板付遺跡の水田とは異なる小区画水田である。

富沢水田遺跡では中期の桝形囲式土器期と，中期前半の寺下囲式土器期の2枚の水田が発見された。水田は扇状地性の沖積低地の後背湿地にあり，土壌は湿性な黒泥土である。下層の寺下囲式土器期の水田には，総延長が推定100 mをこえる直接的な水路が伴う。水路内には粘質土が堆積し，排水を水利の主体とする湿田経営が考えられている。上層の桝形囲式土器期の水田は，下層の水田とほぼ重複してはいるが，水路が小刻みに蛇行し，砂層と粘質土が互層状に堆積することから，ある程度灌漑が行なわれた半湿田化された水田が考えられる。石庖丁，鋤・鍬などの木製農具が出土しており，東北地方でも気候条件の良い所では弥生時代中期にすでに稲作が行なわれていたことが確実となった。さらに，青森県松石橋遺跡では，近畿第1様式中段階とされる壺が出土し，大洞A′式〜砂沢式土器に伴うという。亀ヶ岡遺跡では，縄文時代晩期の大洞A式土器包含層から籾殻・炭化米の出土が報告されており，東北地方への稲作の伝播はさらに遡る可能性すらある。

現在，全国で20例をこえる弥生時代の水田が検出されているが，大きく2つのタイプに分類できそうである。1つは，登呂・板付・垂柳遺跡あるいは群馬県日高遺跡・岡山県百間川遺跡のように半湿田〜半乾田タイプの水田である。このタイプの水田は，山室祝子氏らが岡山平野で分析しているように，自然堤防などの微高地から旧河川氾濫原や低湿地への緩傾斜面に営まれ，ある程度の灌漑が必要である[5]。日高遺跡では，東西を自然堤防にはさまれた河川状低湿地に半湿田タイプの水田が営まれ，その北側上流部には溜池の存在すら考えられている。また，百間川遺跡の後期水田は微高地近くでは小区画，低地近くでは大区画といった地形条件に則した土地利用を行なっている。

もう1つのタイプの水田は，富沢水田遺跡の寺下囲式土器期水田や岡山県津島遺跡の前・中期水田にみられる排水を水利の主体とする湿田タイプの水田である。津島遺跡では，微高地に囲まれた窪地に水田が営まれていた。前述の半湿田〜半乾田タイプの水田と同様に，窪地内の強湿地はさけられ，微高地の縁辺に柵と杭で画された小範囲の水田であり，土壌は全層グライ層で強い湿田である。このように，弥生時代水田は湿田と半湿田〜半乾田の2タイプの水田に分けられ，津島・富沢水田遺跡では前者から後者への変遷がとらえられている。しかし，立地からいうと，いずれも微高地の縁辺部・微高地近くの湿地に水田が営まれている。灌漑の必要な微高地上や強低湿地には，水

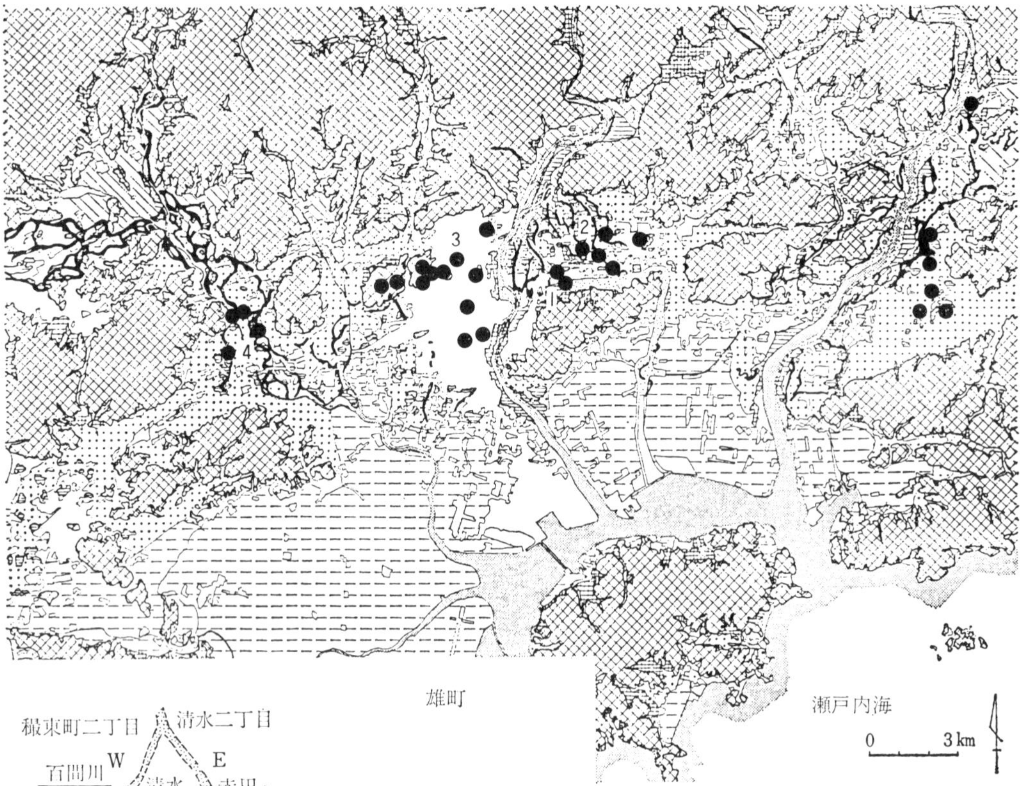

図 1　岡山平野の地形分類および主要弥生時代遺跡分布図（註 5）文献に一部加筆）
1：百間川遺跡　2：雄町遺跡
3：津島遺跡　4：上東遺跡

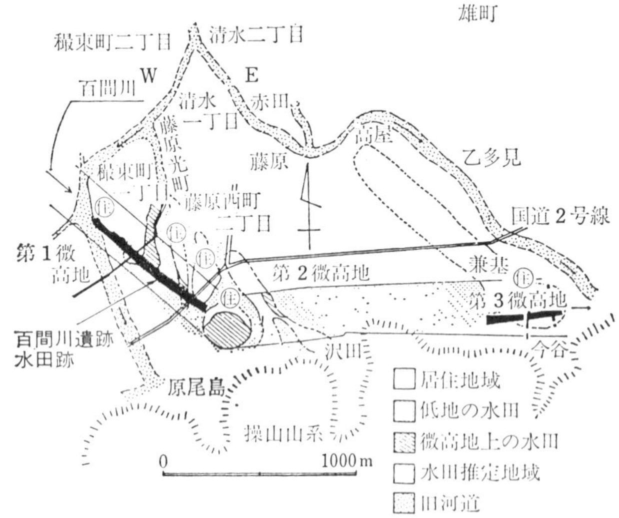

図 2　百間川遺跡周辺の微高地形状と弥生時代後期の水田分布（註 11）文献より）

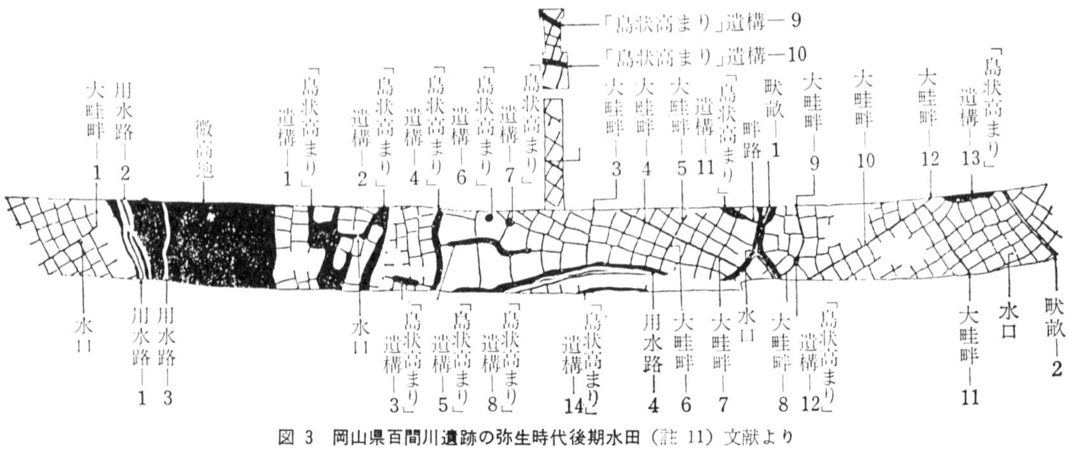

図 3　岡山県百間川遺跡の弥生時代後期水田（註 11）文献より

田の本格的な開発はなされておらず，そこに弥生時代の稲作の限界が示されている。

2　農具と栽培技術

以上のような水田で，どのような農具と栽培技術で稲作が行なわれていたのであろうか。弥生時代の農具は，基本的には刃先まで木製であり，カシ・クスノキ・スギ材が用いられる。弥生時代後期には，鉄製の鋤先，手鎌が普及する。また，諸手鍬・平鍬・又鍬，鋤・エブリ・田下駄などが，弥生時代の当初よりみられ，使途に応じて農具が使い分けされ，かなり進んだ栽培技術体系がうかがえる。栽培技術に関しては，それを復元できる直接的な考古学的資料は皆無に近いが，間接的な資料からある程度の推測はできよう。

たとえば，稲作の技術的段階を示す1つとして移植栽培法がある。日本の場合，移植栽培法として田植えがあるが，その出現をめぐり，昭和20年代に農学・民俗学の分野で盛んな議論がかわされた[6)]。古島敏雄氏は稲作儀礼の記録された延暦24年(805)の『皇太神宮儀式帳』から，古代は田植えが重要な意味をもたない時代であり，万葉集の田植えを詠んだ歌，あるいは「植えし田，蒔きし畠」といった表現から，田植えが一般化するのは奈良時代とした。安藤広太郎氏は鉄器の普及により田植えが一般化すると考え，その時期を5世紀後半以降とした。また，民俗学でも，直播栽培を田植えに先行する栽培形態とすることが多かった。

その後，木製農具の資料が充実していったが，木下忠氏は，前述の文献記録・民俗慣行から直播栽培が田植えに先行するということはいえず，登呂・山木遺跡などで出土する「オオアシ」を苗代田に緑肥をふきこむ農具と考え，おそくとも弥生時代後期には田植えが行なわれていたとした。また，本田の代かき作業に用いられたと考えられる「エブリ」を田植えが行なわれたことを推測させる有力な手がかりとし，弥生時代の当初に，他の大陸系の文化要素とともにわが国へもたらされた可能性を考えている。さらに，直播は新墾などのような新開地の特殊な場所で行なわれた栽培技術としている[7)]。

これに対して，寺沢薫・知子氏は，田植えの場合は稲の成長度が均一化されるので，田植えは根刈りに結びつくという前提で，イナワラの利用が普及する弥生時代後期に田植えが出現すると考える[8)]。しかし，収穫方法と田植えが関係づけられるという前提が成り立つものであろうか。

現在，わが国の文献記録・民俗例に残された稲作栽培法には，次のような稲の初期育成方法がある。

(1)　田植え栽培で，苗代で稲を成苗に育て，本田では耕起作業を行ない，水を入れて代かき作業後に苗を移植する。代かき作業は，雑草の発生をさまたげ，土の塊りを破砕・分散させ，苗が活着しやすくする。また土の孔隙を粘土分でうめ漏水を防ぎ，用水の節約と水のもつ保温効果を高める。田植え栽培では，代かき作業は重要な作業過程である。

(2)　湛水直播栽培で，本田を耕起した後に水を入れ，代かき作業を行ない種籾を直播する。水のもつ保温効果が期待されるが，代かきにより土中の酸素が不足するために，タコ足苗やころび苗が発生しやすく，根を土の中にのばすため芽干し作業が必要である。

(3)　本田の耕起→砕土→整地といった作業を行ない，種籾を直播きするが，本葉が4～5枚出葉する1カ月間本田を畑状態とし，その後に湛水する栽培法である。この場合，播種前の砕土作業が重要であり，整地にはそれほど注意は払われない。

こうした栽培法を，弥生時代水田の立地や農具と対比させると，まず，(3)については，作業過程の中で代かき作業はそれほど重要ではない。ところが，板付・菜畑遺跡では凸帯文土器期に「エブリ」が存在している。また，こうした栽培法は乾田タイプの水田で行なわれることが多いことから，弥生時代には(3)の栽培法は考え難く，(1)あるいは(2)の栽培法がとられた可能性が高い。

(2)については，かなり豊富な水が必要である。現在の田植え栽培では10アール当り150トンの水が必要とされる。播種前の水入れ，芽干しのための水の入れかえの必要な(2)の栽培法では，それをうわまわる用水が必要である。そうすると，(2)の湿田直播栽培法と対比できるのは，津島遺跡の中・前期水田や富沢水田遺跡の寺下囲式土器期の水田のように，水田が営まれた土地自体がかなり湿潤な湿田タイプである。

また，消去法ではあるが，(1)の田植え栽培法は，水路によりこまめな水量調整を行なっている

弥生時代のコメの収量と扶養人口の試算（註 9）文献より）

沢田吾一氏による奈良時代の反当りの収量				登呂遺跡の水田全域からの収量	登呂遺跡で田植えが行なわれた場合の種籾をさしひいた実質収量	登呂遺跡の水田で扶養可能な人口（毎日平均3合米食したとして）
		現在に換算した収量（玄米量/反）	重　量			
上　田	50 束	8斗4升6合	105.75 kg	60石2斗2升6合7勺	60石1斗1升3合1勺	約 60 人
中　田	40 束	6斗7升7合	84.63 kg	48石1斗9升5合6勺	48石8升2合	約 48 人
下　田	30 束	5斗8合	63.50 kg	36石1斗6升4合5勺	36石5升9勺	約 36 人
下々田	15 束	2斗5升4合	31.75 kg	18石8升2合2勺	17石9斗6升8合6勺	約 18 人

板付・垂柳・百間川・日高遺跡などの半湿田～半乾田タイプの水田が結びつく可能性が強い。

3　コメの収量と扶養人口の推算

このような水田・農具・栽培法で，どの程度の量のコメが収穫されたのであろうか。乙益重隆・石野博信氏は，沢田吾一氏によって整理された奈良時代の正税帳に記録された収量に基づき，中田の収量6斗7升7合（0.677 石，84.63 kg）以下の収量を推定している[9)]。寺沢氏は，休耕田にみられるヒコバエや，収穫時の籾の脱落による2次的な苗の生育状況から，反当り 0.75 石ほどが1つの目安となるとしている[10)]。また，多数の稲株と考えられる小ピット群が検出された百間川遺跡の報告では，高畑知功氏が，一株につく穂数・粒数を仮定し，反当り 0.81～2.25 石の間を上下する収量を試算している[11)]。これらは，いずれも奈良～平安時代の下々田（反当り 0.254 石）～中田クラスの収量に相当する。

この程度の収量で，どれくらいの人口が扶養可能かという試算を，水田の総面積の明らかな登呂遺跡を例として乙益氏が行なっている。登呂遺跡では 12 軒の住居跡が発見されている。ここで，1軒平均5人の居住を考えると，全人口は 60 人ほどとなり，弥生時代の収量に近いとされる中田クラス以下では，倒底全員が常時コメを食べることはできない。また，この収量は登呂遺跡の水田全面にコメを作っていた場合である。ところが，洪水などで同時に埋没した水田には足痕や稲株の分布にかたよりがみられ，田面の使い分けや休耕地の可能性が考えられる。そうすれば，コメだけでの扶養人口は，さらに減ることになる。

こうしたコメの不足は，当然他の植物質食料によって補われたであろう。たとえば，富沢水田遺跡ではクリ・オニグルミ・トチの炭化種子が出土しているが，クリは現在の栽培クリに匹敵する大粒である。花粉分析でもイネの花粉とともに，クリ属花粉が増加しており，人間により保護・育成が想定される。さらに，福岡県門田遺跡では弥生時代終末のドングリ・ピット群が発見されている。また，垂柳遺跡では，水田が営まれた田舎館式土器期には，イネとともに大量のキビ属の機動細胞プラント・オパールが検出されている。キビ属には野・雑草のほかに，ヒエ・キビ・アワなどの作物群が含まれる。その中で，ヒエは東日本のブナ林帯地方では重要な作物で，水田にヒエが栽培された記録があり，その産額もコメ：ヒエ＝421：2,000 石という例もある。こうしたコメ以外の植物質食料は，渡辺誠氏らがいうように，コメの節約の工夫としてカサ増しの材料に用いられたと考えられ，弥生時代の生活のかなりの部分が縄文時代の生活技術の延長線上にとらえられよう[12)]。

註

1）八木奘三郎『改訂版日本考古学』1902
2）山内清男「日本遠古之文化」ドルメン，1—9，1932
　森本六爾「弥生式土器と原始農業問題」日本原始農業，1933
3）杉原荘介『日本農耕社会の形成』1977
　大塚初重・森　浩一編『登呂遺跡と弥生文化』1985
4）伊東信雄「青森県における稲作農耕文化の形成」東北学院大学東北文化研究所紀要，16，1984
5）山室祝子「岡山平野における弥生遺跡の立地について一百間川遺跡を中心に」人文地理，31—5，1979
6）柳田国男・安藤広太郎ほか『稲の日本史』上・下，1969
　古島敏雄『日本農業技術史』1956
7）木下　忠「田植と直播き」日本考古学の諸問題，1964
　木下　忠「田植農法の起源」古代学研究，94，1980
8）寺沢　薫・知子「弥生時代植物質食料の基礎的研究一初期農耕社会研究の前提として」橿原考古学研究所紀要考古学論攷，5，1981
9）乙益重隆「弥生農業の生産力と労働力」考古学研究，25—2，1978 ほか
10）註 8）に同じ
11）高畑知功「水田遺構」百間川原尾島遺跡，2，1984
12）渡辺　誠『縄文時代の知識』1983

畑作物

県立橿原考古学研究所
■寺沢 薫
（てらさわ・かおる）

畑作物は遺跡からの出土が 37 種類知られているが，水稲や
堅果類とともに植物質食料の柱として重視されねばならない

弥生時代が水稲に主眼をおいた新しい生産基盤の上に成りたった農耕社会であったことをもはや疑う者はない。

コメは，第1に，味覚がすぐれていること，第2に，粒が大きく，脱稃性に富むため，調理がしやすいこと，第3に，生産性が著しく高く，収穫の安定がみこめる，といった点で他の雑穀類よりもはるかに生産価値に富んでいたがため[1]，水田でのコメの生産性をいかに高めるかが弥生時代以来の先人たちの大きな悲願でもあった。それはまた，水稲農耕こそ日本文化の原点であるとする単系文化論を生む結果ともなったが，わが考古学界においても初期農耕の研究がほとんどまったくといってよいほど水稲農耕の技術的・系譜的問題にむけられてきたことは否めない事実であるといってよい。

しかし，初期水稲農耕の技術的達成は，近年のあいつぐ整備され，完成された水田跡の発見とはうらはらに，少なくともその生産性においては，輝く稲穂の波の景観を彷彿させるような楽観的なものでなかったことも明らかである。また，最近では民俗学の立場からも，日本文化を，稲作を基軸とする価値体系による第一の類型以外に，畑作を基軸とする第二の類型も重視すべきだとする傾向が現われている[2]。弥生時代畑作物の存在をみなおし，水稲や堅果類とともに植物質食料の柱として考察する意味がそこにあるといえよう。

1　弥生時代の畑作物

弥生時代の植物質食料を知る手がかりには種子遺体と花粉遺体とがある。現状では資料的に蓄積のある前者が有効である。私たちの 1981 年までの集計によれば，224 遺跡から 298 種の植物遺体が確認され，うち 59% にあたる 175 種が食用と判断された[3]。

これを出土遺跡数によって出現頻度の多寡を表わしたものが図1である。種子じたいの残り具合や大きさの問題もあるが，イネを越えていわゆる堅果類が1位を占めていることと同時に，畑作物もかなりの比率をしめていることがわかるだろう。ただし根茎類や蔬菜類は遺体として残ることがきわめて稀であり，種類や出現頻度の上では明確にあらわれてくることはない。この点は当然栽培されたはずの良好なデンプン質食料でありビタミン源であることからも，十分留意すべき重要作物であるが，今回はとくにとりあげない。

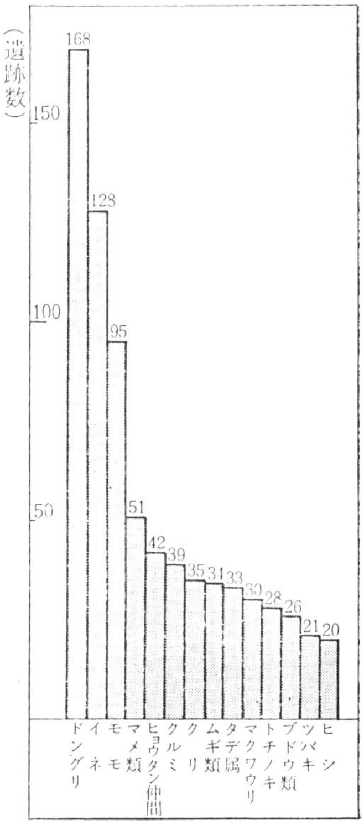

図1　出土遺跡数からみた弥生時代の植物遺体

さて，現在知られる畑作物は陸稲としてのイネをも含む 37 種類であり，これは栽培されたであろう食物すべてを包括するものである。その内訳は，イネ，アワ，ヒエ，キビ，モロコシ，ムギ類（オオムギ・コムギ・エンバク），ソバ，ハトムギといった穀物類から，マメ類（ダイズ・ツルマメ・アズキ・エンドウ・ソラマメ・リョクトウ・ササゲなど），カボチャ，スイカ，ヒョウタン仲間（ユウガオ・ヒョウタン・フクベ），メロン仲間（マクワウリ・雑草メロンなど）といったウリ科植物，モモ・スモモ・ウメ・アンズ・カキ・ナシなどの果実類，ゴマ，シソ，エゴマ，ゴボウに及び，可能性としてエノコログサがある。また，直接的な食料ではな

いが，アサとカラムシとクワは共に弥生人の“衣”生活面を支える重要な畑作物であり，中期以降の出土例が知られる。以下，主要な畑作物について，そのあり方をみていくことにしたい。

（1） 穀類・マメの栽培

雑穀（ミレット）類 小粒禾穀類で一括されるミレットのうち，アワとキビはインドで栽培化され，中国へ伝えられたものと考えられているが，華北の西安市半坡（はんぱ）遺跡の袋状竪穴から出土した大量のアワが最古の出土例である。これに対してヒエは東アジアの照葉樹林帯で栽培化された可能性が高く，日本がヒエ品種の最多種国となっている[4)]。

さて，わが国のミレットの最も古い出土例は縄文晩期前半（大石式）に伴うとされる大分県大石遺跡のアワ状炭化物塊があるとされるが，いまだ詳報にふれ得ず，種の同定や年代決定は等閑に付されている。現時点での確実な資料は鳥取県青木遺跡 ASK-01 ピット出土例を初見とする晩期後半以降であり，弥生前期では玄海灘沿岸地域に散在して検出されている。この地域では，福岡県横隈山遺跡に城ノ越期の袋状ピット出土のアワがみられるものの，概して中期以降の出土例は乏しい。

これに対して，北九州圏以東の地域では中期後半以降になって検出例がめだってくる。大阪府芝谷遺跡では第五様式初頭の12号住居跡から炭化したコメ，アワ，ヒエがそれぞれ別々の壺から出土した。千葉県城の腰遺跡の 092 住居跡（宮ノ台式）ではアワがまとまって出土している。岡山県川入遺跡井戸 101（鬼川市Ⅲ式）ではコメ 364 粒に対してアワが 108 粒あり，岡山県上東（じょうとう）遺跡の酒津式甕にはコメとともにアワが付着していたという。ミレットの中でもアワがしめる位置はかなり大きかったと思われる。

とくに後期以降は，東日本でのアワ，ヒエの検出例がめだつ。この点は後述するムギやマメ類とともに重要な示唆を含んでいるといえる。

ムギ類 穀類のなかで最も検出例の多いのがムギ類で，オオムギとコムギがその大半をしめている。

ムギ類の最も古い出土例は，縄文中期の岐阜県ツルネ遺跡，埼玉県上野遺跡のオオムギ例であるが，資料的に疑問視するむきもある。しかし，東アジアのムギは，二次的起源地としての雲南から長江系列にのるルートと，中央アジアから北まわりで東北アジアに至るルートが想定されており，後者は夏作で随伴雑草にライムギを持ち，弥生文化の基盤になったとされる照葉樹林文化とは無縁であっても，縄文の落葉樹林帯に流入した可能性はあろう。また，ソバも中国では文献に現われるのが6世紀以降であり，少なくとも中原に登場したのは他の穀物よりはるかに遅いと考えられるから，縄文時代出土のものは夏作ムギと同様のルートにのった北方作物と考えた方がよいだろう。

こう考えると，弥生時代のムギに直接関係するものは，縄文晩期前半の熊本県上ノ原遺跡のオオムギを初現とし，佐賀県菜畑（なばたけ）遺跡の夜臼（ゆうす）期のオオムギ（プラント・オパール），福岡県夜臼遺跡の板付Ⅰ式土器に付されたオオムギの圧痕などが古い資料である。

中国でも古代のムギ作はオオムギを主体とし，「小麦」の字は漢代になって出現している。もちろん資料的には安徽省大鎮敦遺跡（青蓮崗文化）での大量のコムギの出土があるわけだが，オオムギがコムギよりも栽培と収穫が容易であること[5)]は，日本での両者の出土比率にもあらわれていると考えてよいだろう。また，雲南から北回りで朝鮮半島に達したと考えられるエンバクが長崎県筏遺跡の晩期前半（？）にみられることもじつに興味深い。

さて，弥生前期のムギ出土例9例はいずれも福岡・山口県のいわゆる玄海灘沿岸と周防灘沿岸地域で出土している。ところが，中期後半とくに後期になると出土例がなく，変じて東方での出土例がめだってくるのはミレットと同様の現象といえる。後期終末以降に熊本，大分，山口各県に1例ずつがみられるが，これらは火山灰や石灰岩基盤の高燥地帯であることは注意すべきである。また，後期以降は近畿や東海地方でも出土例が減少していることも示唆に富んでいる。

マメ類 マメ類栽培の起源や東アジアへの伝播は不明な点が多いが，アズキは照葉樹林帯が，リョクトウはインドが原産地と考えられている。また，両者の種子の区別はきわめて困難で，弥生時代出土のアズキの多くは栽培が容易で収穫量のみこめるリョクトウであったとする見解もある[6)]。これに対して，ダイズは東アジアのツルマメが祖先種と考えられ，中国東北部で栽培されたとする考えと照葉樹林帯起源説とがあるが，中国で周にダイズを表わす「叔」の象形文字が存在すること

表 1　縄文・弥生時代の穀物資料

		九　州	西　日　本	東　日　本
縄文時代	後期後半以前	熊本・古閑原（コメ）？	福井・鳥浜（リョクトウ） 鳥取・桂見（リョクトウ？）	北海道・はまなす野（ソバ） 長野・大石（エゴマ） 長野・荒神山（エゴマ） 長野・月見松（エゴマ） 長野・曽利（エゴマ） 長野・上前尾（エゴマ） 岐阜・ツルネ（オオムギ，エンドウ or ダイズ）？ 長野・伴野原（リョクトウ） 埼玉・上野（オオムギ） 岐阜・桜洞（リョクトウ） 神奈川・ナスナ原（エゴマ）
縄文時代	後期後半〜晩期前半	福岡・四箇A（オオムギ，アズキ？） 福岡・広田（アズキ or リョクトウ） 福岡・板付（ヒエ〈P〉） 福岡・四箇東（コメ〈P〉，ムギ〈P〉） 熊本・東鍋田（コメ〈P〉）？ 宮崎・陣内（ヒエ〈P〉） 長崎・小原下（コメ） 長崎・筏（コメ，エンバク） 大分・大石（コメ，アワ？）？ 熊本・上ノ原（コメ，オオムギ，マメ類，ソバ〈P〉） 熊本・ワクド石（コメ？） 熊本・古閑原（コメ） 長崎・百花台（コメ） 長崎・礫石原（コメ）		青森・石亀（ソバ〈P〉） 北海道・東風泊（ソバ〈P〉）
縄文時代	晩期後半	佐賀・菜畑（コメ，アワ，アズキ） 長崎・山ノ寺（コメ） 福岡・曲田（コメ） 大分・恵良原（コメ）？ 大分・荻原（コメ） 佐賀・菜畑（オオムギ〈P〉） 佐賀・宇木汲田（コメ） 福岡・板付（コメ，ソバ〈P〉） 佐賀・田端（コメ） 長崎・原山（コメ） 長崎・脇岬（オオムギ） 佐賀・丸山（コメ）	兵庫・口酒井穴森（コメ） 大阪・鬼塚（コメ） 鳥取・青木（ヒエ，キビ） 広島・帝釈峡名越岩陰（コメ） 兵庫・今宿丁田（コメ） 兵庫・岸（コメ） 大阪・四ツ池（コメ） 京都・京大構内（コメ） 大阪・長原（コメ） 大阪・久宝寺（コメ）	岩手・九年橋（ソバ〈P〉） 埼玉・真福寺（ヒエ，リョクトウ，ソバ，ゴマ）？ 青森・亀ヶ岡（コメ）？ 千葉・荒海（コメ）
弥生時代	前期	福岡・夜臼（オオムギ） 佐賀・菜畑（ソバ〈P〉） 福岡・板付（アズキ，コムギ〈P〉） 福岡・津古内畑（マメ類） 福岡・剣崎（アズキ？） 福岡・門田（ムギ，マメ類） 福岡・諸岡（オオムギ，モロコシ，アズキ？） 福岡・犀川（コムギ） 福岡・須川（オオムギ） 福岡・立岩（アワ） 福岡・松ケ迫（マメ類） 山口・綾羅木（キビ，モロコシ，コムギ，アズキ？） 山口・下東（アズキ，エゴマ） 山口・宮原（オオムギ，コムギ，ダイズ） 山口・無田（オオムギ，コムギ，アズキ） 山口・辻（マメ類）	岡山・津島（ヒエ） 島根・タテチョウ（ソバ） 広島・亀山（ヒエ） 三重・納所（ソバ）	青森・剣吉荒町（コメ） 青森・是川中居（コメ） 青森・是川堀田（コメ） 青森・砂沢（コメ）
弥生時代	中期	長崎・里田原（マメ類） 福岡・種畜場（マメ類） 福岡・横隈山（アワ，アズキ） 福岡・馬場山（マメ類） 大分・下城（オオムギ） 大分・台ノ原（アズキ） 山口・岡山（ダイズ，アズキ，リョクトウ） 山口・天王（ダイズ，アズキ） 長崎・原ノ辻（オオムギ，コムギ） 福岡・板付（マメ類） 福岡・四箇（ハトムギ？） 福岡・小田（マメ類）	愛媛・土居窪（ムギ，ササゲ） 大阪・池上（ムギ） 愛知・新田（コムギ？） 岡山・南方（ムギ） 大阪・池上（マメ類） 大阪・亀井（アズキ，マメ類，エゴマ） 和歌山・太田黒田（アズキ） 愛知・篠束（コムギ？） 香川・紫雲出（ヒエ，アワ，キビのいずれか） 徳島・昼間土取（アズキ？） 大阪・瓜生堂（アズキ？） 大阪・田口山（エンドウ？） 三重・納所（ヒエ）	千葉・城の腰（アワ）

		九州	西日本	東日本
弥生時代	後期		岡山・桃山（キビ） 大阪・芝谷（アワ，ヒエ） 奈良・鴨都波（ゴマ） 大阪・池上（マメ類） 愛知・朝日（アズキ？） 岡山・川入（アワ） 愛知・宮西（アワ）	静岡・伊場（ダイズ） 静岡・滝川（ダイズ，アズキ or リョクトウ） 静岡・登呂（ヒエ，アズキ） 群馬・日高（ヒエ） 群馬・八崎（ダイズ，アズキ？） 静岡・山木（ヒエ，ソバ） 東京・甲の原（オオムギ，コムギ，ダイズ） 長野・高松原（コムギ，アワ or ヒエ） 長野・橋原（アワ，ヒエ，ムギ？） 福島・天王山（アワ） 東京・原屋敷（ヒエ）
弥生時代／古墳時代	前期初頭	熊本・古閑原（オオムギ）	大阪・瓜生堂（ソバ） 大阪・四ツ池（マメ類） 奈良・纒向（アズキ？） 奈良・矢部（ダイズ，アズキ）？ 奈良・大西（ソラマメ）	
古墳時代	前期初頭	大分・二本木（アズキ） 大分・安国寺（オオムギ） 山口・北迫（エンドウ？） 山口・岡原（オオムギ，ヒエ，エンドウ，ソラマメ）		石川・猫橋（アワ） 新潟・千種（マメ類，ゴマ） 千葉・阿玉台北（ダイズ？）

* 東北地方の初期の例を除いて，弥生時代以降のコメ資料は割愛した。
** 種子資料は太字，土器片などの圧痕資料は明朝体，花粉やプラント・オパール分析資料は〈P〉で示した。
*** 種などの不確実資料は（？）を，出土状況など時期的な不確実資料は（　）外に？を付した。

を考えれば，おそくとも紀元前7～11世紀には栽培が行なわれていた[7)]。朝鮮半島北部でも無文土器文化初期にはダイズとアズキがすでに知られている。

わが国では周知のとおり，リョクトウの出土例が古く福井県鳥浜遺跡の縄文前期に溯るが，弥生時代との系譜は明らかでない。九州では縄文後期後半以降にアズキまたはリョクトウと考えられる資料があるが，品種上，ダイズやアズキを確実に確認しうるのは弥生時代前期以降である。

弥生時代前期，マメ類の出土が報じられているのはやはり福岡・山口県に限られる。福岡県門田（もんでん）遺跡では板付Ⅱ式の 10 基の袋状貯蔵穴から炭化米とともに大量のマメが出土しているし，福岡県馬場山遺跡（城ノ越式）や山口県宮原遺跡（綾羅木Ⅱ式）の多くの貯蔵穴でもコメとマメ（ダイズ）が共伴している。この地域では中期前半までひきつづき出土例が認められるものの，後半から後期にかけては検出例を知らない。これに対応して東方地域で出土例が散見されるのもミレットやムギと同様であろう。群馬県八崎遺跡では樽式(古)期の住居跡から出土した大形広口壺に大量のアズキらしいマメが収蔵されていたほか，柱穴からダイズも出土しており，後期以降の東日本でのさかんなマメ類利用の姿を教えてくれる。

以上，弥生時代の穀類・マメ類の分布状況をみるとじつに興味あることがわかる。つまり，前期では福岡県から山口県にかけての海岸部に集中して分布していたものが，中期前半には東海地方に及び，中期後半を契機に逆転し，後期には東日本

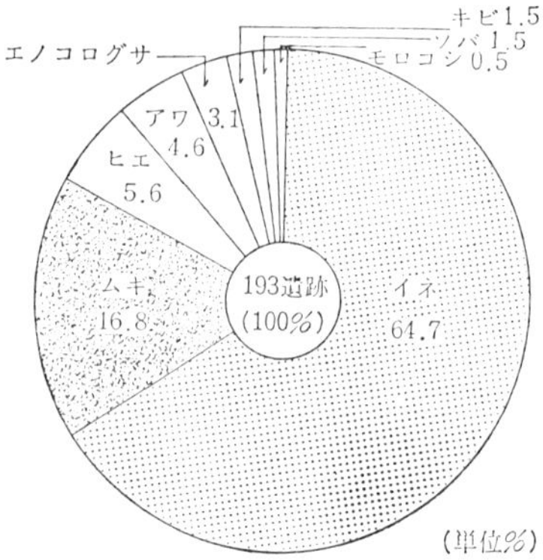

図 2　イネと雑穀・ムギ類の出土遺跡比

で卓越するという事実である。この傾向はたしかに各地域で調査される遺跡の時代的多寡を反映していることは無視できないがやはり，栽培が東方指向で定着していく点は見逃せない。あるいは地形的に，火山灰台地や山地の遺跡に採用されていく点も留意せねばならない。とくに，前期例の集中する玄海灘沿岸から周防灘沿岸地域は私たちが「穀物センター」[3)] と呼んだわが国の水稲農耕の原波及地域でもあり，これらの穀物類がすでに縄文晩期前半以前の第Ⅰ期波及期に流入したとはいえ，第Ⅱ期の，水稲農耕とセットとしてその後東方へ波及した意味は大きい。ただ，以上のような観点からみれば，穀物センターとその周辺の水田地帯ではイネの選択が早い段階に行なわれ，近畿を中心とした西日本では共存しつつも，遅くとも後期には，イネへの依存がより大きくなった。これに対して東日本では弥生時代（おそらく古墳時代以降も）を通じて，ミレット，ムギ，マメといった

表 2 コメ(左)と他の穀物，マメ(右)の出土遺跡比

	九　州	西 日 本	東 日 本
前　期	15：16	10：4	1：0
中　期	13：12	19：12	4：1
後　期 ～古墳時代初頭	14：5	32：11	20：14

* 種類による重複はさけて換算してある

畑作穀物の比重はイネと変わらず高かったものと考えられる。このことは各時期のコメとこれら畑作物の出土遺跡を機械的に数字で比較した場合でもあきらかであろう（表2参照）。また，このことは単に地域的な問題に留まらず，平野部と山間部といった立地環境の関係でもあることはさきにふれたとおりである。

（2） ウリ科植物と果樹の栽培

弥生時代にみられる畑作物で，穀類・マメ類と同様にさかんに栽培された形跡のあるものにウリ科植物と果実類がある。

メロン仲間　マクワウリの原産地は中近東，中国，インドなどと各説あるが，日本へ渡来した初期の *Cucumis melo* は種々雑多なウリからなる混合集団的なものであったといわれる。大阪府池上(いけがみ)遺跡では，小型種の雑草メロンは時期をおって減少する傾向にあり，中期後半には大型種のマクワウリが普遍化することが報告された[8]。大型種がこの時期にもたらされた可能性もあるが，後述するようにむしろ弥生人が大型化を指向した栽培技術上の進展とみたい。

Cucumis melo のわが国最古の例は佐賀県菜畑遺跡の晩期後半（山ノ寺式）のもので，水稲農耕に伴って朝鮮半島よりもたらされたと考えられる。九州ではさきの「穀物センター」に数例が認められるものの，穀類に比べて，むしろ近畿およびその周辺での出土例がめだつ。こうした傾向は中期以降にもみられ，近畿地方を中心に瀬戸内海沿岸地域，東海地方に散見される。

ヒョウタン仲間　ヒョウタンの他にユウガオ・フクベなどを包括する。西アフリカ原産とされるヒョウタンは紀元前7～8000年頃には中国南部に達したと考えられているが，日本にはリョクトウとともに将来された可能性が高い。わが国では福井県鳥浜遺跡（縄文早・前期）を最古例とするが，散見されだすのは晩期後半以降であろう。ヒョウタンは容器としての利用が大きいものの果肉を熱処理すれば食用として利用できる点でメロン仲間におとらない有効性をもっている。時期をおった分布状況もメロン仲間と同様である。

ウリ科の畑作物として他にカボチャとスイカがある。日本での栽培は，カボチャの場合，天文10（1541）年が文献上の初見とされるなど共に新しい畑作物と考えられている[9]が，再検討の余地はあろう。中期以降の近畿・瀬戸内地域に散見する。

果実類　温帯性果樹類は西部原生種群と東部原生種群の大きく二つに分かれるが，弥生時代に出土する果樹はすべて後者に属し，モモは黄河上流の高原地帯，カキは長江流域，アンズ・ウメも中国北部が原産地と考えられている[4]。

果実類のなかで検出率の最も高いのがモモである。その件数は95遺跡に達し，イネ，ドングリ類につづいて第3位を占めている。したがって，最も栽培頻度の高かったのがモモであったと考えられるが，それが食用のみを対象にしたものかは検討を要しよう。というのは，モモは，『古事記』の黄泉比良坂の説話や，法隆寺金堂柱内に封入してあった穿孔ある桃核資料などにも影響を与えているごとく，そもそも当の中国では凶邪不祥を祓う呪物として周代の追儺思想の形成に伴って中原にもたらされた[10]。弥生時代には桃核に穿孔を施し，ペンダント様にして用いたり，仁の摘出を行なったらしい痕跡も認められるから，弥生時代のモモの栽培が，こうした思想的要素をも背景としてさかんに導入された一面は注意しておかなければならない。

さて，これらの果樹類はすべて西日本の前期段階に出揃う。最近，長崎県伊木力(いきりき)遺跡で縄文前期・轟式単純層からモモの核2点が検出された[11]が，遺跡の位置や曽畑～轟期の大陸との交流を背景に考えれば，日本での栽培をとくに考える必要はない。一連の果樹の栽培はやはり，水稲農耕に伴って縄文晩期後半（山ノ寺期）に将来されたと考えるべきであろう。中期以降の出土状況はウリ科植物のそれと同様のあり方を示しているといえよう。

こうしてみると，ウリ科植物や果実類の栽培状況は，さきの穀物やマメ類とはまたちがったあり方を示していることがわかる。巨視的にみれば，これらの作物の流入が水稲農耕に伴ってまず「穀物センター」にもたらされたとはいえ，文字どおりそこはウリや果実などの畑作物の十分な温床と

表 3　縄文・弥生時代の畑作物資料

		九　州	西　日　本	東　日　本
縄文時代	後期後半以前	長崎・伊木力（P）	福井・鳥浜（L，ゴボウ，アサ）	千葉・大坪（L）
	後期後半〜晩期前半	福岡・四箇A（L）		千葉・多古田（L） 千葉・余山（アサ）
	晩期後半	佐賀・菜畑（M，シソ，ゴボウ） 福岡・板付（L） 佐賀・菜畑（L）		埼玉・真福寺（M，L）?
弥生時代	前期	佐賀・菜畑（P，アサ） 福岡・板付（M，L） 福岡・板付（M，P） 山口・下東（M，L，カキ） 山口・綾羅木（P，ウメ） 山口・岩田（P，ウメ）	岡山・津島（P） 島根・タテチョウ（M，P，L，スモモ，シソ） 兵庫・上ノ島（M，P，L，スイカ） 奈良・唐古（M，P，L） 大阪・鬼虎川（L） 香川・行末（P） 兵庫・松ケ崎（P，ウメ） 三重・上箕田（M，L，P，アサ）	
	中期	長崎・里田原（M，P，L） 福岡・東町（L，アサ） 福岡・板付（M，L，P，シソ） 福岡・四箇（P）	愛媛・土居窪（P，L） 岡山・雄町（M，L，スイカ，シソ） 大阪・鬼虎川（M，L，P） 大阪・池上（M，L，P，スイカ，カキ，シソ） 奈良・新沢一（P） 京都・森本（L，P） 大阪・四ツ池（M，L，P，スモモ） 京都・深草（P） 愛知・新田（M，L） 愛知・瓜郷（M，P，カキ） 香川・紫雲出（P） 岡山・惣図（P） 岡山・用木山（P） 大阪・瓜生堂（M，L，P，カボチャ） 大阪・池上（M，L，P，シソ） 大阪・亀井（M，L，P） 奈良・唐古（M，L） 滋賀・長沢（P） 三重・納所（M，L，P，スモモ，シソ，アサ） 大阪・下池田（L）	秋田・横長根A（M，シソ） 千葉・城の腰（P） 神奈川・清水場（P） 宮城・富沢（P，ウメ？） 静岡・沢田（M，L，P，カキ） 静岡・宮下（P）
	後期	福岡・板付（M，スモモ） 福岡・門田（P，スモモ） 福岡・湯納（M，L，P，スモモ） 福岡・辻田（L，P） 熊本・古閑原（P）	愛媛・八堂山（P） 香川・葛谷（P） 徳島・大柿（P） 兵庫・会下山（P） 奈良・唐古（M，L，P，シソ） 奈良・鴨都波（M，L，P） 奈良・高塚（P，ウメ） 愛知・朝日（M，P，L） 鳥取・遠藤谷峯（P） 大阪・池上（M，L，P，カキ） 大阪・亀井（M，L，P） 広島・畳谷（P，カキ） 鳥取・青木（P） 岡山・上東（カラムシ） 兵庫・田能（P） 京都・大籔（P） 大阪・中田（L，P） 奈良・新沢一（M，P） 香川・加藤（P）	静岡・伊場（M，L，P） 静岡・稲ケ谷（P） 静岡・登呂（M，L，P，ナシ） 静岡・山木（M，L，P） 群馬・日高（M，L，P） 静岡・八兵衛（P） 東京・甲の原（カキ） 石川・寺家（P） 長野・高松原（P） 静岡・北神馬土手（P） 東京・鞍骨山（P）
古墳時代	前期初頭	大分・小園（P） 大分・ネギノ（P） 大分・安国寺（M，P，カボチャ，カキ） 山口・吹越（P，ウメ）	高知・ヒビノキ（P） 岡山・上東（M，L，P，スイカ，カキ） 岡山・雄町(M，P，シソ) 鳥取・長瀬高浜（P） 兵庫・弥布ケ森（M，L，P） 兵庫・川島（P，スモモ） 兵庫・権現（M，L） 兵庫・下坂部（P） 大阪・西岩田（P）	石川・猫橋（M，P，ウメ，スイカ） 石川・塚崎（P） 新潟・千種（M，L，P，カボチャ）

		九　　州	西　日　本	東　日　本
古墳時代	前期初頭		大阪・船橋（M，P） 大阪・亀井（M，L，P，スモモ） 和歌山・井辺（M，P） 和歌山・笠嶋（M，P） 奈良・纒向（M，L，P） 奈良・大西（M，L，P，ウメ，スモモ，カキ） 滋賀・鴨田（P） 三重・納所（P） 愛知・苗代（M，L） 愛知・南木戸（M，L） 愛知・伊保（M，L，P，ウメ） 三重・北堀池（M，P，アサ）	

＊ Mはマクワウリなどのメロン仲間，Lはヒョウタン仲間，Pはモモを表わす。

はなりえなかったのではあるまいか。むしろ，それを達成したのはより東方の地域，とりわけ畿内とその周辺地域であった。資料的にみれば，出土例が時間的にも充溢しているこの地域では前期後半以降，これら作物の栽培がかなり計画的になされた可能性があり，さきにふれた大阪府池上遺跡での *Cucumis melo* の大型化（中期後半）や，あるいは奈良県唐古遺跡の大型桃核の存在（後期初頭）などは，その技術的改良をも彷彿させるものがある。

この他，資料的には稀薄だがゴマ，エゴマ，シソ，アサ，カラムシ，ゴボウなどが知られる。ウリや果実と同じ分布状況にあるようだ。

2　畑作遺構

近年のあいつぐ水田跡の発見にくらべると，畑作遺構を調査によって検出することはより困難を伴う。ここではその可能性を含めていくつかを紹介しておくにとどめたい。

弥生時代の畑作遺構が最初に注目されたのはおそらく静岡県目黒身遺跡である[12]。集落に接する台地西縁辺部の約 100m² ほどの範囲に帯状に営まれたもので，幅 40～50 cm，長さ 4 m ほどの「畝」状の高まりが，30～80 cm 間隔で 17 本検出された。この遺構は住居跡との切り合いなどから，後期中葉（目黒身式）と考えられており，西側の低地に存在すると考えられる水田との間に営まれた畑地であったのだろう。

群馬県小八木遺跡では，やはり住居跡群から微低地の水田跡にむかう台地縁辺の約 300 m² にわたって帯状に畝状遺構が検出されている。樽式土器の出土と浅間C軽石層の降下によって弥生後期末ないし古墳時代初頭と考えられている[13]。

古墳時代以降中世にかけては東日本を中心に畑作遺構が散見され，群馬県芦田貝戸遺跡では6世紀前半の畝上面に炭化物を含む凹凸が無数検出され，畝方向にいくつかのグループが存在するなどさらに進展した様相をみせている。また，福岡県那珂君休（なかくんりゅう）遺跡の中世水田跡では水田の一区画のみに畝状遺構が検出され，裏作に畑作が行なわれていたものと考えられるが，これらとの形状の類似点から考えても，弥生時代の畝状遺構は畑地と考えてよかろう。

また，佐賀県菜畑遺跡の縄文晩期後半（山ノ寺式）段階の水田では，水田雑草よりも畑雑草が卓越するようであり，畑作物を主とする水陸未化稲の可能性が示唆されている[14]。さらに，福岡県板付遺跡の板付Ⅰ式期の水田跡でも花粉分析結果から付近にコムギ畑が存在したとされている。た

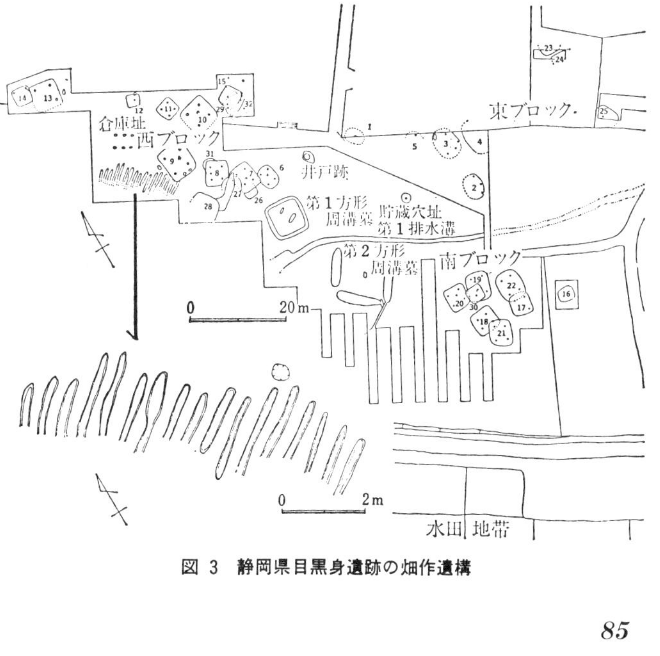

図 3　静岡県目黒身遺跡の畑作遺構

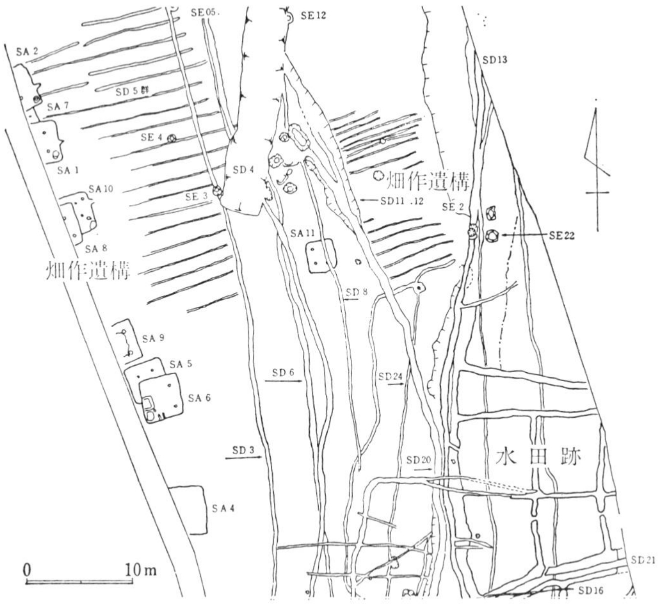

図 4 群馬県小八木遺跡の畑作遺構

だ，現在までに検出された畑作遺構はいずれも小規模で水田に付随する形で集落近傍につくられたものである。しかし，たとえば山口県綾羅木遺跡では畑作穀物用の収穫具と考えられる大量の磨製石鎌が出土し[15]，アワ，キビ，モロコシなど出土遺体にみられる穀物がかなり広範囲に栽培されていた状況は想像に難くない。今後，とくにこのような台地地帯の遺跡を精査すれば，水田に匹敵するような大規模な畑作遺構が検出されること必至であろう。

3 畑作物のしめる位置

このように，判明しただけでも弥生時代には多くの畑作物が存在したことがわかった。それは，イネばかりが強調されがちであった弥生農業の本来の姿ではあったのだ。

とくに畑作穀物は堅果類とともに，コメの自給量との相対的なかかわりの中に大きな意味をもっていたといえる。私たちはかつて，弥生時代におけるコメの反あたり生産量を，奈良時代から近世に至る文献資料からの逆算，東アジア諸地域の原始的な稲作収量との比較，稲穂などの遺存体資料と実験的データの3方法からの復元によって，各時期の水田環境の差を考慮しつつ，前期で反あたり2斗～5斗（約 30～60 kg），中期でも 7 斗ぐらい（約 90 kg）まで，後期以降になってようやく8斗（約 100 kg）を越える高生産の水田も実現しえた可能性を試算した[3]。また，出土炭化米の中には菜畑遺跡の縄文晩期後半で 10%，綾羅木遺跡の弥生前期後半で 27%，池上遺跡の中期前半で 22%，中期中葉で 43%，中期後半で 29% の未成熟米を含むなど，初期水稲農耕の技術的な困難性をも示唆している。そこからはとうてい，弥生時代を通じて，かつて想定されていたような甑による蒸した強飯の常食などは考えられないことが理解でき，いわば「ハレ」の日を除いた普遍的な主食は汁粥や粥状のカテめしであったことが想像される。とくに，1日の消費量が1合にも及ばなかったであろう中期や，その 1/10 程度の消費量しか期待しえなかった前期段階では，むしろコメ以外のデンプン質食料の比率の方がはるかにまさっていたと言うべきである。さきに紹介したような住居跡床面からコメとともに検出されるミレット粒や土器に内蔵されたアワ・ヒエの例，甕にコメと混じて付着したアワ，そしてドングリ・ピットの存在などはこうした状況を如実に物語っている。

こうしてみると穀物遺体の出土状況は，コメへの依存率とも一定の関係をもつことが考えられる。つまり，おおむねさきの穀物センターなどは中期以降コメへの依存を徐々に達成していった地域であったろうし，畿内を中心とした西日本も後期にはそうした方向にむかったと考えられる。これに対して中部・関東以東では概して弥生時代を通じて畑作穀類への依存が大きかったのではないかと思われる。それは東日本や火山灰土壌地帯が今なお畑作穀物の栽培の姿を残していることの原

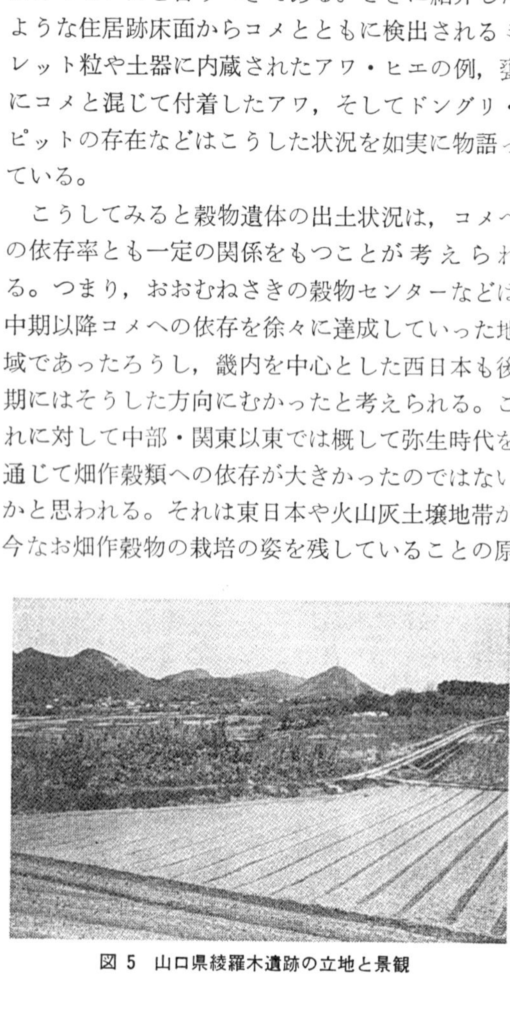

図 5 山口県綾羅木遺跡の立地と景観

形であるようにも思われるのである。

一方，畑作穀物類がわが国の弥生時代以降，コメの生産量を補うといった補完的な方向に位置づけられるのとはちがって，ウリ科植物や果実類はたとえそれが救荒的な意義をもつとはいえ，きわめて弥生人の食生活を豊かにするものとなった。この点で，ウリ科植物や果樹の栽培を積極的に行なったであろう前期後半以降の畿内を中心とする諸地域は評価すべきものがある。私はその背景には微高地型の水田の展開[16]や，農業生産の労働量と消費面における世帯共同体の自立性の強さが大きく反影しているものと考えているが，詳述はひかえよう。

× × ×

以上，実際の畑作物遺体を中心に弥生時代畑作農耕が水稲農耕を基盤とする食生活あるいは社会の中ではたした意味を述べてきた。しかし，畑作農耕の復元は一方では，火山灰台地地帯や山岳地帯に焦点をすえ，畑作用生産具のセットと機能をも考慮しつつ考えていかねばならない面をももっている。だがすでに与えられた紙幅を越え，それのなしえないのを遺憾とするが，この点は後日を期したい[17]。

註

1) 佐々木高明「東アジアにおける水田稲作の形成」『日本農耕文化の源流』所収，1983

2) 坪井洋文『イモと日本人』未来社，1979

3) 寺沢 薫・寺沢知子「弥生時代植物質食料の基礎的研究」橿原考古学研究所紀要，5，1981

なお，私はそこでわが国への初期農耕の将来と波及を，（1）玄海灘沿岸からとりわけ有明海沿岸地域にかけて将来された晩期前半以前の水陸未化稲＋ムギ類を中心とした段階〔第Ⅰ期〕，（2）玄海灘沿岸に流入した晩期後半の水稲＋ミレット・ムギ類＋マメ類＋果実類がセットで波及した段階〔第Ⅱ期〕，（3）板付Ⅰ式期における「穀物センター」の確立と水稲の西日本への伝播段階〔第Ⅲ期〕，（4）板付Ⅱ式期における「穀物センター」の拡大と水稲の西日本への面的波及と東北地方に至るまでの伝播段階〔第Ⅳ期〕と考えている。

4) 中尾佐助『栽培植物と農耕の起源』岩波書店，1966

5) 中尾佐助『料理の起源』日本放送出版協会，1972

6) 森 浩一編「シンポジウム原始・古代の農耕をめぐって」古代学研究，74，1974 の嵐 嘉一氏発言。

7) 渡部忠世『作物生産に関する境界領域分野の総合的研究』1975

8) 藤下典之「池上遺跡より出土した *Cucumis melo* の種子について」『池上・四ツ池遺跡』6 所収，大阪文化財センター，1980

9) 木原 均・盛永俊太郎ほか『黎明期日本の生物史』養賢堂，1972

10) 水上静夫『中国古代の植物学の研究』角川書店，1977

11) 粉川昭平（大阪市立大学），松藤和人（同志社大学）両氏のご教示による。

12) 小野真一編『目黒身』沼津考古学研究所，1970

13) 横倉興一編『小八木遺跡調査報告書（Ⅰ）』高崎市教育委員会，1979

14) 笠原安夫「菜畑遺跡の埋蔵種実の分析・同定研究」『菜畑遺跡』所収，唐津市教育委員会，1982

15) 甲元真之「磨製石鎌についての二・三の問題」『綾羅木郷遺跡』Ⅰ所収，下関市教育委員会，1981

16) 私は，弥生時代の水田を立地条件と造田技術から（1）微高地型，（2）微低地型，（3）谷口微低地型，（4）低地大型，（5）低地小型に分けて考えている。

現在検出されている畑作遺構はいずれも（1）あるいは（1）から（2）への変換地点で検出されており，集落に付随する小規模な畑は微地形の水田に伴うことが知られる。この点で，岡山県百間川遺跡の「島状高まり」は水田造成時の産物とはいえ，果樹栽培や小規模な畑として利用された可能性もあり，現在の「グロ」に似た水田内の部分的な畑地の原初形態と考えられる点で注目すべき遺構である。

17) 紙幅のつごう上，畑作物の出土に関する出典はすべて割愛し，註 3) 文献に委ねたのでご了解願いたい。なお，水稲農耕全般のなかでの畑作の位置づけは，近く刊行が予定されている『日本の古代』4巻（中央公論社）でふれているので併読いただければ幸いである。

堅果類

名古屋大学助教授
渡辺　誠
（わたなべ・まこと）

縄文時代の主食であった堅果類はコメを作るようになった弥生以降も，その低生産力の補いとして重要な役割を果たしていた

1　弥生時代と堅果類

縄文時代の重要な主食であった堅果類は，水稲が普及した弥生時代になっても重要な食料資源であったし，近・現代に至っても救荒食料などとして，重要な位置を占めていたのである。

一般的にいわれているほど，トチやドングリ類などの堅果類は弥生時代になって，急速にその役割を失ってしまってはいないのである。はじめにまずこのことを強調しておきたい。

しかしコメの出現によって，伝統的な堅果類が大きな変化を受けたことも事実である。堅果類の歴史の第一の転機であったこともまた確かなことであり，具体的には次の諸点が指摘できる。

1. 主食の座をコメに譲ったこと。
2. しかし消滅はせず，逆にコメの不足を補う役割を果たすようになったこと。
3. コメとの関係において，新しい食品形態を形成したこと。

2　ドングリ食の変遷

本稿では，主食として重要な位置を占めていたドングリ類やトチのみに限定して検討することにする。

このうちトチは必ずアク抜きをしないと食べられないのであるが，ドングリ類はアク抜きを必要としない種類も含まれていて，表1のように分類することができる。

したがってその変遷においても，トチよりもバラエティーに富むのであるから，はじめにドングリ類から検討することにする。

アク抜き技術の開発について，筆者は従来慎重を期してその上限を縄文前期としていたが，最近では土器の起源そのものを，アク抜き技術との関係において理解しようと考えるようになった。すなわち縄文時代の開始期からアク抜きを必要とする種類まで食べていたと考えることが，具体的な資料の集積によって可能になってきたとみられるのである。

したがって焼くなどしてでだけ食べられるシイ類などは，先行する旧石器時代にすでに食べられていた可能性を生じるのであるが，目下のところ旧石器時代の遺跡から，それらの遺体が検出されたことはない。そしてまだ寒冷気候が支配し，照葉樹林帯が南下していたその段階にあっては，仮に食べていたとしても，沖縄地方などの限られた地域においてのみであったであろう。

土器の起源とアク抜きの関係を意識せざるを得なくなったのは，縄文草創期の隆帯文土器段階に属する，鹿児島県志布志町東黒土田遺跡の貯蔵穴より出土したドングリ類を手がけてからである。

これはカシ類のなかで唯一例外的にアク抜きの

表1　ドングリ類の分類

民俗分類	属		種（出土例）	民俗調査例のあるもの	森林帯	他の堅果類
A．クヌギ類 アク抜き伝承の途絶えたもの	コナラ亜属	コナラ属			落葉広葉樹林帯 （東北日本）	クルミ クリ トチノキ
B．ナラ類 水さらし＋加熱処理			ミズナラ コナラ	ミズナラ コナラ		
C．カシ類 水さらしのみ	アカガシ亜属		アカガシ アラカシ	アラカシ・シラカシ・ウラジロガシ オキナワウラジロガシ	照葉樹林帯 （西南日本）	
D．シイ類 アク抜き不用			イチイガシ	同　左		
	シイノキ属		ツブラジイ・スダジイ	同　左		
	マテバシイ属		マテバシイ	同　左		

いらない種類のイチイガシとされていたが，粉川昭平教授によりイチイガシ以外のドングリ類であるということが判明した。

また実年代の上で大きな開きはあるが，韓国最古段階の土器を出土している江原道襄陽郡巽陽面鰲山里（オサンリ）遺跡の住居址内からも，ドングリ類が出土していることが報告された。緯度の高いこの地域には，現在でもアク抜き不用のドングリ類は生育していないのであるから，ましてやその時期にシイなどのドングリがあったとは考えられず，遺体の形態そのものも，その可能性を否定している。したがって両国ともに土器の出現期にはドングリ類が深くかかわっているとみなされる。

従来アク抜きの上限を縄文前期と推定していたのは，目下のところトチのアク抜きの確実な上限は中期初頭であるが，さらに遡る可能性が強いからなのである。そしてトチのアクはサポニンやアロインといった非水溶性成分であり，水溶性のタンニンをアクの成分とするドングリ類よりははるかにその除去技術は難しいのである。

したがってアク抜き技術の獲得に段階設定も可能なのであり，煮沸によりドングリ類のアク抜きをし始めた縄文草創期，アルカリ（灰）で中和してトチのアク抜きをし始めたとみられる縄文前期，そしてその中間にあって，製粉技術の発達によってより効果的にそれが行なわれるようになった段階などが想定されるのである。

弥生時代の場合は，このアク抜き技術よりも，食料としてのあり方に大きな変化が生じた段階なのである。

3　韓国のドングリごはん

コメ以前とコメ以後のドングリ食を民俗資料にもとめると，前者の好例は筆者が京都府舞鶴市大俣において調査したジザイもちであろう（図1）。これは丹後地方においてジザイの実とよばれるカシの実を，アク抜きしてダンゴにしたものである。コナラの実を用いた東北地方のシダミもちも同じようなものらしい。

後者の例は，つい先頃韓国において調査したドングリごはんを紹介することにする。

これは 1985 年 11 月 11・12 日に，大邱市不老洞の鄭太植というおばあさんに食べさせていただいたものである。

材料のドングリは，クヌギ・ナラガシワ・コナ

図1　ジザイもちをセイロで蒸す

ラなどである（図 2—1)。これらの皮をとり，ゆすって渋皮をとってから水につける。これを朝晩煮て，その間は水につけておく。はじめは水は赤黒い色であるが，これらを3日間で6度繰り返すと，最後にはきれいになる（同2)。

一方でコメを洗い，ちょっと水につけて同じ軟らかさにしたなかに，ドングリを手で少しつぶしながら混ぜて炊く（同3)。混ぜる量は任意であるが，この時はコメ3にドングリ1の割合であった（同4)。

「朝ごはんは，食べないでおいでよ」，といわれたので，内心やや心配しながら伺ったのであるが，食べてみると実に意外なもので，ポクポクしていて，まるでクリごはんと同じであった。甘みのないクリごはんといった感じであった。

前日の夕方にはドングリもちも食べさせていただいた。この場合のアク抜きも同じであるが，コメはモチゴメを使う。

モチゴメは水で洗い，1時間ぐらい生のままふやかしておく。その後でドングリと混ぜて製粉し（図 2—5)，ウスのなかでキネでつき，粘りを出す。これをこねてムシキで蒸し，蒸したものにアンを入れてつつみ，ゴマ油を塗るとできあがりである（同6)。

色はきわめて濃いこげ茶色であり，なかのアンが目立たないくらいであったが，アクは完全に抜けていて結構な味であり，続けて4個食べたほどである。

こうしたドングリごはんは，機会がなく食べていないが，日本各地にもみられたのである。

アク抜きのすんだカシの実の粉を，ごはんに混

1　材料のドングリ

2　アク抜きのすんだドングリ

3　コメと混ぜて炊く

4　ドングリごはん

5　ドングリとモチゴメの粉

6　ドングリもち

図 2　韓国のドングリごはんともち

ぜた奈良県吉野地方のカシノコメシや，アク抜きのいらないシイの実を，同様にごはんに混ぜた伊豆七島や沖縄地方のシイメシなどに，その好例をみることができる。

ドングリばかりでなく，ごはんにはいろいろなものを混ぜて炊いたのであり，味つけのためでなく，主にコメの節約のために混ぜられたものが，ドングリ類などであったのである。こうした補いかたが可能であったからこそ，低生産力段階の水稲栽培が定着して発展できたのであり，食料に不足していたから稲作に飛びついたというような考え方はおかしい。

また節米のための混炊の習慣は，決して遠い過去の話ではないのであり，敗戦直後でもみられたことである。むしろ白米ばかり食べるようになったのはごく近年のことであり，昭和になってもコメを食べることができず，死の枕辺で竹筒のなかのコメの音を聞くだけの人々のいたことも，忘れてはならないであろう。

なおクリごはんに代表されるように，混ぜるものがしだいにうまいものにかたよってきたのであり，それに伴ってドングリ類が忘れられてきたことも指摘しておきたい。

こうした混炊は，弥生時代から現代にかけて平面的に減少してきたのではない。近代に至っても頻発した飢饉の時に，人々の生活を支えたのはこれらの堅果類などである。昭和 11 年に東北地方を襲った大飢饉の時の記録には，トチやナラの実で飢えをしのいだ，ただしこれは平素からの常食である，と付記されている地方が少なくないのである。歴史上たびたび繰り返された飢饉を乗り越える時に果たした縄文の伝統が，弥生時代にだけ例外であったはずはないのである。

4　トチの実食の変遷

トチの実は，アク抜きさえできればドングリ類よりはうまいものと意識されている。しかしその具体的な食品形態は，現在ではほとんどトチもちのみになっている。これはモチゴメとつきあわせるのであるから，弥生時代以降の食べ方である。

ドングリと同じようにアク抜きをして粉だけをとる方法は，トチのコザワシとよばれ，現在風前の灯のごとく，岐阜県下にのみ伝えられている。

このコザワシとトチもちの他には，トチがゆもあったらしく，『太平記』には吉野に落ちた大塔宮に，アワもちとトチがゆを進めたというくだりがある。こうしたかゆはドングリ類についても想定できることであり，縄文時代にあっても，弥生時代以降の場合でも，そのなかに味つけと増量をかねて，いろいろなものを混炊したことと考えられる。

しかしドングリ類のようにごはんに混ぜて炊かれることがなかったのは，その強いアクのためなのであろう。

先に記したように，トチのアクはサポニンやアロインといった非水溶性成分であるから，アルカリ（灰）で中和して除去しなければならない。

具体的には，灰に熱湯をかけて抽出したアクのなかにつけて除去するのであるが，その技術はきわめて経験を必要とする難しいものであると意識されている。日本の山野の植物には，タケノコなどにみられるように，なんらかのアクが含まれていることが多く，それぞれにアク抜き技術が確立しているのであるが，そのなかにあっても，トチのアク抜きは別格に難しいとされている。

このトチもちのためのアク抜きでは，結果的に粉食になるだけであって，コザワシのように製粉を必須の工程とすることはないのである。そしてこのことは，ドングリ類にもある程度まではあてはまることであり，その結果として，磨石・石皿といった縄文時代を特長づける製粉具が，弥生時代以降急速に減少することになったと考えられる。

5　日本の堅果類利用の特長

以上，具体的な資料の羅列を避けて，堅果類とコメとの関係を中心に述べてきたのであるが，最後にこの延長上に日本の堅果類利用の特長についても若干記すこととする。

クルミやカヤのほかに脂肪分の多い種類の少ないことが西洋との大きな違いであり，西洋ではナッツとして，日本では主食として堅果類が利用されてきた，と指摘したのは佐々木高明氏である。これは生態学的背景の差異によるものである。

そして主食として，後にその補いとしての准主食的立場に転じても，韓国のようにはまったく別の副食品として利用することはなかったのである。近年一部の地域に，商業ベースのトチようかんやトチせんべいがみられる程度である。これはおそらくコメ指向の強い日本型農業や，肉食の習慣の有無などと密接な関係があると推定される。

韓国でももちろんドングリごはんなどは過去のものであり，現在もっとも見かけるドングリ食品は，トトリムッとよばれるトウフまたはコンニャク状のものである。これはドングリのアクを抜いた後，さらに澱粉のみをもみ出して，釜で煮てトウフまたはコンニャク状に冷やして固めたものである。残ったかす（炭水化物）は家畜のえさか捨てられてしまう。したがってきわめて目減りが多いのであるが，味はよく，どこの観光地でも食べることができる。

この加工法は，近世初期に高知県下などに伝わったが，極地的な現象にとどまっている。ここに日本人のドングリ類に求めたものがよく反映していると思われるのである。

西洋とばかりではなく，隣国ともまた異なった特長を有しているといえよう。そしてこの特長は，縄文の伝統の上に弥生時代以降に形成されたものなのである。

狩猟・漁撈対象物

横須賀市立大津中学校教諭 釼持輝久（けんもつ・てるひさ）
国立歴史民俗博物館 西本豊弘（にしもと・とよひろ）

弥生時代の狩猟・漁撈対象動物は種類においては縄文時代とまったく同じだが，内容的にはさまざまな点で異なっていた

弥生時代の生業といえば，稲作農耕ということになる。狩猟・漁撈・採集活動は農耕の補助的なものと考えられていて，それらの活動について十分な検討が行なわれてきたとはいえない。しかし，最近の発掘調査の増加と，当時の生業への関心をもつ研究者の増加とともに，弥生時代の遺跡でも動物遺体が丁寧に採集されることが多くなった。その結果，弥生時代の狩猟・漁撈活動についてもその一端をうかがえるようになってきた。たとえば，金子浩昌による弥生時代の貝塚と動物遺存体の集成はその成果の一部である[1)]。

しかしながら，弥生時代の狩猟・漁撈については，その実体の把握がようやく緒についたばかりであり，その地域性をはじめとして，農耕との関連など社会全体の枠組の中で考えねばならない問題が多い。ここでは，それらの問題をすべて扱うことはできないので，神奈川県三浦半島の事例を具体的に取り上げて弥生時代の狩猟・漁撈をめぐる二，三の問題点を指摘してみたいと思う。

1 三浦半島の弥生時代の狩猟と漁撈

三浦半島南部には大浦山洞穴，毘沙門（びしゃもん）洞穴群など弥生時代中・後期以降に利用された洞穴遺跡が多いことはよく知られている。それらは対岸の千葉県側の洞穴遺跡群とともに，東京湾口を漁場として弥生時代以降に漁撈活動が行なわれたことを示している。とくに三浦半島側の諸遺跡は，横須賀考古学会を中心に多くの調査が行なわれ，良好な資料を得ている。そこで，ここでは三浦半島の洞穴群から出土した動物遺存体を具体的な数量によって示すとともに，主な狩猟・漁撈具を図示し，この地域における狩猟・漁撈活動の特徴を縄文時代と比較しつつ考えてみたいと思う。

（1） 狩猟・漁撈の対象動物について

貝類はアワビ・サザエのほか，イシダタミやスガイなどの小型巻貝が多く出土している。アワビが多く出土する以外，縄文時代中・後期の三浦半島の貝塚と比較して，大きなちがいはない。アワビは最大長が20cm以上のものが多い。長い柄をつけたアワビ鉤や，潜水漁法にたけた海士によって捕られたものと考えられる。

魚類は縄文時代中・後期の貝塚と同様にクロダイ・マダイが多い。その他，サメ類・ウツボ・カツオが多く出土している。サメ類ではネズミザメやツノザメは海の表層部を泳ぐため，釣漁法のほか，回転銛による漁法も効果を上げていたと思われる。ウツボはウナギと似た習性を持っているため，釣漁法のほか「ド」を使用した漁法も用いられていたのではないだろうか。カツオは毘沙門C洞穴から出土したような擬似針を使用した一本釣が行なわれていたと思われる。また，水温によっては表層を泳ぐため，回転銛による漁法も用いられていたであろう。ハタ・イシダイ・ベラ類・カンダイなどの岩場に棲息する根魚は種類は多いが，ベラ類とカンダイを除いて出土量は少ない。マダイは出土量が一番多い。顎骨の大きさからみて，体長40〜50cmのものが多い。釣漁法が最も効果的である。クロダイはマダイについで出土量が多い。釣漁法が効果的である。

鳥類は海岸部に棲息または飛来するアホウドリ科・ミズナギドリ科・ウミウなどの海鳥が多く出土している。その多くの種類が冬鳥として三浦半島に渡って来るものである。なお，縄文時代中・後期の貝塚と比較して，鳥の種類と骨の出土量が多いのが弥生時代の洞穴の一つの特色でもある。アホウドリ科の長い骨は刺突具などの骨器として利用されている。

哺乳類はニホンジカ・イノシシが比較的多く出土している。ニホンジカは四肢骨をはじめ各部の骨が出土している。また，落角も多い。顎骨臼歯の萌出や磨耗の状態からみて，比較的若い個体が多く捕られている。イノシシはニホンジカについで出土量が多い。ニホンジカと同様に若い個体を多く捕っており，ウリンボウと呼ばれるものも認められる。また，雌獣の骨も出土している。

（2） 狩猟・漁撈用具について

釣　針　未製品も含めて15点以上出土している。毘沙門B洞穴の鉄製・青銅製のもの以外はすべて鹿角製である。形態的には三つのタイプがある。①軸頂部に糸掛けのあるもの。②毘沙門B洞穴の鉄製釣針のように，軸頂部が細まったもの。③向ケ崎B洞穴のように目釘孔をもった組合せ式のもの。①のタイプの釣針は三浦半島の縄文時代中・後期の釣針と比較して，軸がまっすぐなものや，軸の長さに対して，ふところの幅の狭いものが多いなどのちがいがある。この形態のちがいは，釣針の製作用具や製作過程の違いによるものと考えられる。②のタイプの釣針はこれとほぼ同じものが三浦半島の古墳時代の島ケ崎横穴などから出土している。釣針の軸の細くなった部分を鹿角などに植え込み，フグの皮や鳥の羽毛を巻きつけ，カツオ釣などの擬似針として使用したものであろう。③のタイプの釣針も縄文時代にはなく，弥生時代になって初めて出現する。三浦半島の古墳時代の鴨居八幡社貝塚などから，柄と釣針がセットで出土している。使用法については，②のタイプと同様と思われる。

銛　頭　9点出土している。三浦半島の縄文時代の貝塚からは出土していない。先端を単に尖らせたものと，先端に鏃を着装するものとの2つのタイプがある。両方とも製作技術は，縄文時代に回転銛の発達した東北地方の流れをくむものと思われる。

ヤ　ス　漁撈用具のなかでは一番多く出土している。材質は鹿角・獣骨である。アワビオコシは毘沙門C洞穴などから出土している。鹿角を斜めに切り削ったものである。アワビオコシは三浦半島の縄文時代の貝塚からは出土していないが，福島県の綱取C地点貝塚などから出土している。アワビ釣は上ノ台遺跡から鉄製のものが1点出土している。石錘は大浦山・雨崎洞穴で各1点，土錘は赤坂遺跡から土管形のものが1点出土している。

鏃　骨・角・石・鉄製のものが出土しているが，縄文時代のように黒耀石を用いたものはない。骨鏃・角鏃は全体的に細長く茎を有するものと，細長い菱形の二つのタイプがある。前者は三浦半島の縄文時代の貝塚からは出土していない。石鏃は間口洞穴から胴部に穿孔のある粘板岩製の磨製石鏃が1点出土している。弓矢に使用したほか，回転銛頭の先端部に挟んで使用されたものとも考えられる。鉄鏃は上ノ台遺跡で無茎のもの，間口洞穴で有茎のものが各1点出土している。

（3） ま と め

15の洞穴遺跡のうち中期の遺物を出土したものが5，後期の遺物を出土したものが15である。狩猟・漁撈用具も後期の方が数倍多い。中期から後期にかけては，三浦半島では他の集落址なども増加しており，農耕が大きく発展した時期である。農耕の発展とともに，狩猟・漁撈も発展していったと考えたい。

この時代の狩猟対象の中心は，ニホンジカ・イノシシとウミウなどの海鳥である。とくに冬鳥が多いことからみて，秋～春にかけて狩猟の中心があったと思われる。狩猟方法は弓矢によるものが中心であったと考えられる。この時代の狩猟の特色としては，①海鳥が多い。②ニホンジカ・イノシシは比較的年齢の若いものを多く捕り，雌まで捕っている。②のような現象は，狩猟対象としての獣が減ったことや，農耕の発達により狩猟の地位が下がったことに原因があるのではなかろうか。

漁撈については漁撈用具からみて，洞穴を使用した人た

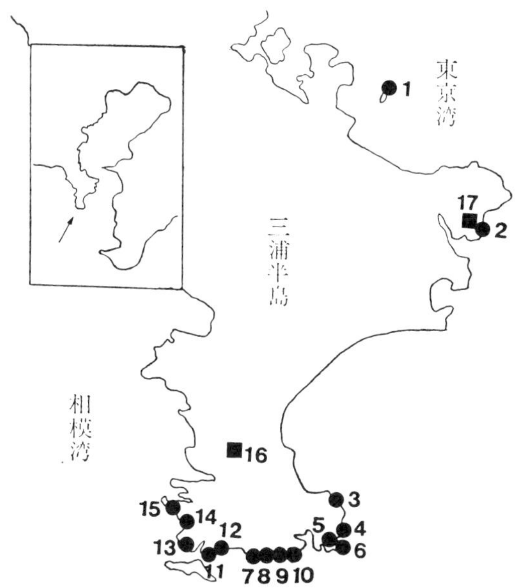

図1　三浦半島の弥生時代の狩猟・漁撈用具を出土した遺跡

1	猿島洞穴	後期
2	鳥ケ崎洞穴	後期
3	雨崎洞穴	中・後期
4	大浦山洞穴	中・後期
5	間口A洞穴	中・後期
6	間口B洞穴	後期
7	毘沙門A洞穴	後期
8	毘沙門B洞穴	後期
9	毘沙門C洞穴	後期
10	毘沙門D洞穴	後期
11	向ケ崎A洞穴	後期
12	向ケ崎B洞穴	後期
13	西ノ浜洞穴	中・後期
14	海外洞穴	中・後期
15	諸磯洞穴	後期
16	赤坂遺跡	中・後期
17	上ノ台遺跡	後期

表 1　三浦半島の洞穴出土の動物遺体 1
（主な軟体動物）

種類＼洞穴名	猿島	雨崎	大浦山	間口	毘沙門B	毘沙門C	向ケ崎B	西ノ浜	海外	吉井貝塚（縄文中期）	なたぎり貝塚（古墳時代）
アワビ		○			○	○	○		○		
ヨメガカサ				○							
ウノアシガイ								○	○		
マツバガイ		○		○		○			○		
イシダタミ		○	○	○		○		○	○	○	
クマノコガイ			○			○					
クボガイ	○	○		○	○			○	○	○	
コシダカガンガラ		○								○	
バテイラ		○								○	
サザエ	○	○			○		○	○	○		
スガイ		○	○	○				○	○	○	
イボニシ				○						○	
レイシ										○	
アカニシ	○										○
カリガネエガイ										○	
サルボウ											○
イガイ	○										
イタボガキ											○
マガキ	○										○
トマヤガイ								○			
ハマグリ	○	○		○						○	○
オキシジミ				○							
カガミガイ		○									
ウチムラサキ		○									
アサリ				○							○
マテガイ											○
アカマテガイ											○
イカ			1			1					

＊魚類，爬虫類，鳥類，哺乳類の○は調査中のため個体数不明，数字は最少個体数，多は多量出土のものを示す。
＊吉井貝塚は金子浩昌「貝塚出土の動物遺体」貝塚博物館研究資料，3，1982，なたぎり貝塚は赤星直忠「横須賀市なたぎり遺跡」『横須賀市史』別冊，1954 と金子浩昌「なたぎり遺跡出土の動物遺存体」『なたぎり遺跡発掘調査報告書』1979 による。
＊大浦山洞穴と間口洞穴は 1949 年の発掘調査の資料である。

ちの漁法は，基本的には釣針による釣漁法，回転銛やヤスによる刺突漁法と，スガイやイシダタミなどの貝の素手による直接採集，潜水漁法によるアワビの採集であったと考えられる。漁期については，一年を通してあったと思われるが，とくに出土量の多いマダイ・クロダイは春から秋にかけて，カツオは春から夏にかけてが三浦半島付近の漁期である。このようにしてみると洞穴人の漁撈の中心は，春から秋にかけてであった。

漁撈具の面では，回転銛やアワビオコシの使用，一本釣のための擬似針やアワビの採集のためのアワビ鈎，および網錘としての土管形土錘の出現などいずれも三浦半島の縄文時代にはみられな

表 2　三浦半島の洞穴出土の動物遺体 2
（魚類・爬虫類・鳥類・哺乳類）

種類＼洞穴名	猿島	雨崎	大浦山	間口	毘沙門B	毘沙門C	向ケ崎B	西ノ浜	海外	吉井貝塚	なたぎり貝塚	主な漁猟期
ネコザメ								1				全
メジロザメ類		（遺物整理中）	1		1	1			○			全
ドチザメ										○	1	全
ツノザメ類									○			全
サメ目			1			1		1		○	1	
アナゴ								1		○		春～秋
ウツボ						2		7	多			全
ボラ				1				○		2		秋～冬
カツオ			1	1				1	多		1	夏
マグロ									○	○		春～夏
カジキ						1		1	○	1		夏
スズキ				1			2	1?		1		春～夏
ハタ類							1			2		全
コショウダイ						1				1		全
イシダイ									○	2		春～秋
マダイ	4		2	1	1	1	1	1	多	19	1	春～秋
クロダイ	7							20	○	12		夏～秋
(タイ類)				1			1					
ヘダイ										1		全
カンダイ			1	2	1	1		4	○	2		全
ベラ科の一種								多				全
ブダイ								2	○			秋～冬
カサゴ科の一種								2	○	1		冬～春
コチ						1						春～秋
ヒラメ											1	全
カレイ科の一種								1				秋～春
マフグ科の一種			1					1	○			全
ハコフグ科の一種								1				夏
コモンフグ											1	全
ウミガメ		○			1	1	1	1	○	1	1	夏
オオハム				1								冬
アビ								1				冬
カイツブリ								1				夏
コアホウドリ									○		1	
アホウドリ科				1	1	1			多			
ミズナギドリ科	1			1		3		3	多			春・冬
ウミウ	17		1	2	1	1		1	○	1		冬
ヒメウ	2		1		1	1		1	○			冬
（ウ）	18										1	冬
カモ類	2			1	1			1				冬?
カモメ類	1				1			1	○			冬
キジ						1		1	○			全
ウミスズメ科						1		1			1	冬
カラス科								1				全
ノウサギ				1		4		3	○	1		全
ニホンザル										4		全
タヌキ			1		1			2		2		全
イヌ				2				1		2		
テン								1			1	全
イタチ								1		1		全
カワウソ	1				1							全
アナグマ										1		全
マイルカ				1						1		春～秋
バンドウイルカ										1		春～秋
イルカ科					1					12	2	
アシカ										1		冬～春
クジラ科				1		1			○			
ニホンジカ		多	2	1	1	1			多	3	4	全
イノシシ		多		2		1		1	多	9	7	全

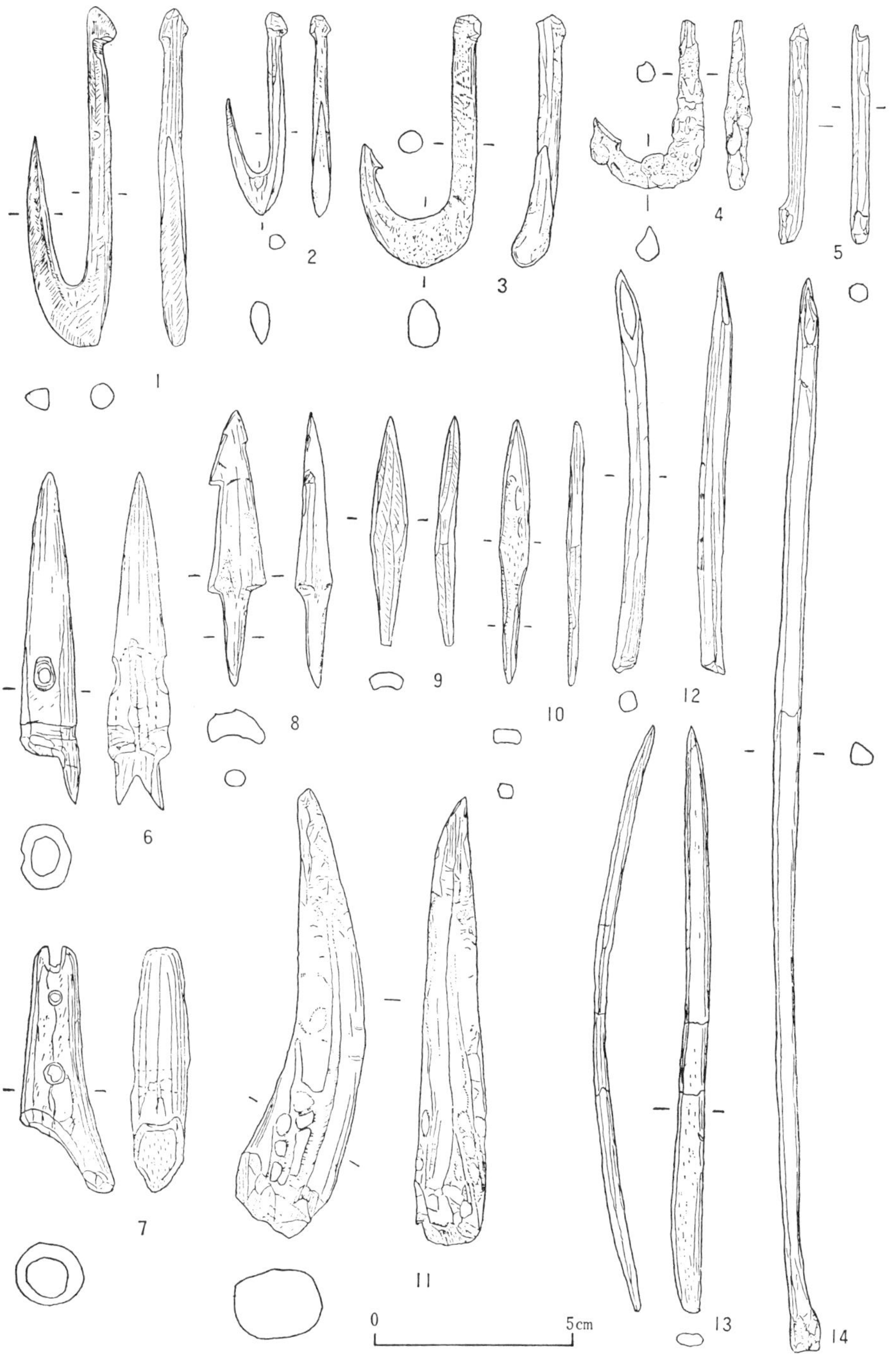

図2 主要な鉄器・骨角器
1 釣針(鹿角製) 猿島
2 釣針(鹿角製) 大浦山
3 釣針(鹿角製) 間口
4 釣針(鉄製) 毘沙門B
5 釣針(鹿角製?) 向ケ崎B
6 銛頭(鹿角製) 間口
7 銛頭(鹿角製) 毘沙門B
8 鏃?(鹿角製) 毘沙門B
9 鏃(骨製) 間口
10 鏃(鹿角製) 猿島
11 アワビオコシ(鹿角製) 毘沙門C
12 ヤス(鳥骨製) 間口
13 ヤス(骨製?) 毘沙門C
14 ヤス(鳥骨製) 間口

かったものである。また，釣針の一部やアワビ鉤に金属が用いられ，釣針やヤスなどの骨角器製作に金属器が使用され始めるのも，弥生時代からである。このようにしてみると，この時代(とくに後期)は漁撈面では技術が大きく進歩したといってよい。しかし，網漁法が少ないことから，個人的色彩の強い漁撈であったと思われる。

2 狩猟・漁撈活動の問題点

三浦半島の弥生時代の狩猟・漁撈について縄文時代との比較を意識して見てきたが，最後に，弥生時代の全体の流れの中で狩猟・漁撈活動の位置を考えてみたい。北九州の菜畑(なばたけ)遺跡，大阪の四ツ池遺跡・池上遺跡・亀井遺跡，愛知の朝日貝塚などの弥生時代の包含層から出土する動物遺体の主なものを挙げてみると，哺乳類ではシカ・イノシシ・イヌ（家畜）・タヌキ．アナグマ・カワウソ・クジラなどである。また魚類ではマダイ・クロダイ・スズキ・ボラ・マグロ・フグなどである。これらを一見してすぐに気がつくことは，縄文時代の狩猟・漁撈対象動物とまったく同じであることである。貝類・ウニ類・鳥類についても同様である。このことは，自然環境に大きな変化がなかったとすれば当然のことであって，弥生時代になったからといって，縄文時代とまったく異なった動物が捕獲対象となった訳ではない。また，遺跡ごとにその立地条件に応じて，多く出土する種とそうでない種があることも縄文時代と同様である。このように，種名のみから判断すれば，縄文時代と弥生時代の狩猟・漁撈活動は同様に行なわれていたように見えるといわざるを得ない。しかし，実際はどうなのであろうか。問題はその内容にあるといわねばならない。

さて，その内容の違いについていえば，遺体は出土していないが，タコツボの存在からみて，近畿地方瀬戸内海沿岸のイイダコ漁やタコ漁は弥生時代に盛んに行なわれたもののひとつである。また，ハマグリについては，弥生時代のものは大きな個体がまとまって出土する場合が多い。そして，菜畑遺跡や唐古鍵遺跡の例で知られるように，弥生時代中期以降，イノシシの下顎骨の儀礼的取り扱いが一般に行なわれていたと思われる。この儀礼的取り扱いは，詳細に検討した訳ではないが，縄文時代後・晩期にはまったくみられないものであることから，弥生時代になって農耕に伴って行なわれた農耕儀礼のひとつと考えられる。このように縄文時代と同じように見えても，弥生時代にはイイダコ漁のような新しい生業活動が行なわれるようになり，イノシシについてもその取り扱い方が異なるように，内容的には様々な点で異なっていたように思われる。

それでは，このような相違は弥生時代のいつ頃から見られるのであろうか。この点については，弥生文化の伝播の時期の違いから，北九州・近畿・東海・関東地方とそれぞれの地域によって異なっていたと思われる。しかし，三浦半島の弥生時代遺跡が中期以降であること，また，イノシシの下顎骨の儀礼的取り扱いも中期以降にみられることから，現在のところ弥生時代中期以降に，縄文時代とは異なった意味をもつ狩猟・漁撈活動が行なわれていたと推定される。弥生時代前期までは，おそらく縄文時代から引きついだ狩猟・漁撈活動が行なわれ，農耕とともに生業活動の重要な部分を占めていたと思われる。それが時代が進むに従って農耕生産も次第に安定するようになり，生業の中での狩猟・漁撈の位置が低下していったものと思われる。そして，中期以降では農耕経済を背景として，季節的生業としての漁撈が行なわれたり，また半農・半漁的な漁村集落も出現していったのではなかろうか。このように，本論では弥生時代の狩猟・漁撈活動は中期を境に二つの時期に分けて考えられることを指摘しておきたい。

3 おわりに

稲作農耕経済では，農耕のみによって生活が十分に成り立つと考える傾向がある。しかし，実際には農耕社会においても動物性たんぱく質は必要であり，何らかの形でそれらを確保しているものである。その方法としては一般に家畜飼育が行なわれているが，日本の弥生文化では家畜の飼育は今のところそれほど積極的に行なわれていたとは思われない。もちろん，ウマやウシが飼われていたことは明らかであるし，イノシシの家畜化も十分可能性がある。また，ニワトリも存在した可能性が強い。しかし，遺跡・遺物からみると豊かな海の資源を対象とした漁業が弥生時代の新たな必要性のもとに，ある程度の積極性をもって行なわれていたと推測される。狩猟についても，その実体は定かではないが，ある程度は行なわれていたことは明らかである。後世にみられる山村や漁村の生活体系は，おそらく弥生時代中期頃にまで遡り得るのではなかろうかと考えている。

最後に，本論作製にあたり，早稲田大学金子浩昌先生には動物遺体の鑑定を，横須賀考古学会の諸氏には，いろいろ便宜をはかっていただいた。ここに厚く御礼申し上げる。

註

1） 金子浩昌「弥生時代の貝塚と動物遺存体」『三世紀の考古学』上巻，学生社，1980

2） 主要引用参考文献

赤星直忠「海蝕洞窟 ―三浦半島に於ける弥生遺跡―」神奈川県文化財調査報告，20，1953

釼持輝久「三浦半島における弥生時代の漁撈について」物質文化，19，1972

横須賀考古学会『三浦半島の海蝕洞穴遺跡』1984

初期段階の農耕

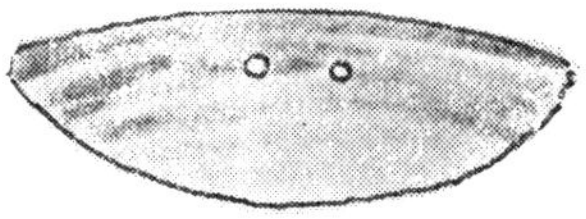

農耕社会の開始期，あるいは初期段階における日本周辺地域の状況はどのようだったろうか。弥生時代と比較しつつ考えてみる

中国／東南アジア／西アジア／イギリス

中　国

熊本大学大学院生
西谷　大
（にしたに・まさる）

長江中流域では稲作を中心としながらも漁撈・採集にかなりのウェートをおいた生業が行なわれ，独自の文化が展開する

長江流域における考古学調査は，1970年代後半から80年代にかけて急速に発展してきた。下流域（江蘇省・浙江省）では馬家濱文化の古相（羅家角遺跡）[1]，河姆渡文化（河姆渡遺跡）[2]，中流域（湖北省・湖南省）では大溪文化の古相の状況が明らかになってきた。下流域では，羅家角遺跡4層，河姆渡遺跡4層から大量の炭化米とともに，漁撈具や動物骨も多く出土しており，おそらく稲作を行ないながら，狩猟・採集にもかなりの比重をおいた生業形態が考えられる。一方，中流域では，新石器時代を通じて自然遺物の出土例が羅家角遺跡，河姆渡遺跡ほどには多くない。

そこで小稿では，土器を中心に分析し，下流域の遺跡と対比を行なって，中流域の大溪文化古相のおよその時期を推定し，生業形態の有り方を考えてみたい。

1　丁家崗遺跡[3]

丁家崗遺跡は，湖広平原の西寄り，湖南省澧県の北 10 km に位置する。遺跡は平原中の微高地（約1m位）上に形成されている。発掘は1979年に行なわれた。層はⅠ，Ⅱ，ⅢA，ⅢBの4層に分かれている。Ⅱ，Ⅲ層が新石器時代に相当しており，一～三期に分期される。一期はこの地域で今のところ最も古い新石器時代文化である[4]。一期の遺構としては，柱穴を伴った住居址様のものが1件発見されているが，全容は明らかになっていない。墓葬は3基検出されており，1基は屈葬である。石器は，石斧，石鑿などがあるが，器種は少ない。石斧は横断面が楕円形，縦断面が頂部の丸味を帯びた紡錘形である。土器は手づくねで，器壁が厚く，焼成温度の低い粗製の泥質紅陶が主で，泥質褐色黒皮陶（碗）と細泥紅陶が続く。夾砂紅陶は少量である。外紅内黒の土器は出土していない。彩陶も若干出土している。泥質紅陶中には，稲殻や植物の繊維を胎土中に混じえたものもある。白陶は少量であるが出土している。白陶の器形は盤のみで，押圧によって複雑な文様（連弧文，横向きの“日”字文など）を施している。土器の器種構成は簡単で，とくに丸底と圏足をつけるのが特徴であり，三足器，平底器，壺などはこの時期は出現していない。数量の多いものとしては，頸部が締まり，底部が丸底の釜，罐や圏足付きの碗，盤，罐などが挙げられる。大きく分けて，圏足をつけない浅鉢・盤・碗類，圏足をつけた碗・盤類，それに罐，釜の4種に分類できる（図参照）。

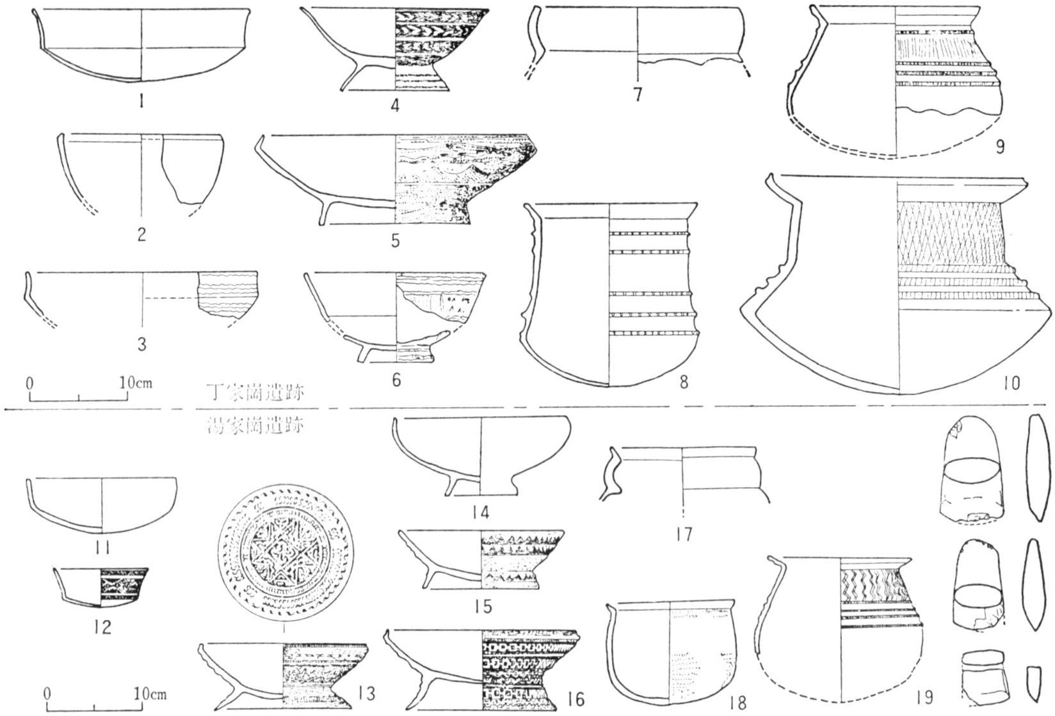

丁家崗遺跡と湯家崗遺跡出土の土器　1〜3・11・12：盆・鉢・碗，4〜6・13〜16：盆・鉢・碗に圏足をつけたもの，7・17：罐　9・10・18・19：釜，5・13〜16：白陶

2　湯家崗遺跡[5]

この時期とほぼ同時期と思われる遺物が安郷県湯家崗遺跡より発見されている。

湯家崗遺跡は，丁家崗遺跡の東約 40km，湖南省安郷県に位置する。新石器時代文化に相当する層序は3層に分かれる。このうち，Ⅲ層が早期とされており，丁家崗遺跡一期に比定されている。遺構は，早期の層からは灰坑と墓葬が検出されたが，人骨の腐食が著しいため葬制は不明である。副葬品は土器が主体で石器は副葬されていない。土器は，泥質紅陶，夹砂紅陶，粗黒陶が主体である。泥質紅陶は内器面が黒く，外器面が紅い。粗黒陶には外器面に紅色陶衣か，または少数ではあるが白色陶衣を施したものがあるという。白陶は，盤のみで，文様は丁家崗遺跡に較べ，さらに複雑である。S字文，円圏文，三角文，鋸歯文，波状文，八角形を図案化した文様などが施されている。白陶以外では指圧文，方格状の刺突文，細目の縄文などが施されている。しかし，大部分の土器は素面である。

石器は，石斧，砥石などで，器種が乏しく出土数も少ない。石斧は全面磨研ではなく，一部自然面を残したもので，横断面が椿円形，縦断面は紡錘形を呈する。土器，石器は丁家崗遺跡のものと酷似している。

丁家崗遺跡と湯家崗遺跡は，土器の胎土，白陶の文様などに差異が認められ，ある程度の時間差が考えられる。しかし，器型，器種のセットなどから，ほぼ同一の文化・時期に属するものと思われる。

なお，丁家崗遺跡，湯家崗遺跡より古い可能性のある遺跡としては，湖南省石門皀市遺跡が挙げられる[6]。土器はすべて泥質紅陶で，器種は両遺跡よりもさらに少なく，盤，罐，双耳罐，器台のみであるらしい。しかし，今のところ詳細は不明であり，報告を待ちたい。

3　丁家崗遺跡，湯家崗遺跡の時期の想定

さて，丁家崗一期，湯家崗早期の ^{14}C による年代測定は現在のところ試みられていない。しかし，この時期より新しいと思われる関廟山遺跡でおよそ B.C.4300〜3300 頃[7] という結果が出ている。これは長江下流域でいうと，馬家濱期の終わりから崧澤期にかけての年代である。

土器型式からは，今のところ確実に下流域と直

接結びつく結果は得られていない。これは，下流域と中流域の中間に位置する安徽省南部と江西省の考古学調査が十分行なわれていないところに原因がある。しかし，最近発掘された薛家崗遺跡[8]では，楊の論文[9]にも認められるように，長江下流域崧澤期との関連が強調され，Ⅱ期は崧澤中層に比定されている。しかし，Ⅱ期の圏足をつけた碗・盤類，圏足付きの罐や流水文様の杯，陶球[10]などは長江中流域の大溪文化に顕著に認められる特徴である。とくに杯[11]は，桂花樹遺跡下層[12]，大溪遺跡[13]でほぼ同様のものが出土している。よって，大溪遺跡＝薛家崗遺跡下層＝崧澤遺跡中層というおおよその平行関係が想定できる。桂花樹遺跡，大溪遺跡は，大溪文化でも屈家嶺文化に近い後期のものと考えられている。そうすると，丁家崗遺跡，湯家崗遺跡は崧澤期よりもさか上ることは確実と思われる。さらに，この時期を特徴づける白陶は，三元宮遺跡[14]，劃城崗遺跡早一期[15]，王家崗遺跡下層[16]など大溪文化の初期の遺跡にも存在する。一方，羅家角遺跡でもⅡ，Ⅲ，Ⅳ層で少量の白陶が出土している。ただし，報告書の中では豆とされているが，底部は出土しておらず，中流域でみられるような盤に圏足をつけた器型である可能性も考えられる。また，下流域において，白陶は羅家角遺跡のみしか出土しておらず，羅家角遺跡とほぼ同時期と思われる河姆渡遺跡にも皆無であり，その次の崧澤期の遺跡にも出土例を見ない。墓葬では，この時期，中流域の大溪文化早期では屈葬，甕棺葬が行なわれている。一方，下流域でも，河姆渡遺跡ではほとんどが側身屈肢葬であるが，以後この葬制は消滅し，仰臥伸展葬が盛行する。

長江中流域では，この後，新石器時代を通じて，土器構成では，碗・盆・鉢，これらに圏足をつけたもの，罐，釜という器種が中心となる。王家崗遺跡下層，三元宮遺跡中層，関廟山遺跡5層[17]などを代表とするいわゆる大溪文化の時期に鼎，壺，豆など新しい器種がセットとして出現するが，鼎，豆などは，長江下流域で認められるように中心的なセットとはなりえず，屈家嶺文化では，鼎は，他地域に較べて小型化し，出土数も他器種に較べて少なくなる。また，石器にしても，有孔石斧はおそらく長江下流域から伝えられたものと思われるが，従来の横断面が楕円形，縦断面が紡錘形の石斧が中心であり，小型鑿，有肩石斧などこの地方独特のものが存続する。墓葬は，丁家崗遺跡，湯家崗遺跡の時期にすでに出現した小児甕棺葬と屈葬が新石器時代を通じて行なわれる。このように，長江中，下流域では，もちろん両地域の交流が存在したのは事実であろうが，それぞれ新石器時代の古相においては，河姆渡遺跡・羅家角遺跡，丁家崗遺跡・湯家崗遺跡などを主体とする地域文化が根強く残存していたと思われる。

4　生業形態の復元

それでは，これら土器文化を包括した中流域の生業形態が一体どのようなものであったかについて考えてみたい。

丁家崗遺跡・湯家崗遺跡は，人骨の残りが非常に悪いことからもわかるように，自然遺物に関係する資料が大変少なく，少量の動物骨（羊，豚）が確認されているにすぎない。羅家角遺跡，河姆渡遺跡で判明したような様相は不明である。しかし，土器の胎土中に稲殻が混入していることから，丁家崗遺跡や湯家崗遺跡の段階から稲作が行なわれていたことは確実と思われる。時期はやや下るが，この時期の器種の基本セットと基本的にあまり変化の見られない屈家嶺遺跡[18]などから炭化米が出土していることもその傍証となろう。

長江下流域の羅家角遺跡，河姆渡遺跡では，稲作を中心とするが漁撈・採集にもかなりのウェートをおいた生業形態が想定される。これに較べて，中流域では，土器の基本的なセット――碗，盤，浅鉢，罐，釜――は変わらないが，下流域よりはるかに器形のバリエーションは少ない。このことが，採集経済に依存する比率の高さを表わすものか，それとも単に調理などの食生活の違いを表わすものなのかはわからない。だが，両地域の文化の様相を通観してみると，これらが初源形態であるとは双方とも思えない。古い段階で，祖型となる共通の母集団より派生したものか，それとも別々の経路をたどったものか，問題の残るところである。

註

1）羅家角考古隊「桐郷羅家角遺跡発掘報告」浙江省文物考古学所刊，1981

2）浙江省文物管理委員会・浙江省博物館「河姆渡遺跡第一期発掘報告」考古学報，1978—1

河姆渡遺跡考古隊「河姆渡遺跡第二期発掘的収獲」文物，1980—5

3）湖南省博物館「澧県東田丁家崗新石器時代遺跡」湖南考古輯刊第一集，1982
4）何介鈞「長江中游原始文化初論」湖南考古輯刊第一集，1982
5）湖南省博物館「湖南安郷県湯家崗新石器時代遺跡」考古，1982—4
6）註 4）に同じ
7）註 4）に同じ
8）安徽省文物工作隊「潜山薛家崗新石器時代遺址」考古学報，1982—3
9）楊徳標「談薛家崗文化」中国考古学会第三次年会論文集，1981
10）直径2～6cm位の球形をした土製品。中空で表面に円形の穴をうがち，穴と穴との間に文様を施す。用途は不明である。
11）大渓遺跡，桂花樹遺跡の報告では瓶または筒形瓶
12）湖北省荊州地区博物館「湖北松滋県桂花樹新石器時代遺跡」考古，1976—3
13）四川省博物館「巫山大渓遺跡第三次発掘」考古学報，1981—4
14）湖南省博物館「澧県夢渓三元宮遺跡」考古学報，1979—4
15）湖南省博物館「安郷県劃城崗新石器時代遺跡」考古学報，1983—4
16）湖北省荊州地区博物館「湖北王家崗新石器時代遺跡」考古学報，1984—2
17）中国社会科学院考古研究所湖北工作隊「湖北枝江県関廟山新石器時代遺跡発掘簡報」考古，1981—4
同「湖北枝江関廟山遺跡第二次発掘」考古，1983—1
18）中国科学院考古研究所『京山屈家嶺』1965

東南アジア

鹿児島大学助教授
新田栄治
（にった・えいじ）

東南アジアにおける農耕の起源は未だ明確ではないが，後期新石器時代になって丘陵地帯で稲作が始まったと考えられる

東南アジアの初期農耕の実態と変遷とを考古学的に跡づけることは現状ではきわめて難しい。したがって，東南アジア初期農耕に対する仮説・モデルを中心とし，ついで考古資料に基づく稲作の問題について述べることにする。

東南アジアの農耕について初めてシステマティックな図式を描いたのはサウアーである。彼は狩猟・採集経済から農耕への転換には次の6つの条件が必要であるとした[1]。それらは①経済的に豊かな社会であること，②狩猟よりも採集に重点をおいた社会であること，③定住社会であること，④草地ではなく森林地域に居住していること，⑤大きな河谷に居住していないこと，⑥多種類の植物・動物がいること，である。これらの条件を満たすものとして，彼は温暖な気候下で淡水（川や湖）のほとりに住む漁撈民を想定した。そして，東南アジアの漁撈民がこれらの条件にもっともよく合致すると考え，彼らを最初の農耕民とし，根菜農耕と家畜飼養とを行なったとした。そして東南アジアが旧世界最初の農耕の発祥地であり，ここから他地域へ伝播したとした。また東南アジアでは，根菜栽培から雑穀栽培を経て稲作へという農耕の発展段階があったことを述べた。東南アジアが最古の農耕発生地とする点には疑問があろうが，東南アジア農耕の発展段階説はそれ以降，ひろく受け入れられ，多くの研究者に影響を及ぼした。現在では，根菜類・果樹の栽培（園耕段階）がまず最初に始まり，雑穀栽培（ミレット・モロコシ類・ジュズダマなど），ついで稲作段階へという3段階説，あるいは園耕段階から稲作段階へという2段階説が多くの農学者や先史学者によって提唱されている（稲作については陸稲と水稲の2段階がさらに設定される）。

東南アジアの新石器時代はホアビニアン（Hoabinhian）・バクソニアン(Bacsonian)段階の前期新石器と完全磨製石器と土器とが普遍化する後期新石器とに大きく分けられるが，農耕の出現がとくに問題とされるのは前期新石器段階についてである。ホアビニアン・バクソニアンはC-14によれば前1万年ころから前4千年ころまで続いた文化で，礫器を主とし，後期には刃部磨製石斧と土器を伴い，一部には海岸地域もあるが主として内陸部の小河川に近い洞穴を居住地としていたものである。この時期の遺跡からは淡水産貝類が多く，その他種々の現生種の動物骨が発見される。そのため，ホアビニアン・バクソニアンでは食用植物と貝類の採取・狩猟に生業を置く経済であったとするのが一般的な説である。このような見解に反し

て，ゴーマンはタイ北西部・スピリット洞穴から出土した植物遺存体に基づき，ホアビニアンにおけるきわめて古い農耕の存在を主張し，従来の常識をくつがえす見解を発表した[2)]。スピリット洞穴には5つの文化層があり，最下層の第4層から第2層まで各種の種子が出土している（同定は属段階にとどまる）。第4層からは，*Prunus*（ウメ・モモ・アーモンドなどの類）・*Terminalia*（モモタマナ属）・*Areca*（ビンロー属）・マメ科の一種・*Lagenaria*（ヒョウタン属）・*Trapa*（ヒシ属）が，第4層と第3層の漸移層からは *Piper*（コショウの属）・*Madhuca*（アカテツ科の油脂作物）・*Canarium*（カンラン属）・*Aleurites*（アブラギリ属）・*Areca*，第3層からは *Canarium*・*Lagenaria*・*Cucumis*（キュウリやシロウリの類），第2層からは *Piper*・*Areca*・*Canarium* が出土した。これらのうち，とくにマメ類を栽培種と同定し，第4層の C-14年代・9180±360 B.P. によって前 10000 年ころに始まるきわめて古い農耕（園耕）の存在を主張したのである。さらに，第1層出土のスレート製ナイフを稲の穂摘具と解釈して，第2層表面の C-14年代・8550±200 B.P.，8750±200 B.P. から前6000年ごろから稲作が始まったことも主張した[3)]。ゴーマンやソールハイムらにより，1970年代前半には一世を風靡した説である。

ゴーマンの見解に対しては強い疑問・異論がある。農学からはスピリット洞穴の植物同定に誤りがあり，かつまた地中海性気候のようなクール・シーズンの植物と熱帯性植物とが共存しているという奇妙な現象もあり，資料的信頼性に欠けるというハーランとドゥ=ウェットによる批判に代表される[4)]。加えて，スピリット洞穴の植物同定は1粒・2粒といったごく少量の資料によっているといった危険性もある。さらにスピリット洞穴の植物同定者であるイェン自身がそれらが栽培種であるとは決定できないと述べるにいたった[5)]。考古学的にみてもスピリット洞穴のような植物遺存体あるいは栽培植物と思われるものを出土した遺跡は他にはない。このようにホアビニアン・バクソニアン段階の農耕の存在については現在のところ農学的な仮説としては存しえても，それを証明するに足る確実な証拠はない。ゴーマン自身，その後に発表した論文のなかではホアビニアンの農耕についてはきわめて慎重になっている[6)]。現在の共通した見解はホアビニアン・バクソニアンは

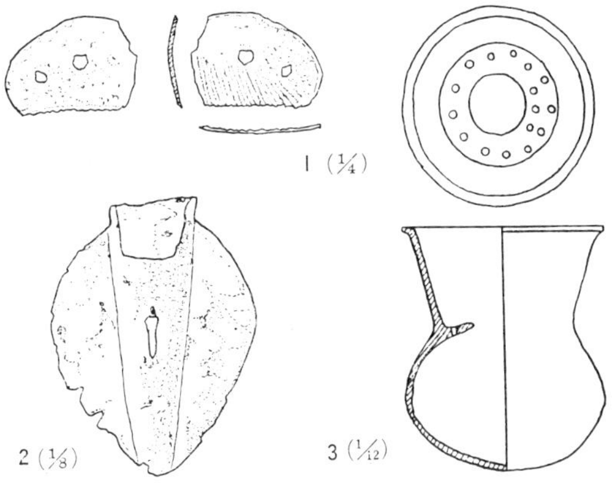

ベトナム出土の青銅製農具と甑

1：タイトフク（ハソンビン省）出土の穂摘具　2：ハノイ周辺出土の鍬　3：ランヴァク（ゲティン省）出土の甑

広範囲の食料資源を利用し（ゴーマンの言葉を借りれば，Broad spectrum expoloitation），そのような環境に適応した採集・狩猟にもとづく文化であり，農耕への道程にあったとする理解である[7)]。

それでは，農耕の開始はいつであろうか。現在の資料によるかぎりでは，東南アジアでの農耕の起源は明らかではないが，前4000年ころに土器が作られるようになり，ホアビニアン・バクソニアン時代の洞穴居住から居住域が広がり，低地に拡大していったという生活様式の変化が生じた原因を考慮するならば，そこに何らかの農耕の開始を想定してよいのではないだろうか。後期新石器時代になると，薄手の大型の石斧や有肩石斧が出現するが，これらを一種の農具と理解すれば，上記の生活上の変化ともあわせて後期新石器時代には農耕が行なわれたといってよいだろう。

東南アジア農耕では稲作が重要である。これに関しては炭化米・籾痕や稲作に伴う道具類の出土があり，多少とも具体的な検討が可能である。タイ東北部ではノンノクタ（Non Nok Tha）遺跡の最下層であるレベルⅠとレベルⅣ-Ⅶの土器[8)]に，バンチェン（Ban Chiang）遺跡では全層位からの土器に籾痕とテンパーとしての籾が付着していた[9)]。報告者によれば，前 4000～3500 年に稲作が始まったという。またタイ西北のヴァンヤン溪谷（The Vanyan Valley）の洞穴からは米粒が出土した[10)]ほか，バンコク東方のコックパノムディ（Khok Phanom Di）遺跡の土器にもテンパーとして粉殻が付着していた[11)]。ベトナム北部では紅河（ソンホン Sông Hồng）・デルタ上部のヴィンフー

省・ドンダウ (Đồng Đậu) 遺跡下層のフングェン (Phùng Nguyen) 文化層より多量の炭化米[12]が，マ河 (Sông Ma) 流域のタインホア省・ドンティエン (Đông Tiền) 遺跡から7粒の炭化米[13]が，またハイフォン市・チャンケン (Tràng Kênh) 遺跡ではオリザ・サティヴァの花粉が検出されている[14]。後1千年紀とされるヴァンヤン渓谷の例は問題外として，問題なのはノンノクタとバンチェンの例である。これらの遺跡の実年代は C-14 とサーモルミネッセンス法とによっているが，その年代については疑問が多いことがつとに発表されており，出土した稲資料の実年代を決めるのがまず難問である。また稲が栽培稲なのか野生稲なのかについても植物学者により意見が異なる。例えば，木原は栽培稲としているが[15]，イェンはバンチェンの稲は変異が大きく，野生稲から栽培稲への移行段階の特徴を示すといい[16]，ヴィシュヌは野生稲と判定している[17]。後期新石器時代に属するコックパノムディの例も栽培稲か否かについては詳細が未発表である。このように，タイの稲資料については，栽培稲なのか野生稲なのか，農学者でない筆者は当惑をおぼえる。しかし，稲作適地とはいえない東北タイの丘陵地帯の遺跡に稲があることは，それが野生稲であれ栽培稲であれ，渡部忠世のいうとおり，初期の稲が畑作物として栽培されていったこと[18]を示すものであろう。これに対して，オードリクールや最近ではゴーマンらはタロ栽培の沼地にタロといっしょに栽培されたのが始まりとしているが[19]，渡部や中尾佐助によればその可能性は薄いという[20]。初期の稲作は畑作であったとみるのが妥当であろう。タイ東北での水稲栽培の開始はハイアムらによれば前1600年以降と考えられている[21]。

確実な資料はベトナムの例である。ドンダウ遺跡の炭化米はサンプル100粒の大きさの平均値が長さ 4.76±0.16 mm，幅 2.75±0.10 mm であり，写真を見てもジャポニカ型およびジャワニカ型の栽培稲であることが明らかである。ドンティエン遺跡の炭化米も長さ 7.15±0.56 mm，幅 3.75±0.09 mm でジャポニカ型である。ドンダウ遺跡下層の，ベトナム新石器文化末期ないしは青銅器文化初期であるフングェン文化層の C-14 年代は 1380±100 B.C.，またチャンケン遺跡では 1455±100 B.C. であるが，出土遺物の年代観からみれば，これよりもやや下ると考えられ，前2千年紀後半ごろとおける。ドンティエン遺跡の年代もこれと同時期である。いずれにせよ前2千年紀なかばには紅河デルタ地域で稲作が行なわれていたことが実証される。地形的にみても，これが水稲栽培であったことは確実であろう。前1千年紀になると，ベトナム青銅器文化第3期のゴームン (Gò Mun) 文化期に青銅鎌があるほか，雲南出土のものに類似する青銅製の鋤・鍬先や雲南や蘇州市で出土しているのと同じような青銅製穂摘具が多く現われるし，土器では米を蒸すのに使ったと思われる甑もある。稲作農耕の普及とそれに基盤を置いた金属器文化の発展・食事の様式がみられるのである。この時期の農具資料としては，カンボジア・ムルプレイ (Mlu Prei) から青銅鎌の石製鋳型が，ベトナム南部・コンツム (Kon Tum) から青銅鎌がある。前1千年紀には東南アジア大陸部ではジャポニカ型の米による稲作農耕の展開がみられたと考えられよう。

東南アジア初期農耕の展開の概略を述べるとつぎのようになろう。農耕の起源は現在のところ明確ではなく，ホアビニアン・バクソニアンには主として採集・狩猟を基盤としながら，広範囲の食料資源を利用していた。前 4000 年ころには初期的農耕が行なわれるようになり，前 4000 年から前 1500 年ころのいつごろからか，後期新石器時代において丘陵地帯で稲作が始まった。前 1500 年ころには沖積地において水稲栽培が行なわれるようになり，前1千年紀になると水稲農耕が広く行なわれるようになった。

註

1) Sauer, C. O.: Agricultural origins and dispersals. American Geographical Society, New York. 1952
2) Gorman, C.: Hoabinhian : A pebble-tool complex with early plant associations in Southeast Asia. Science, 163, 671-3, 1969
3) Gorman, C.: The Hoabinhian and after : subsistence patterns in Southeast Asia during the late Pleistocene and early Recent periods. World Archaeology, 2, 300-320, 1971
4) Harlan, J. R. & J. M. J. de Wet : On the quality of evidence for origin and dispersal of cultivated plants. Current Anthropology, 14-1・2, 51-55, 1973
5) Yen, D. E.: Hoabinhian horticulture? The evidence and the questions from Northwest Thailand. Sunda and Sahul, J. Allen and others

eds., 567-99, Academic Press, London. 1977

6) Gorman, C.: A priori models and Thai prehistory : a reconsideration of the beginnings of agriculture in Southeastern Asia. Origins of agriculture, C. E. Reed ed., 321-56, Mouton, The Hague. 1977

7) Gorman, C. 1977
Bayard, D.: The roots of Indochinese civilisation : Recent Developments in the prehistory of Southeast Asia. Pacific Affairs, 53-1, 89-114, 1980

8) Bayard, C.: Non Nok Tha : The 1968 excavation procedure, stratigraphy, and a summary of the evidence. University of Otago : Studies in prehistoric anthropology : Vol. 4. 1972

9) Yen, D. E.: Ban Chiang pottery and rice Expedition, 24-4, 51-64, 1982

10) Bayard, C. 1980

11) 新田栄治「コックパノムディ遺跡について」NOA, 4, 1-3, 1985

12) Nguyễn Xuân Hiên : Những dấu vết thóc gạo cháy ở Việt Nam. (ベトナム出土の炭化米) Khảo cổ học, 1980-3, 28-34

13) Nguyễn Việt : Về lúa nếp và chõ thời Hùng Vương. (雄王時代のモチ米と甑について) Khảo cổ học, 1981-3, 28-43

14) Hà Văn Tấn : Nouvelles recherches préhistoriques et protohistoriques au Vietnam. BEFEO., 48, 113-154, 1980

15) Solheim, W. G., II : An earlier agricultural revolution. Scientific American, 226-4, 34-41, 1972

16) Yen, D. E. 1982

17) Vishnu-Mittre & S. Guzder : The early domestication of plants in South and Southeast Aisa—a critical review. Palaeobotanist, 22, 83-8, 1975

18) 渡部忠世『アジア稲作の系譜』104-6, 法政大学出版局, 1983

19) Haudricourt, A.: Domestication des animaux, culture des plantes et traitement d'autrui. L'Homme, 2, 40-50, 1962
Gorman, C. 1977

20) 佐々木高明編：『日本農耕文化の源流』日本放送出版協会, 1983, pp. 49-50 での中尾・渡部の発言

21) Higham, C. & Amphan Kijngam : Ban Chiang and Northeast Thailand ; the palaeo-environment and economy. Journal of Archaeological Science, 6, 211-33, 1979

西アジア

筑波大学文部技官
常木 晃
(つねき・あきら)

定住化の促進と開発可能なステップ帯がヒンターランドとして存在していたことが西アジアの初期農耕社会を生み出した

1 西アジアの農耕の研究

狩猟採集社会から農耕社会への転換は世界各地のさまざまな時期に見られた現象であるが，西アジアはこの転換が最初に起こった地域の一つであることが明らかである。したがって，日本の弥生文化や西ヨーロッパの新石器文化の研究が，基本的には外部の農耕を基盤とした文化が各々の土地にどのように受容されたかを追究しているのに対し，西アジアの初期農耕文化の研究は，狩猟採集社会から農耕社会へと転換するプロセスそのものを追究することに主眼が注がれてきた。

西アジア型農耕社会の経済的基盤は，コムギ・オオムギを主とした穀類とエンドウマメ，レンズマメなどの豆類の栽培およびヒツジ，ヤギ，ウシの飼育にあり，これに若干の野生動植物の狩猟採集が加わる。そこで家畜栽培化された動植物の多くは，社会の基幹食料として広く現代に引き継がれている。生産性，貯蔵性，嗜好性において第一級の食料であり，西アジア世界が早くから文明社会を形成する背景の一つとなったことは疑うことができない。

西アジアでの初期農耕発生のプロセスに関しては，パンペリー，チャイルドのオアシスセオリー以来数多くの提言がなされてきた。しかしながら，環境変化や人口圧などの単一の要因で説明することは困難で，現在では複数のさまざまな要因が相互に影響しつつ農耕社会の成立に至ったと考えられている。その背景を探る有力な手がかりとして，環境，人口，生業，遺跡立地，社会組織，

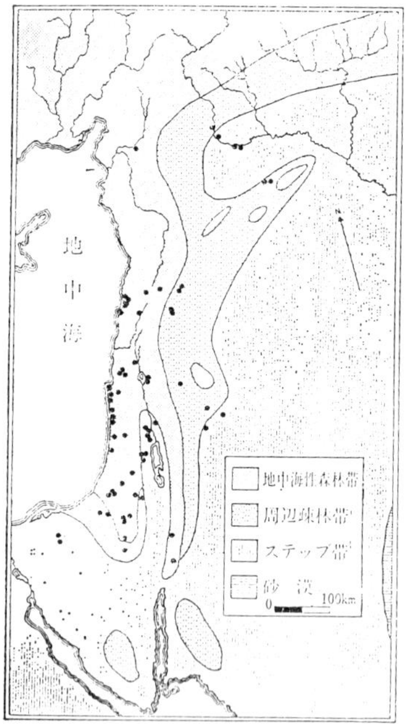

図 1　ナトゥーフ期の遺跡分布

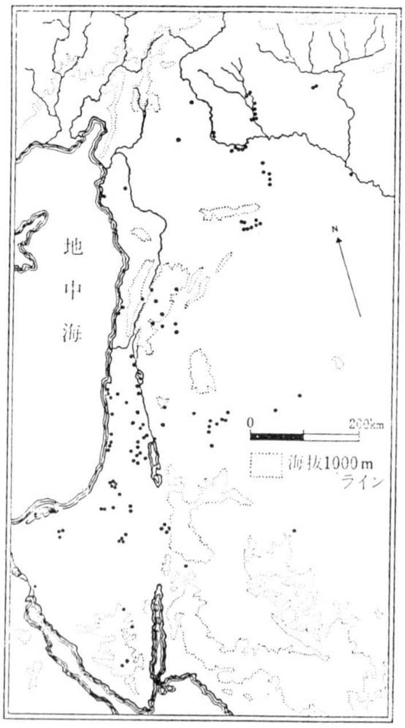

図 2　PPNA, PPNB 期の遺跡分布

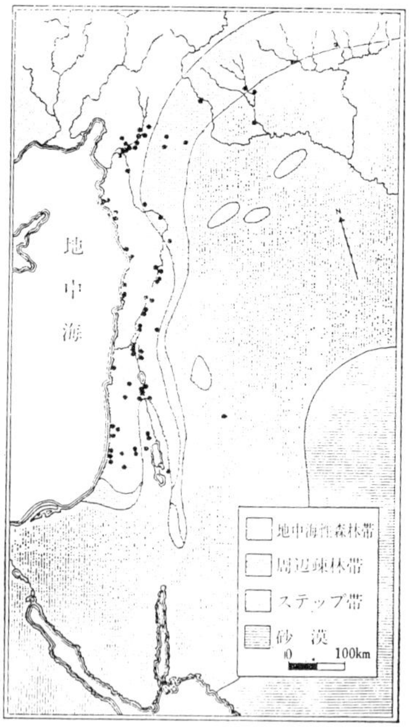

図 3　アムークA, B併行期の遺跡分布

レヴァントにおける先史遺跡分布の推移（Moore 1983, Fig. 4〜7 を一部改変）

交易を追究する研究者が多い。

一口に西アジアといっても，地中海東岸のレヴァントと北メソポタミア平原，アナトリア高原，ザグロス山脈では各々環境も異なり，経済的基盤となった動植物にも，さらに初期農耕発生のプロセスにも相違が見られる。ここでは，とくに資料が豊富で最も早くから農耕社会への転換が模索されたと思われるレヴァントを中心に，現在の知見に基づいて農耕社会発生のプロセスを簡単に振り返って見ることにしよう。

2　レヴァントにおける初期の農耕

花粉分析や氷河の雪線の研究に基づいて復元される洪積世最終氷期のレヴァントの気候は，全般に現在よりも冷涼で乾燥していたことを示している。各地で採取された花粉の中には，乾燥の指標であるヨモギ，アカザが多く，木本の花粉は少ない。野生種のコムギ，オオムギは，カシ，ピスタチオなどが生育する地中海性森林帯とその周辺の疎林帯に見られ，洪積世終末直前までの西アジアには，経済的に十分見合う利用がなされるほどの自生密度に達していなかったと推定される。

洪積世終末に向かうにつれ，地中海性森林帯はまず南部のパレスティナで密度を増し，次第に北と東へ広がっていった。パレスティナの洪積世終末の狩猟採集民が，その居住環境に拡大していった地中海性森林帯と周辺疎林帯より得られるカシ，ピスタチオ，アーモンドなどの堅果類およびコムギ，オオムギを組織的に利用し始めたことは想像に難くない。そもそも人類は，それ以前にも世界各地で幾度となく居住環境に存在した穀類を含む植物種子を利用していたと思われる[1]。レヴァントにおいても，洪積世終末以前のレヴァンタイン・オーリニャックC期からケバラ期にかけて，南レヴァントを中心に断片的ながら種子処理具と考えられる石臼類が出土しており，生業の一部に穀類が取り入れられていた可能性はある。しかしながら次のジオメトリック・ケバラ期には石臼類が減少し，種子利用の衰退が想定されているように，種子の利用は一時的，部分的な段階にとどまっていた[2]。

レヴァントで種子処理具が質量ともに格段に豊富となり，かつ収穫具である鎌刃が恒常的に出土するのは，洪積世終末のナトゥーフ期になってからである。そしてこの時期は，地中海性森林帯の密度が増す時期とほぼ一致している。このナトゥーフ期の遺跡の多くは，地中海東岸に沿って広がる森林帯と周辺疎林帯に営まれ，さらに周縁のステップ帯にも進出している（図 1）。その大きな特徴は，円形の小屋掛けないし竪穴住居で構成される定住的な村落を形成する点にある。遺跡規模もそれ以前と比べて大型化している。その背景には，堅果類およびコムギ，オオムギの組織的採集，さらにガゼルを中心とする選択的狩猟があったことは明らかである。ここで重要なことは，定住化の促進によってそれまでの小バンドを基本とする季節的遊動生活が変質し村落共同体を成立させる方向へと社会組織の再編が始まったことであり，かつ人口増加が促進されたことである。また，コムギ，オオムギの持つ高い生産性と貯蔵性は定住性の高いより大規模な村落形成を可能とする潜在力を秘めていたことにも注意したい。

地中海性森林帯と周辺疎林帯での社会組織の再編と人口増加は，人々に新たな土地への展開を促した。そもそもコムギ，オオムギを大量に利用するには森林環境はむしろ適さず，オープンランドへ進出する方が有利である。そのため周辺疎林帯の開発の進行とともに，一部の人々はナトゥーフ後期にコムギ，オオムギの自生地外であったステップ帯まで進出して行ったものと思われる。そして，まさにこのような周縁ステップ帯でこそ，コムギ，オオムギの栽培と大規模利用が開始されたと推定される。パレスティナの地中海性森林帯に立地する遺跡で出土する種子処理具が石臼，石杵といった堅果類の処理に適する形態が主流であるのに対し，例えばテル・アブ・フレイラのような周縁ステップに営まれた遺跡から出土する種子処理具が，穀類の粉化を目的とした磨臼，磨石を主体としていることは示唆的である[3]。ステップ帯ではピスタチオなどの堅果類に大きく依存することは不可能であり，コムギ，オオムギなどの穀類の利用を中心とした生活が模索されたのである。

コムギ，オオムギの自生する森林帯，疎林帯の周縁に，開発が可能な広大なステップ帯が広がっていたことは，西アジアの初期農耕の始まりを考察する上で非常に重要な点であると筆者は考えている。それはほぼ同じ時代の北東アフリカ・ナイル川流域での穀物利用の変遷と際立った対称を見せている。そこでは穀類の組織的利用は西アジアよりむしろ早くから模索されていた。紀元前13,000年前後の各遺跡で磨臼，磨石のセットに加え鎌刃が出土しており，同様の組合せの遺物を出土する遺跡が数は少ないが前10,000年前後まで続く。そのような遺跡の一つエスナでは，花粉分析の結果オオムギが相当量検出された。同時代のナイル川流域ではオオムギ，コムギが自生し，人々は食料資源として利用していたのである。ところがナイル川流域には背後に開発可能なステップ帯が存在せず，人々はオオムギ，コムギを自生地外へ持ち出し栽培化を進展させることができなかった。そのためその後の乾燥化などの気候悪化を乗り切れずに，ナイル川流域では穀類の利用が見捨てられてしまったと推定される。話をレヴァントに戻そう。

周縁ステップ帯への進出傾向は，続くPPNA，PPNB期を通じて看取される（図2）。この時期の植物遺物には形態的に栽培種の穀類と豆類が含まれているが，野生動植物の狩猟採集は依然生業の重要な要素である。とくに周縁ステップ帯の進出には，単純なエコシステムからくる危険性を克服するために，各々の土地の環境に応じた野生資源の開発が伴っている。テル・ムレイベトの野生ロバ[4]の集中的狩猟はその好例であろう。集落は拡大化を辿り，PPNA期のイェリコ，テル・アスワド，PPNB期のテル・アブ・フレイラ，アイン・ガザルといった，ピゼやレンガで建設された堅固でより定住的な住居で構成される大集落が生み出されている。

ヒツジ，ヤギの家畜化は，現在のところザグロスでより古い証拠が得られている。レヴァントでヒツジ，ヤギの飼育が開始されるのはPPNA期以降であり，PPNB期末期には，ブクラスのように動物飼育を主な生業として成立する集落も登場してくる。

紀元前7千年紀後半から，レヴァントは再び乾燥化に見舞われている。その影響はとくに周縁ステップで強く，遺跡の減少が見られる（図3）。人人はそれ以降，野生資源への依存を弱め，農耕と牧畜をより強化する方向へ向かうことになる。

註

1) Kraybill, N : Pre-Agricultural Tools for the Preparation of Foods in the Old World. in "Origins of Agriculture" edited by Reed, C. A. Mouton Publishers. 1977

2) 藤本　強「石皿・磨石・石臼・石杵・磨臼(II)—レヴァント南部地域」東京大学文学部考古学研究室研究紀要，3，1984

3) Moore, A. M. T. : The First Farmers in the Levant. in "The Hilly Flanks" edited by Young, T. C. Jr. et al. Studies in Ancient Oriental Civilization No. 36. Chicago Univ. 1983.

4) オナガーと主張する研究者もいる。

イ ギ リ ス

熊本大学助教授
甲元眞之
（こうもと・まさゆき）

ブリテンの新石器時代にはコムギ，オオムギの栽培を行ない
肉・ミルク用のウシ，肉用のブタなどの飼育を行なっていた

1 新石器時代の農耕

ブリテン島で明確なかたちの農耕文化が最も早く登場するのは，イングランド南部の Chalkland 地方の Windmill Hill 文化[1] であり，C^{14} による年代では B.C.3700 年頃に属する。この文化には暗褐色で焼成が良好な Hembury 型土器が伴い，石器としてはフリント製の石斧，柳葉型石鏃，スクレーパー，ナイフなどがみられる。この期の遺構としては Causewayed enclosure, long barrow, Cursus などがあり，石列で囲われた長方形の居住地もみいだされている[2]。

この期の栽培穀物については，Helbaek の調査があり，土器に付着した圧痕の鑑定によって，エンマーコムギ，ヒトツムコムギ，パンコムギ，クラブコムギ，ハダカオオムギ，アマなどが検出されており，量的な面ではコムギが 85.6%，オオムギ 8.1% とコムギが圧倒的に多く，コムギの中でもエンマーコムギが多くを占めている[3]。この Helbaek の分析については，土器圧痕から得られたものであるからさまざまな議論があり，Dennell は Windmill Hill の土器が他所からの搬入であることを明らかにした後，Cotswold 丘陵地方の粘土質の土壌にはコムギが適し，Chalkland の軽い土壌にはむしろオオムギが適するとして，物資の交流を考えるものである[4]。

この期の動物相の分析はイングランド南部の遺跡で行なわれており，アカジカ，ノロジカ，オーロックなどの野生動物もみられるが，家畜の比重がかなり高いといわれている。家畜の中でもウシの占める割合が高く，Windmill Hill の enclosure に先行する段階では，ウシ，ヤギ／ヒツジ，ブタの比率は 66：12：16 であるが，enclosure の段階では 60：25：15 とウシは半数以上を占めるものの，ヤギ／ヒツジの占める割合が多くなっており，森林開拓の結果，草原の拡大と結びつくものと考えられている[5]。

採集食物として，ドングリ，クロイチゴ，メギ，スロー，野生リンゴ，サンガシ，ハシバミなどが検出されており，なかでもハシバミの量は多いが，食生活全体での割合は不明である[6]。

後期新石器時代は Peterborough 型土器と grooved ware を伴う段階であり，石器組成は前代とほとんど変化はない。遺構としては passage grave や gallery grave, round barrow などいわゆる巨石墳が展開する時代で，住居址としては簡単な炉だけをもつものや，小さな石列をめぐらすもののほかに，高い石積の壁でとり囲まれた内側に複雑に入り組んだ居住空間をもつなどのものまで多様な変化がみられるが，ピットと炉だけのそまつな家屋も多く Chalkland に認められる[7]。

grooved ware には穀物が土器圧痕として認められないことから，その栽培の実体は不明な点が多かったが，water flotation による分析の結果，前代と同様にエンマーコムギ，パンコムギ，オオムギ，マメ類などがハシバミや野生リンゴとともにみつかっている[8]。この期で特徴的なのは動物相上での変化である。まず野生動物数の増加があげられる。新石器時代後期の骨数の割合では 6 遺跡の集計で 8.5% の平均を占めるにすぎないが，最小個体数の比率では 6.3% から 40% に達する例もあり，平均すると 17.7% で前代の遺跡のそれとは大いに変わっている。これに対しては この期の資料の多くは henge 関係のものであり，頭骨などの特殊なものが宗教的行事に供されることで全体的に個体数の増加をもたらすという Harcourt の考えが参考となろう[9]。

第 2 の点はイングランド南部においては，この時期とびぬけてブタの量が増加することである。Durrington Wall ではブタ 68%，ウシ 29%，ヒツジ／ヤギ 2%，Mount Pleasant では，ブタ 55%，ウシ 26%，ヒツジ／ヤギ 16%，North Carnaby でブタ 60%，ウシ 20%，ヒツジ／ヤギ 20% などである[10]。イングランド南部以外ではウシが多く，また青銅器時代でもウシが最も多く，ついでヒツジ／ヤギが多くなるという現象と

比べて著しい異なりがあり，これについての適切な答はまだ用意されていない。

この期から青銅器時代にかけての時期では動物骨の分析も進み，家畜の飼育因子についても明確な検討がなされている。Norfolk 州の Grimes Graves はフリントの採石址として有名であるが，後期新石器時代ではコムギ，オオムギの炭化粒が多く出土し，またヒツジの骨の分析などから通年的な農耕集落であったことが想定されている[11]。動物の組成はウシ 52.5%，ヒツジ／ヤギ 31.9%，ブタ 5.7%，アカジカ 4.1%，ウマ 3.3%，ノロジカ 2.5% となっている。このうちウシは下顎骨が多く他の骨は少ないかあるいは細片となるものが多い。歯より推定された年齢によれば，ウシは2～3カ月か数カ月で殺され，しかも雄ウシが多いという結果がでており，ウシの年齢構成をみると，1 歳以下の子ウシ，年をとった雌ウシ，少数の去勢牛と雄ウシで組織されており，こうした現象は肉食用とするよりも，ミルク用であったものと考えられる（図1）。すなわち若年で殺される雄ウシが多いことは越冬用のまぐさが不充分なために，秋に殺されることを意味する。同様な観点から Windmill Hill 期のものやヨーロッパ大陸の骨の分析も行なって，中年以降のウシの雌雄の割合から肉食として供された可能性の高いことをも指摘している[12]。ヒツジについては1年で殺される例は極めて少なく，2 歳で殺されるのは子を産んだ後に肉食用として供されるのであり，中年以上の場合は衣服用であって，この比率は遺跡ごとに変わりがある。またブタについては，肉食用であって他の主要な食物が入手しえない折の予備的なものと考えられている[13]。

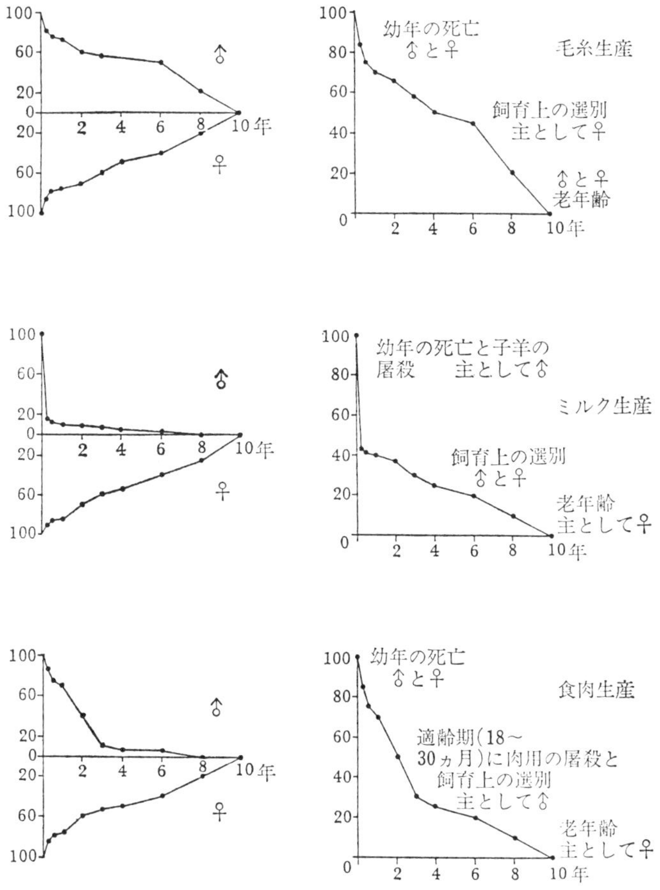

図 1　家畜の死亡年齢と用途の推定（Payne, 1973 より）

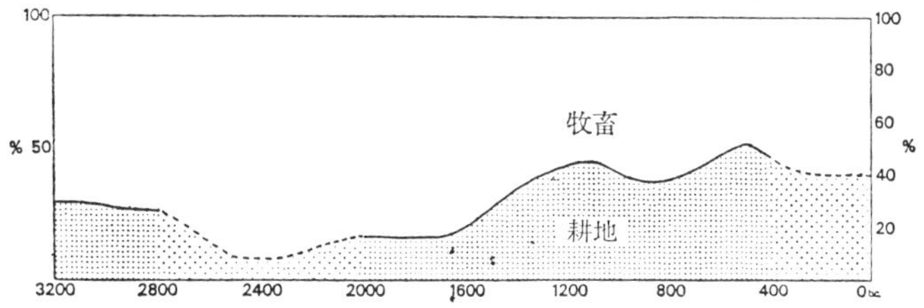

図 2　ブリテン島先史時代の牧畜と農耕の年代的比率（Bradley, 1978 より）

2　農耕と家畜の割合

このようにブリテンの新石器時代においては，コムギ，オオムギの栽培を行ない，肉食・ミルク用としてのウシ，肉食・衣服用としてのヒツジ／ヤギ，肉食としてのブタの飼育を行なっていた。これら農耕と家畜の割合についてどのようなものであったかという検討は大変むずかしいものであるが，花粉分析による植生の復元，畑地の分布，現状での状況また遺物の年代的分布などの分析を通して，Godwin や Bradley によって大まかな変遷が図示されている。それによると新石器時代から青銅器時代にかけてはほぼ1/3かそれ以下しか穀類の比重がなかったものが，B.C.1200 年を境として急速に穀物栽培の比重が高まり，ほぼ五分五分に達するようになってくる[14]（図2）。しかしこの表は結局は土地利用の割合であって，そこから産みだされるエネルギーの相対比ではないことは注意しなければならない。

鯖田豊之氏は9世紀のフランスの例を引きながら，播種量に対する収穫量の比の極めて少ないことから，農業生産に対する依存度の低さを指摘している[15)]。これは最底の比率であるとしても，13〜15世紀のイギリスにおいても会計記録によると播種量に対する収穫量の比は，1エーカーあたり，コムギで3〜5倍，オオムギで2.7〜4.4倍であり，オートムギについては1.8〜2.8倍にしかすぎない[16)]。このことは穀物栽培に対する食料源としての比重が極めて低かったことを示すものであり，犂耕以前の地力の回復の遅い技術段階では，これをも下まわることは容易にうなずけよう。さらにオオムギの類は家畜用として使われたという説が妥当であれば，ますます穀物への依存度が低下していくのであり，このことからすれば鯖田氏や佐原眞氏[19)]のようにヨーロッパ人は肉食への比重が高かったとする論拠も一面では説得性がある。Legge が引用した Holmes の統計資料によると[20)]，1ヘクタールあたりのたんぱく質の産出総量は酪農の場合115キロカロリー，肉用の場合27キロカロリー，穀物の場合350キロカロリーで，大人2人子供3人の一家族の消費を単位として考えていくと（男3,000，女2,400，子供2,000カロリー），酪農では10日，肉では約2.4日，穀物で約31日となり，肉食だけでたんぱくを摂取したとすると一家族で約3,750エーカー必要となり，Renfrew が Arran 島での例で推定した人口と耕地の関係[21)]をこれにあてはめると，人口比で1/50となるのである。

Godwin の集計した自然遺物の年代的推移によると[22)]，ハシバミやドングリは鉄器時代まで依然として多量に食されているし，青銅器時代にはかえってこれが増加していること，残りにくい果実の品目もかなりあることから自然依存の度合は決して少なくなかったことを示している。先のカロリー計算ですると，1家族100ヘクタールの土地を肉食家畜と穀物栽培にあてたとしてもなお5カ月間の食不足になり，耕地での20年の休耕を考えると莫大な土地が必要となってくる。食糧採集民の間でみられる食糧資源のほとんどは，採集植物にあるとする民族誌の統計[22)]がそのままは適合しないにしても，中石器時代以来の自然開拓の一部として農耕を行ない，家畜を飼育したとみることが，人口の面でみても Renfrew の推定した墓制からみた社会構造とより適合するものであろう[23)]。

註

1) S. Piggot : The Neolithic Cultures of the British Isles. London. 1954
2) J. V. S. Megaw & D. D. A. Simpson eds : Introduction to British Prehistory. Leicester. 1974
3) H. Helbaek : Early Crops in Southern England. P. P. S. Vol. 18, 1953
4) R. W. Dennell : Prehistoric Crop Cultivation in Southern England. Antiquaries Journal 56, 1976
5) J. Murray : The First European Agriculture. Edinburgh. 1970
6) I. Simmons & M. Tooley eds : The Environment in British Prehistory. London. 1981
7) G. Barker : Prehistoric Farming in Europe. London. 1985
8) M. Jones : Carbonized Cereals from Grooved Ware Context. P. P. S. Vol. 46, 1980
9) 注 7）に同じ
10) 注 6）に同じ
11) R. J. Mercer ed : Grimes Graves, Norfolk Excavations 1971-72 : Volume I. London. 1981
A. J. Legge : Aspects of Cattle Husbandry. in R. J. Mercer ed : Farming Practice in British Prehistory. Edinburgh. 1981
12) 注 11）に同じ
13) R. Bradley : The Prehistoric Settlement of Britain. London. 1978
14) 注 13）に同じ
15) 鯖田豊之『肉食の思想』1966
16) W. H. Beveridge : The Yield and Price of Corn in the Middle Age. in the Economic Journal 1927—5. この文献については熊本大学松垣裕教授の御教示にあずかった。
17) 注 13）に同じ
18) H. Godwin : The History of the British Flola. Canbridge. 1975
19) 佐原　眞「縄文から弥生へ」『文化とヒトの進化に関する接点』1981
20) 注 11）に同じ
21) C. Renfrew : Before Civilization. London. 1973
22) R. B. Lee & I. DeVore eds : Man the Hunter. Chicago. 1968
23) C. Renfrew : Social Archaeology. Southanpton. 1973

弥生併行期の農耕

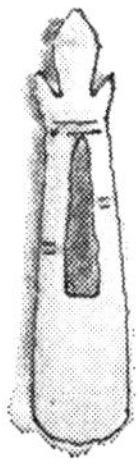

弥生時代併行期において日本周辺部の農耕はどんな状況にあっただろうか。当時の農耕の痕跡を克明にたどり，その特色を示す

北海道／南島／朝鮮半島／中国／沿海州／北西ヨーロッパ

北　海　道

札幌大学教授
■木村英明
（きむら・ひであき）

続縄文時代の生業の基本は狩猟・漁撈・採集にあった。しかし鉄器の普及とともに，確かな農耕を志向した可能性は強い

1　続縄文時代とは

北海道での弥生併行期といえば，およそ続縄文時代にあたる。正確には，続縄文時代は本州での弥生時代が終了してなお続いていたらしく，その存続年代は紀元前200年頃から紀元後7～8世紀までの間と推定される。

そもそも「続縄文」なる用語は，山内清男氏が亀ヶ岡式土器後の“本輪西貝塚上層の土器”やそれよりも新しい“江別式土器”に対し，「続縄文式土器」と呼んだのに始まる[1]。縄文時代以来の“狩猟民の文化”が続くという理解があっての名称である。また，「続縄文式土器」が使われた“非弥生”，正しくは“非農耕”のこの時代は，鉄器の存在をもって縄文時代から区分される。

しかしながら，例えば鉄器についてみると，時代を一変するほどの鉄器が当初から普及していたとは考えがたい。しかも，最近にいたり，ソバ栽培など，農耕問題が論じ始められており[2]，これらの評価いかんによっては，「続縄文時代」の時代・文化観は大いに変わってくる。北海道の歴史の中で，この時代がどのような位置にあるのか，あらためて検討しなおす時期にあるようである。

ここでは，資料不足を顧みずに，続縄文時代の農耕の様子を，生業全体の中から探ってみたい。

2　続縄文時代の「ソバ栽培」

近年，この時代の遺跡から，ソバ属（*Fagopyrum*）の花粉が検出されている。白老町アヨロ遺跡[3]，奥尻町東風泊（ひがしふどまり）遺跡[4]，江別市西野幌1遺跡[5]，同旧豊平川河畔遺跡[6]，同元江別1遺跡[6]，上磯町下添山遺跡[7]，苫小牧市タプコプ遺跡A地区[8]の7遺跡で，いずれも最近の農耕活動による土壌攪乱を受けていない層からの検出であるという。すなわち，アヨロ遺跡は恵山文化期の2号住居址の床面から，旧豊平川河畔遺跡は初期後北式土器の時期の1号住居址覆土中の焼土から，元江別1遺跡（Pit 33・57・70）やタプコプ遺跡(39号)は恵山文化期の土壙墓の覆土中から，また下添山遺跡は駒ヶ岳降下火山灰（Ko-e）下の恵山文化期の包含層からのものである。

山田氏は，これらの母植物として普通種 *Fagopyrum esculentum* が考えられるという。そして，ソバが虫媒花であること，元江別1遺跡や下添山遺跡などから，イネ科 Gramineae や農耕指標植物のアカザ科 Chenopodiaceae やナデシコ科 Caryopyllaceae, アブラナ科 Cruciferae の花粉が検出されていることなどを理由に，ソバ栽培を含む雑穀栽培が行なわれていたと，結論する。その起源は，本州からの伝播であるという。ちなみに，韃靼種 *Fagopyrum tataricum*（バイカル湖から旧満州・アムール河畔が原産地として有力）よりも，普通種の可能性があるとしつつ，加藤晋平氏は，北方からの伝播を想定している[9]。

虫媒による他家受精の代表的なソバの花粉は，遠距離からの飛来が難しく，そのうえコンタミネーションがないとすれば，栽培の可能性は高い。しかも，成育期間が短く，低温に強く，開墾地など不良地にも良く成育する性質は，北海道にこそふさわしい。

しかし，作物の起源とその後の系譜を明らかにするのは容易でないと言われる。ソバも例外ではなさそうである。本州の例では，およそ28,000〜23,000B.P.の中部野尻湖層[10]や9,300〜8,500B.P.の八甲田山周辺の田代湿原TS-V帯[11]からソバ属の花粉が検出されており，辻氏は，日本に自生した種である可能性があるという[11]。北海道でも，東風泊遺跡で，縄文晩期初頭の遺物包含層からソバ属の花粉が検出されている[4]。また南茅部町はまなす野遺跡の縄文前期の住居址床面からソバの種子が発見されているという[2]。とすれば，北海道でのソバ栽培の起源は，有力といわれる縄文時代晩期どころか，前期にまで遡ることになる。仮にソバが早くから自生していたものであれば，除草など，簡単な管理程度で，少なからずの収穫をあげることが期待できるし，続縄文時代のソバが，栽培されたものか，逃げだしてきたものの採集か，花粉のみでの判定はなかなか難しくなる。また，仮に栽培が行なわれていたとして，どの程度の役割を果していたのか，他の生業とのかかわりなど，考古学的判断が重要になる。

3　続縄文時代前期の生業

続縄文時代は，土器の広がりを通して理解される文化圏がおよそ東西に分かれる「前期」と，北海道全体が統一される「後期」とに二分される[12]。すなわち「前期」は，道西南部では，恵山式土器がⅠ期からⅢ期へと分布圏を拡大しながら展開するのに対し，道東北部では，若干の地域差を内包しながら大狩部式・緑ヶ岡式→興津式・宇津内Ⅱa式→宇津内Ⅱb式・下田ノ沢Ⅱ式という，恵山式土器の系列に属さない個性的な型式の土器が継起する。なお，後北式土器（山内氏の江別式）が，恵山式土器と宇津内Ⅱa式土器との接触によって成立するらしく，「後期」の展開に向けての重要な胎動が，江別市元江別1遺跡や江別太遺跡など，道央部にある。

一方「後期」は，東西を分ける文化圏が解消し，後北 C_2・D式土器が，北海道全体に展開する。それればかりか，南千島・東北地方北半をもその分化圏に組み入れている。この広がりは，次の北大式土器（Ⅰ〜Ⅲ期）に引きつがれる。

こうした変遷の中で，これまで検出されている花粉資料は，いずれも続縄文時代前期，しかもそのほとんどが恵山式土器の分布圏に集中している。

しかしながら，別表に示す通り，続縄文時代の前半期の生業を特色づけるのは，むしろ漁撈活動である。ヒラメ（オヒョウ）やサケ，ニシン，カレイ，マダラなどの捕獲，しかも回游するカジキなど大型魚類やイルカ・オットセイ・アシカなどの海獣類の本格的な狩猟も含まれている。縄文時代の晩期に比べて，漁撈の比重が増したであろうことは，多くの貝塚が残されている事実からうかがえる。とくに，渡島半島から内浦湾沿岸にかけて，尻岸内町恵山貝塚や森町尾白内貝塚，豊浦町礼文華貝塚，伊達市有珠（うす）遺跡群など，恵山文化期の貝塚が多数残されている。貝塚といえるものではないが，泊町茶津洞穴群や瀬棚町南川遺跡など，日本海沿岸の遺跡においても，漁撈中心の傾向が理解できる。また同じ頃，厚岸町下田ノ沢遺跡や釧路市三津浦遺跡など，道東部の太平洋東沿岸でも貝塚が形成されており，似た傾向にある。

このほか，遺跡の多くは，海を見下ろす低位段丘の縁辺に立地し，漁撈活動にふさわしい場所が選択されている。骨角製の銛・釣針・刺突具や石製ナイフ，魚形石器の発達など，生産用具の発達（特殊化）も際だっており，漁撈活動の飛躍的発展を裏付けている（図）[12]。

なお，石狩低地帯の中央を流れる千歳川の河川敷内に立地する江別太遺跡で，簗（やな）らしい遺構が発見されている。この後北式土器成立期の頃に，サケやスズキを主体とした内陸河川での漁撈も認められる[13]。

以上からすると，続縄文時代前期に農耕がさほど大きな比重を占めていたとは考えがたいのである。ソバの花粉が検出された下添山遺跡においても，フローテーション法で漁撈を示す多量の魚骨片が検出されている[7]。しかも重要なのは，細かく破砕された多量のオニグルミ片である。こうした植物性の果実や種子は，南有珠6遺跡でトチ，

続縄文時代の主な遺跡にみられる自然遺物（ゴチは，主体を占めているもの）

◇前　期

恵山貝塚（西本 1984）
◆哺乳類〜シカ，イノシシ，**オットセイ**，イルカ，アシカ，クジラ　◆魚貝類〜**ヒラメ**，マグロ，カサゴ，スズキ，サメ類，**キタムラサキウニ**，エゾバフンウニ　◆鳥類〜アホウドリ

尾白内貝塚（西本 1981）
◆哺乳類〜エゾシカ，イヌ，**イルカ**，**アシカ**，トド，クジラ類
◆魚貝類〜ヒラメ，マグロ，ブリ，マダラ，カサゴ類，サメ類
◆鳥類〜アホウドリ，オオハム類，ガン・カモ類

南有珠6遺跡（西本 1983）
◆哺乳類〜シカ，イノシシ，エゾタヌキ，キタキツネ，ツキノワグマ，ニホンカワウソ，ニホンドブネズミ，イヌ，**オットセイ**，イルカ，ニッポンアシカ，クジラ　◆魚貝類〜ヒラメ，オヒョウ，マグロ，マダラ，カサゴ，スズキ，ツノサメ，サケ類，イトウ，**ニシン**，ホッケ，**カレイ**，メカジキ，ウグイ類，**キタムラサキウニ**，エゾバフンウニ，**エゾイガイ**，タマキビ，アサリ，ホタテガイ　◆鳥類〜アホウドリ類，**ヒメウ**，ウミウ，カラス類，ミズナギドリ類

絵鞆遺跡（大場ほか 1971）
◆哺乳類〜シカ，イヌ，オットセイ，イルカ　◆魚貝類〜カレイ，サメ類

南川遺跡（西本 1983）
◆哺乳類〜エゾシカ，エゾタヌキ，キタキツネ，ヒグマ，ニホンカワウソ，海獣類　◆魚貝類〜**サケ類**，カレイ類，アオザメ，ウグイ，エゾタマキガイ，**ユキノカサ**
* 15 号住居址〜サケ骨片 154 点，20 号住居址〜サケ約 8.5 kg，22 号住居址〜サケ 69 点・エゾシカ 318 g

江別太遺跡（西本 1979）
◆哺乳類〜イヌ，ニホンシカ，ニホンカワウソ　◆魚貝類〜**サケ類**，**スズキ**，ヒラメ　◆鳥類〜アホウドリ

尾河台地遺跡（西本 1983）
◆哺乳類〜リス類，エゾユキウサギ，クロテン，エゾタヌキ，イヌ，**エゾヒグマ**，エゾシカ，オットセイ，イルカ類，**クジラ類**　◆魚貝類〜サケ，サメ，カワシンジュガイ　◆鳥類〜カモ類，ウミガラス

三津浦遺跡（金子 1976）
◆哺乳類〜ネズミ科，**オットセイ**，アシカ類，トド?，マイルカ科，クジラ類　◆魚貝類〜**マダラ**，カサゴ科，サケ科，**イワシ**，ニシン，**アイナメ**，ホッケ?，カレイ科，メカジキの一種
◆鳥類〜アホウドリ，ウ類，ウミガラス類

興津遺跡（牛沢 1979）
◆哺乳類〜エゾシカ，**マイルカ**，**アシカ**　◆魚貝類〜イトウ?，**カジキ類**　◆鳥類〜ウ

下田ノ沢遺跡（沢ほか 1972）
◆哺乳類〜シカ，イヌ，クマ，クジラ，トド　◆魚貝類〜ニシン

◇後　期

フゴッペ洞穴遺跡（大飼・湊・魚住・藤江 1970）
◆哺乳類〜シカ，タヌキ，キツネ，オオカミ，ネズミ，クジラ，オットセイ　◆魚貝類〜ヒラメ，マダラ，その他磯魚，エゾイガイ，ホタテガイ，マガキ，ウバガイ，レイシ，その他貝類
◆鳥類〜アホウドリ，アビ・シギ（卵）

白川遺跡（中村 1975）
◆哺乳類〜ニホンシカ，キツネ，クジラ　◆魚貝類〜ウバガイ，ホタテガイ，**ヤマトシジミ**，ベニサラガイ，**マガキ**，ビノスガイ　◆鳥類〜ウ

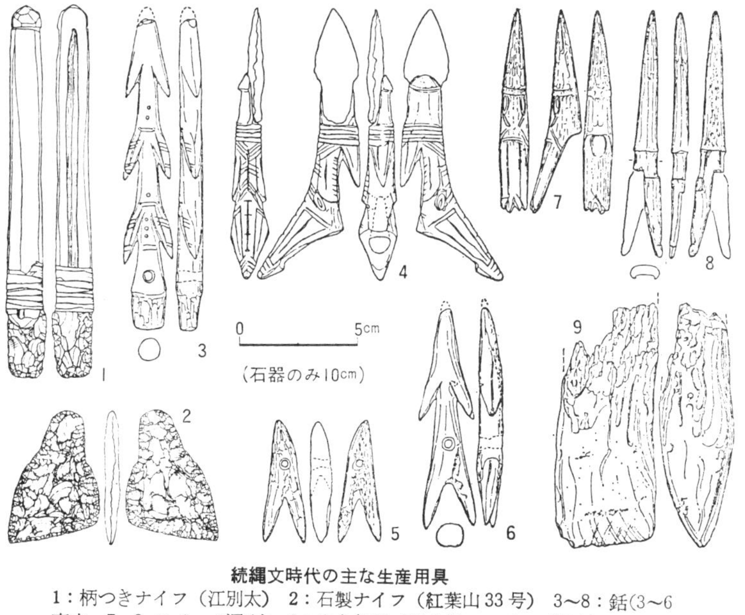

続縄文時代の主な生産用具
1：柄つきナイフ（江別太）　2：石製ナイフ（紅葉山33号）　3〜8：銛(3〜6 恵山，7・8 フゴッペ洞穴）　9：鹿角製斧（耕具？　フゴッペ洞穴）

南川遺跡でオニグルミなど，江別太遺跡でオニグルミやクリ，トチ，ヤマブドウ，サルナシ，ヒシ，イヌビエ，サンカクイなどがある。

藤村久和氏によると，アイヌは，春の雪解け水で肥沃な土が運ばれて来る川岸近くの家のまわりで農耕を行なっているが，わずかに非常食用のものを植える程度であるという。保存用食料を含めて，植物性食料のほとんどは，近くに自生する澱粉を多く含む，ワラビやフキ，キノコ類などの山菜，オオウバユリやキクイモ，ツリガネニンジン，クズ，エゾテンナンショウなどの球根や茎・根，そしてトチやクリ，ミズナラ，ヒシ，イヌビエなどの果実に負うており，採集したものは300から500種類を下らないという[14]。続縄文時代前期の遺跡から発見された植物性の遺物はいずれもその中に含まれている。続縄文時代前期に，植物性食料への依存は確かにあったものの，本格的な農耕によるものではなく，藤村氏が紹介するような，近くに自生する有用植物の採集に基礎を置いたものであったと理解すべきであろう。

4 続縄文時代後期の生業

これまでに発見されている続縄文時代後期の遺跡は，ほとんどが墓にかかわるものであるため，生業の様子を語る資料に乏しい。しかし，遺跡の立地や生産用具の様子などを総合すると，前期から後期にかけて大きく変容したことが推察される。

みるべき貝塚は，わずかに，日本海沿岸のフゴッペ洞穴やオホーツク海沿岸の網走市モヨロ貝塚・白川貝塚があげられる程度で，海洋での漁撈活動の衰退がうかがわれる。フゴッペ洞穴では，銛頭をはじめ，比較的まとまった骨角器が発見されており，オットセイやクジラなどの海獣猟も行なわれていたようである。しかし銛頭の型式や組合せを考えると，衰退の傾向は否定しがたい[12)]。

ところで，この時代の遺跡は，比較的大きな河川の入口部から内陸部にかけての河川流域（段丘を含む）に営まれている。しかも，推定 800 基以上の墓があったとされる江別市坊主山遺跡や 300 基を越す恵庭市柏木B遺跡の例にみられるように，道央部への人口の集中は疑いない。この地域での，こうした人口の集中は，おそらく，前期の江別太遺跡にあらわれた河川流域での漁撈の本格化，具体的にはサケ漁の集約的労働の反映と考えられる。ちなみに，蝦夷のサケ，その産地としての石狩の名は早くから知られていたらしいし，17～18 世紀頃の石狩におけるサケの産出は，北海道での三分の一を占めていたと言う[15)]。続縄文時代以降の展開を展望する時，「石狩」がもつ地域的役割の原型が，この続縄文時代後期にすでにできあがっていたと考えるのも，あながち的はずれではなさそうである。

他方，この時期の土器が，東北地方にまで分布する。後北 C_2・D式土器出土の遺跡は，新潟県打越遺跡を南限とし，50 カ所を越えている。北大式土器も 10 数カ所を数えている。気候の低下などを主因とした集団の南下説があるが，弥生時代やその後の時代の文物（土器・ガラス玉・鉄器など）の流入で明らかなように，そのあり方は，一方的な南下ではなく，相互交流に特色がある。その背景は，次のように説明されるであろう。

鉄器の流入は，前期にみられた生産用具，とりわけ著しい発達をとげていた石製ナイフに影響を与え始める。数量こそ多くはないが，前期に発見される鉄器の多くは，刀子ないし刀子の破片である。やがて掻器などの一部を除き，石器作りの伝統がすっかり解体されるまでに普及し，いよいよ，鉄器依存の生産システムができあがっていった。このような歴史的過程において，彼我地域での相互交流が必然化されていった，と。

問題は，鉄器作りの術をもたない北海道側からの，鉄器への見返りである。その一つに，文献史上早くから「商品」的価値をもっていたサケ（干鮭など）が，まちがいなく含まれていたと考えられる。続縄文時代後期になっての道央部への人口集中と河川での集約的労働の傾向は，こうした事情の中で説明可能である。

不明な点の多い続縄文時代後期も，生業の基本は漁撈にあったと推察される。ただし，彼我の交流から学んだ技術を駆使して，いよいよ確かな農耕を志向し，擦文文化形成への先導的役割を果していった可能性は大いにある。いずれにせよ，農耕問題の解明は，土壌のフローテーションなど，調査時の細かな配慮にかかっており，今しばらく時間を要するようである。

註

1） 山内清男『日本遠古之文化』補註，1939
2） 梅原達治ほか『北海道における農耕の起源』1982
3） 山田悟郎「花粉」アヨロ，1980
4） 山田悟郎「北海道奥尻島東風泊遺跡—縄文晩期層のソバ属花粉」ドルメン，27，1980
5） 山田悟郎「江別市西野幌1遺跡の花粉分析結果」大麻1遺跡ほか，1980
6） 山田悟郎「元江別遺跡群の花粉分析」元江別遺跡群，1981
7） 山田悟郎「下添山・鶴野2遺跡の花粉分析結果」北海道における農耕の起源，1982
8） 山田悟郎「タプコプ遺跡より出土した花粉化石」タプコプ，1984
9） 加藤晋平「擦文期の栽培について—とくにソバの問題」北方科学調査報告，1，1980
10） 野尻湖花粉グループほか「野尻湖層の花粉化石と植物遺体」地質学論集，19，1980
11） 辻誠一郎ほか「北八甲田山における更新世末期以降の火山灰層序と植生変遷」第四紀研究，21—4，1984
12） 木村英明「続縄文文化の生産用具」ドルメン，10，1976
　木村英明「後北式土器の成立について」考古学研究，28—4，1982
　木村英明「続縄文文化—骨角器」縄文文化の研究，6，1982
13） 西本豊弘「江別太遺跡より出土した動物遺体について」江別太遺跡，1979
14） 藤村久和『アイヌ，神々と生きる人々』1985
15） 秋庭鉄之『北海道のサケ』1980

南　島

梅光女学院大学講師
■木下尚子
（きのした・なおこ）

南西諸島に弥生文化の要素が到来するころ，これと期を同じくして沖縄諸島は長い貝塚時代の大転換期を迎えていた

南西諸島は，北は種子島周辺から南は八重山諸島に至る長大な海域をおおっている。これらの島島はそれぞれに環境が異なると同様，食生活も一様ではない。ここでは比較的資料の豊富な沖縄諸島について検討を行ないたい。

沖縄諸島において弥生時代に併行する時期は，沖縄貝塚時代後期初頭〜中頃とされるが，沖縄中期後半から同期終末にかけて，移入土器や弥生土器の影響を思わせる土器がしばしば検出され，注目されている。したがって本小稿では，沖縄中期後半から沖縄後期前半の時期を主たる対象とし，全体の動向からみたこの時期の意味を，食生活面から考えてみることにしたい。

1　沖縄貝塚時代各期の概略

具体的検討に入る前に，各期の動向について簡単に触れておきたい。新石器時代の沖縄諸島は土器様式により沖縄貝塚時代早・前・中・後の4期に分かれ，次にグシク時代が続く。沖縄早期は九州以東地域の縄文早期〜中期，沖縄前期は縄文後期，沖縄中期は縄文晩期，沖縄後期は弥生時代〜平安時代初頭頃[1]に時期的併行関係をもつと考えられている。

沖縄早期は爪形文土器，曽畑・轟系土器，面縄前庭様式土器[2]に代表され，未だ資料的には乏しいが，魚・貝類，獣骨が検出されている。沖縄前期には独自性の強い土器が使用される。この時期石灰岩台地の発達した沖縄本島では，台地崖下の狭隘な場が生活の本拠となり，やや内陸部にも多くの貝塚が形成される。沖縄中期には，生活の場は崖下から崖上の台地あるいはこれに続く緩斜面上に移り，開地での生活が展開される。台地上には広大な集落が営まれ，竪穴式，平地式，石囲いの住居が一般化するようである。土器では壺形が増加し，石器においては石斧や食物調整具が機能的に分化する傾向を認めることができる。石鏃の検出例が増え，食生活においてもかなりの変化が予測されるが，この時期の自然遺物検出例は極めて少ない。沖縄後期には，遺跡の大半が海岸砂丘地に降りる。遺跡の規模はさらに大きくなり，遺跡数も増加する。土器は中期までの伝統的形態を脱脚し，製作技法においても進歩が認められる。貝錘とみられる有孔貝製品の出土が増加し，大形貝を含む貝塚が多く遺される。沖縄後期初頭〜中頃には，九州方面の弥生土器，鉄器，ガラス小玉などが検出されている。一方，石灰岩台地のない本島北部や離島では，沖縄前〜中期には海岸近くの平坦なマージ面[3]，後期には砂丘地帯に遺跡分布がみられる。また沖縄前期から後期まで同じ海岸砂丘に遺跡が形成される例もある。

2　自然遺物検出の現状と生業に関する諸説

このような変遷を通して，検出される自然遺物の種類は，周囲の環境に準じた限られたものである。広大な珊瑚礁原を遊泳する魚類を捕獲し，貝類を採取し，背後の山林でイノシシを捕え，堅果類・根茎類を採集する生活像を容易に描くことができる。この構図が明らかに変化するのはグシク時代である。この時期には炭化米・炭化大麦などの豊富な検出例があり，鉄器も多く農耕社会の成立が認められる。

一方，沖縄後期初頭には数々の弥生文化要素の到来が確認されているが，農耕に関する遺物・遺構は現在検出されていない。後期の遺跡が後背湿地をひかえていることから，水田の開発を想定する研究者もいる。この間の検討も含め，弥生文化（あるいは文化要素）の到来は，沖縄社会に何をもたらしたのか，が大きな関心事となっている。

一方，沖縄中期の諸特徴[4]に注目した新田重清氏は「強化された採取経済ないしは原初農耕（根栽・木の実の半栽培）を想定」し，「この時期になると定着的・原始的村落共同体が形成され，一定の管理された食用植物が食料資源として供されていたのではないか」と述べている。さらに沖縄後期は「海への積極的な対応と後背地の利用」を前提に「漁撈を中心とした単なる採取段階ではなく，中

期の経済様相の延長線上にありながら，本土弥生文化の影響を強くうけ，徐々に農耕社会へと移行する過渡的段階ではなかろうか」[5] と述べている。

植物食糧に関しては，多和田真淳氏の基礎的な考察がある[6]。氏は植物学の立場から，ヤムイモ・タロイモ・クズ・シイ・カシ・ユリなどが貝塚時代において主食となり得る植物であるとし，他にも利用し得る限りの植物を提示している。

佐々木高明氏は人類学の立場から，南島の伝統的畑作農耕の基本型が，イモとアワを中心とする≪雑穀・根栽型≫の焼畑であることを指摘している。さらにこれがより南方の文化基地において石蒸調理法と結びついていることなどから，貝塚時代に集石遺構の多い南島においても，同様の文化複合が存在したのではないかと想定している[7]。

国分直一氏は，八重山諸島新石器時代の石器の組み合わせ（ビラ型石器＋ピック状石器）が伝統的なイモ作の掘棒農具に対応すること，八重山から九州南端に向かい北上する文化複合が点々と跡づけられることなどから，イモとアワを主体とし，ストーンボイリングを伴う畑作農耕文化が南島の文化の基層に存在していたのではないか，と述べている[8]。

このような植物食への積極的な考えもあって，遺跡の調査においては植物遺存体の検出に努力が払われているが，現在まで資料は大変少ない。考古学での現状は，植物食の具体像をいかにして描き出すかの検証の段階にあるといえよう。

ところで，自然遺物検出に関し従来から問題にされてきたのは，沖縄中期に限ってこれらの出土例が極端に少なくなることである。

最近沖縄中期の遺跡が大規模に発掘調査され，この時期の事情がわずかながら明らかになってきた。集落の一定の場所にまとまって自然遺物の投棄が行なわれていた例，台地上から崖下に向かって投棄された例[9]のあることがわかってきたからである。このような投棄場所を予測し確実に調査することによって，沖縄中期における食生活は今後具体的に解明されることと思う。

3　地区別にみた貝塚時代の食生活の動向

沖縄諸島を便宜的に8地区に分け，それぞれについて，石器組成，貝・魚類の統計をとった（表1・2）。

石器は石斧（工具）と石皿・凹石・敲石・磨石（製粉用具），その他に3分類した。貝類は，生息域により陸産貝（オキナワヤマタニシなど）[11]・淡水産貝（シレナシジミなど）・鹹水産貝に分類し，鹹水産貝をさらに下記のように分けた。潮間帯生息貝（アラスジケマンガイ・イソハマグリ・カンギク・アマオブネなど），潮間帯～潮間帯下生息貝（マガキガイ・リュウキュウマスオガイなど），潮間帯下～珊瑚礁外生息貝（チョウセンサザエ・ヤコウガイ・アコヤガイ・ゴホウラ・リュウキュウサルボウ・アンボンクロザメなど）。魚類は代表的なブダイ科・ベラ科・フエフキダイ科・ハリセンボン科を示した。ブダイ科の魚は全般的に動作が緩慢なので，好んで突き漁の対象とされた[10]。フエフキダイは群れをなして移動する習性があり，網漁との関係が指摘されている[12]。

①北部離島地区（伊平屋島，伊是名島，伊江島など）――沖縄中期に石斧がやや増加するようである。貝類では後期初頭に陸産貝が激減し，潮間帯ないし潮間帯下に生息する貝が激増する。ナガラ原西貝塚にみる後期初頭の貝類採取の変化は大変激しい。魚類ではブダイの捕獲が優勢である。

②本島北部地区（本部半島，古宇利島，名護市など）――石器では一貫して製粉用石器が優勢であ

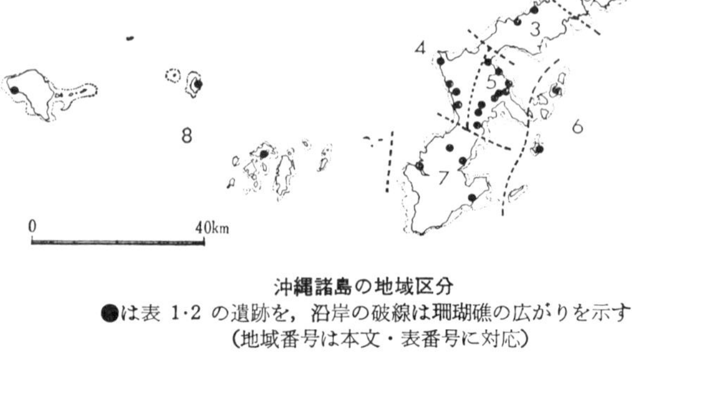

沖縄諸島の地域区分
●は表 1･2 の遺跡を，沿岸の破線は珊瑚礁の広がりを示す
（地域番号は本文・表番号に対応）

るが，沖縄中期に石斧が増加する。後期に石斧は激減し，後期中頃にはほとんど姿を消す。貝類では，沖縄前～中期陸産貝が一定の割合を占めているが，後期に一旦減少し，後期中頃には旧状にもどるようである。魚類では前期から後期にかけてブダイが減少し，かわってフエフキダイが増加している。

③本島北部地区（恩納村など）――対象とした3遺跡は，すべて石器出土数が少ないが，この中で沖縄後期に石斧がほとんどなくなる傾向を指摘できる。貝類では中期に至り陸産貝が減少し，かわって潮間帯下貝類が増加する。

④本島中部西海岸（読谷村など）――石斧は沖縄中期末～後期初頭に減少傾向にあり，後期中頃には他地区と同様衰退することが予想される。この地区は陸産貝への嗜好が弱く，潮間帯の貝への依存が高いようである。

浜屋原C地点と木綿原遺跡は同様の立地条件を備える，中期末～後期初頭の遺跡である。前者はこの時期，従来の傾向と大差ない状況を示すが，後者では潮間帯下の貝類が増加する。両者の差異を反映するように，後者のみに弥生土器が認められることは示唆的である。

⑤本島中部東海岸（石川市，北中城（なかぐすく）村，沖縄市など）――沖縄中期に石斧がやや増加し，中期末～後期初頭に激減する。沖縄後期前半の例では石斧はすでにみられず，また石器自体ほとんど衰退するようである。この地域では沖縄前期から後期まで，砂泥性のアラスジケマンガイが主体を占めていることから，主として東側の泡瀬海岸で貝の採取が行なわれていたと考えられる。中期には一時資料的空白期があるが，これは先に述べた事情による。魚類の捕獲では，時期による変化は認め難い。

⑥東部離島（浜比嘉島，宮城島，伊計島など）――石器組成では沖縄前期から中期末にかけて基本的な変化は認められない。貝類でも，陸産貝が後期に減少することを除くと，基本的には同一の傾向を示すが，中期後半のシヌグ堂遺跡では，陸産貝が非常に顕著である。宮城島と浜比嘉島の環境差の反映であろうか。

⑦本島南部（那覇市，玉城（たまぐすく）村，西原町など）――沖縄前～中期には石斧・石皿などが一定のセットをなすが，後期には石器自体激減するようである。貝類では前期には陸産貝への嗜好が強いが，後期にはカンギクを主体とした遺跡がみられる。

⑧南部離島（久米島，渡名喜島，座間味島など）――古座間味貝塚では，沖縄前期から後期に至る間石器に基本的な変化は認められない。これに対し久米島では後期に石斧の減少がみられる。貝類においては座間味島，久米島ともに，沖縄中期末から後期にかけて潮間帯下の貝の捕獲がわずかに増えるが，時期による変化は顕著ではない。魚類の捕獲においても，基本的な変化は認められないようである。

以上の資料から，いくつかの動向を指摘してみたい。中部・南部の離島においては概して時期による変化が乏しく，貝類や魚類の捕獲には一定のバランスが保たれていたようである。これに対し，本島内ではかなり明瞭な時期的変化が認められる。

石斧では沖縄中期にやや増加傾向を認めるが，中期末から後期初頭頃に急激に減り，以降後期を通して衰退に向かう。この現象は遺跡が崖下から石灰岩台地上に移り，さらに，海岸砂丘へ降りる変化と軌を一にしており，集落造営の土壌的条件に関わるものであることは明らかである。一方，製粉用石器セットが沖縄前期以来，常にある程度の割合を保っていることは重要である。植物遺存体の検出例は未だ少ないが食生活の基層に，植物食が深く関わっていたことが知られる。

魚類では現在統計資料が少ないこともあり，明瞭に傾向を導き出すことはできない。

貝類では，沖縄前期に食されていた陸産貝が中期に増加傾向を示し，中期末から後期初頭にかけて激減する。この時期に陸産貝とは対照的に，潮間帯下の貝類採取が盛んになる。

この増加の顕著な地区は，図1の①・③・④で，やや増加の認められる地区は②・⑧，変化の認められない地区は⑤・⑥である。増加の顕著な地区は弥生土器・弥生系土器を伴い，ゴホウラやイモガイ溜[13]が検出されている（モノクロロ絵3参照）。やや増加する地区においても弥生系土器・ゴホウラ溜は検出されている。変化の認められない⑥地区にはこれらの要素は希薄である。しかし⑤地区では弥生文物との共存が明確であるにも関わらず，変化がみられない。

このことは，弥生系文物との接触を同様に果たしても，それによってゴホウラやイモガイを特別に意識し，他の潮間帯下貝類の捕獲をも積極的に行なう地区と，日常の食生活がこれにほとんど影

表1　沖縄諸島における石器・捕獲貝類・魚類の変遷（その1）

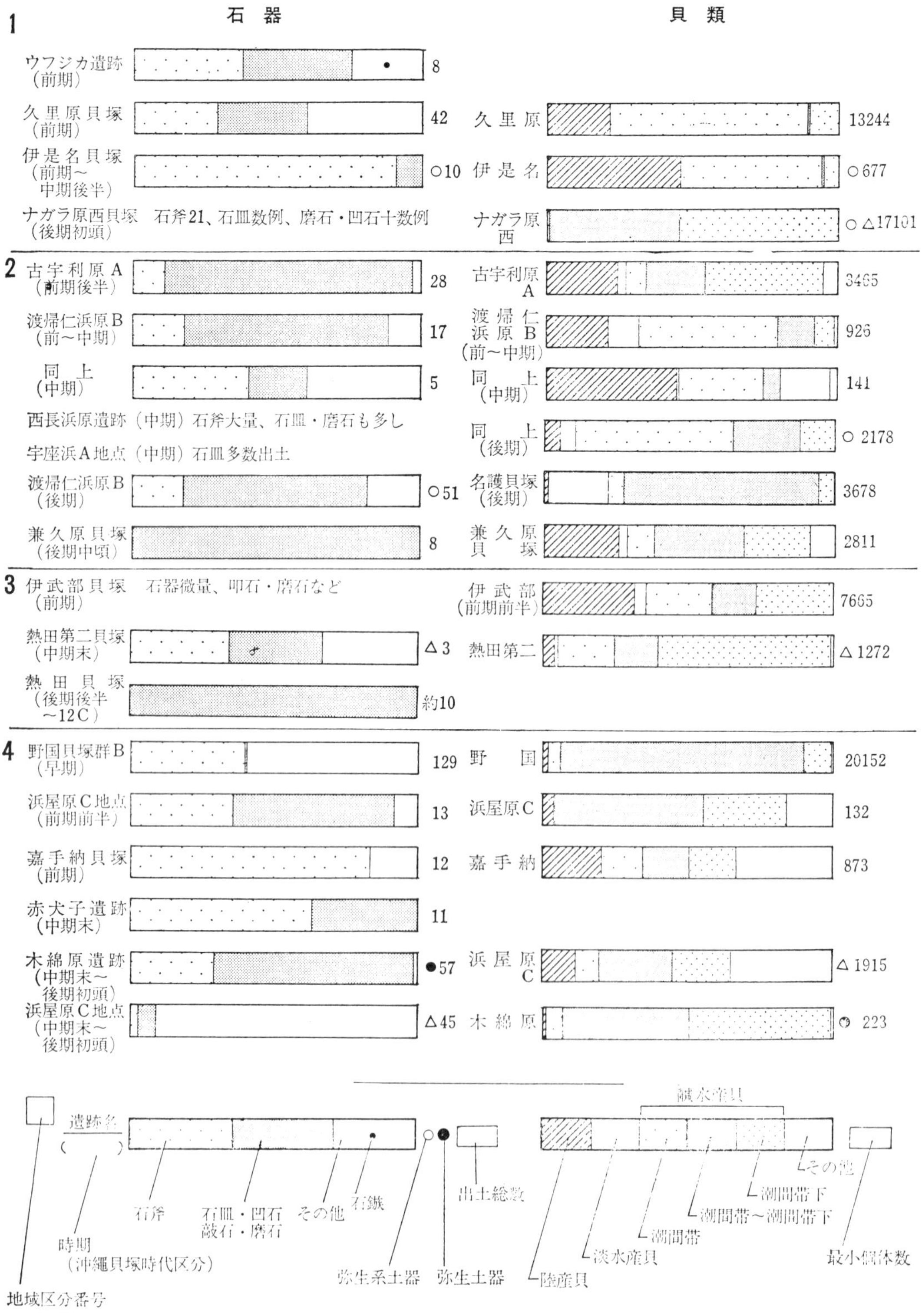
石器
貝類
1
ウフジカ遺跡（前期）
8
久里原貝塚（前期）
42
久里原
13244
伊是名貝塚（前期〜中期後半）
○10
伊是名
○677
ナガラ原西貝塚（後期初頭）　石斧21、石皿数例、磨石・凹石十数例
ナガラ原西
○△17101
2
古宇利原A（前期後半）
28
古宇利原A
3465
渡帰仁浜原B（前〜中期）
17
渡帰仁浜原B（前〜中期）
926
同上（中期）
5
同上（中期）
141
西長浜原遺跡（中期）石斧大量、石皿・磨石も多し
宇座浜A地点（中期）石皿多数出土
同上（後期）
○2178
渡帰仁浜原B（後期）
○51
名護貝塚（後期）
3678
兼久原貝塚（後期中頃）
8
兼久原貝塚
2811
3
伊武部貝塚（前期）　石器微量、叩石・磨石など
伊武部（前期前半）
7665
熱田第二貝塚（中期末）
△3
熱田第二
△1272
熱田貝塚（後期後半〜12C）
約10
4
野国貝塚群B（早期）
129
野国
20152
浜屋原C地点（前期前半）
13
浜屋原C
132
嘉手納貝塚（前期）
12
嘉手納
873
赤犬子遺跡（中期末）
11
木綿原遺跡（中期末〜後期初頭）
●57
浜屋原C
△1915
浜屋原C地点（中期末〜後期初頭）
△45
木綿原
223
遺跡名
時期（沖縄貝塚時代区分）
地域区分番号
石斧
石皿・凹石
敲石・磨石
その他
石鏃
弥生系土器
弥生土器
出土総数
陸産貝
淡水産貝
鹹水産貝
潮間帯
潮間帯〜潮間帯下
潮間帯下
その他
最小個体数

魚　類

1

久里原貝塚　ブダイ圧倒的に多し

ナガラ原西 ○912
2
古宇利原A 597
渡帰仁
浜原B 15

同上
(後期) ○54

3

熱田第二貝塚…獣・魚骨は自然遺物全体の1％未満

野国貝塚群B…ブダイ科、ベラ科、タイ科、サメなど25点

渡具知東原遺跡(早期)…エイ、タイ、ホオジロザメ検出

4

最小個体数

ブダイ科
ベラ科
フエフキダイ科
ハリセンボン科
スズキ科、タイ科、モンガラカワハギ科など
その他
イモガイ・ゴホウラ溜検出

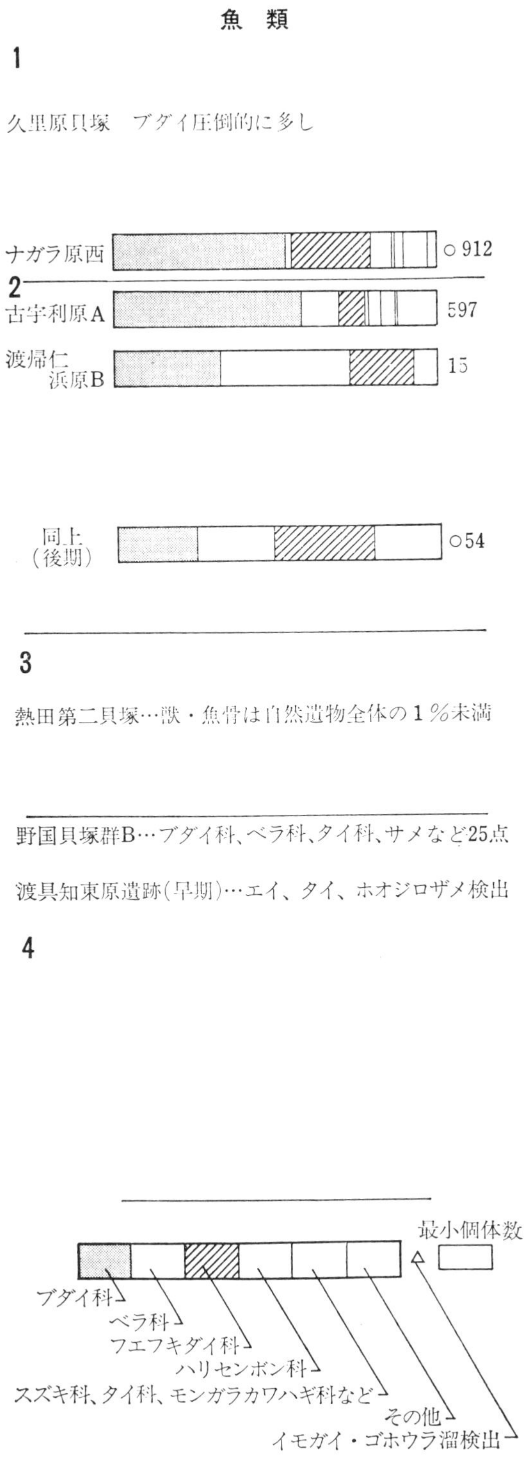

響されることのない地区のあったことを示唆する。弥生文化へのこのような対応の差は、④地区の浜屋原C地点と木綿原遺跡の差にも示されている。したがって、さらに同じ地区内においても、基本的に前者のタイプと後者のタイプの遺跡が共存している情況を想定することができる。

ところで、沖縄諸島内には陸産貝への依存の強い地区、弱い地区、砂泥性二枚貝を一貫して採取する地区がある。また同一地区内でも⑥のように、隣接する島で採取傾向に大きな差を認める場合がある。以上から考えると、各地区の食糧源は、遺跡の立地する場所を囲む微地形に左右されることが多く、これが小地区ごと（あるいはより小さな単位）の基本的な食生活のバランスを形成しているとみることができよう。

4　その他の資料

動物食では沖縄早期からイノシシが主体を占めている。骨はいずれも細片で、野国貝塚群B地点では「初歩的な骨髄食と、脳底を割って大脳を食べる風習」[14]がすでに認められている。イノシシは沖縄後期に至るまで、新石器時代人の主要な動物性たんぱく源であった。ちなみにシヌグ堂遺跡やナガラ原西貝塚では、イノシシの成獣が主たる狩猟対象とされていたことが指摘されている[15]。

他にウミガメ類、リクガメ類、クジラ類、イルカ類、ジュゴン、ネズミ、イヌ、アホウドリ、ウミウ、ヘビ類などが検出されている。

植物遺存体は、苦増原遺跡でイタジイ、クス科、クサギ属、コナラ属、マメ科、クス科とみられる種子が、貯蔵穴、炉跡、柱穴内より176個検出されている[16]。西長浜原遺跡ではシイの実の炭化物が2つの遺構内で検出されている。内1例は石皿が共伴していたとされる[17]。

5　小　結

以上の検討を通し、沖縄の新石器時代人の食生活は、小地区ごとの基本的な生態系に依拠しているという極めて当然の事情を確認した。これらは各時期を通じて一定のバランス内で、海・山野に同様に求められている。こうした前提の上に、各時期の特徴ある食生活が展開する。

以上述べてきたように、弥生時代併行期に相当する時期、ことにその始まりの時期（沖縄中期後半頃～後期初頭）は、沖縄諸島においてもいくつか

表 2　沖縄諸島における石器・捕獲貝類・魚類の変遷（その 2）

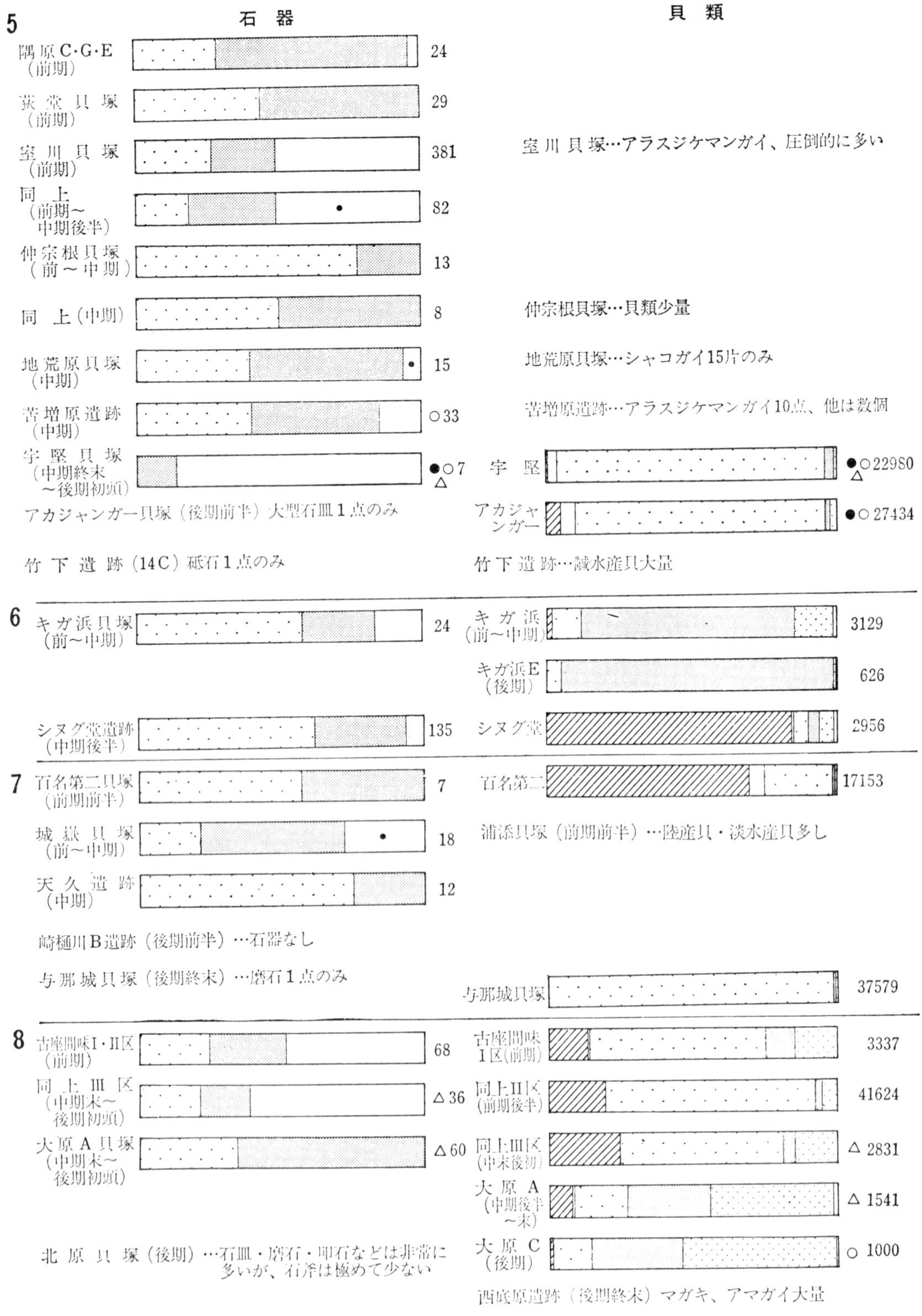
石　器
貝　類
5
隅原 C·G·E（前期）　24
荻堂貝塚（前期）　29
室川貝塚（前期）　381
同上（前期～中期後半）　82
仲宗根貝塚（前～中期）　13
同上（中期）　8
地荒原貝塚（中期）　15
苦増原遺跡（中期）　○33
宇堅貝塚（中期終末～後期初頭）　●○7 △
アカジャンガー貝塚（後期前半）大型石皿 1 点のみ
竹下遺跡（14C）砥石 1 点のみ
室川貝塚…アラスジケマンガイ、圧倒的に多い
仲宗根貝塚…貝類少量
地荒原貝塚…シャコガイ 15 片のみ
苦増原遺跡…アラスジケマンガイ 10 点、他は数個
宇堅　●○22980 △
アカジャンガー　●○27434
竹下遺跡…鹹水産貝大量
6
キガ浜貝塚（前～中期）　24
シヌグ堂遺跡（中期後半）　135
キガ浜（前～中期）　3129
キガ浜 E（後期）　626
シヌグ堂　2956
7
百名第二貝塚（前期前半）　7
城嶽貝塚（前～中期）　18
天久遺跡（中期）　12
崎樋川 B 遺跡（後期前半）…石器なし
与那城貝塚（後期終末）…磨石 1 点のみ
百名第二　17153
浦添貝塚（前期前半）…陸産貝・淡水産貝多し
与那城貝塚　37579
8
古座間味 I・II 区（前期）　68
同上 III 区（中期末～後期初頭）　△36
大原 A 貝塚（中期末～後期初頭）　△60
北原貝塚（後期）…石皿・磨石・叩石などは非常に多いが、石斧は極めて少ない
古座間味 I 区（前期）　3337
同上 II 区（前期後半）　41624
同上 III 区（中末後初）　△2831
大原 A（中期後半～末）　△1541
大原 C（後期）　○1000
西底原遺跡（後期終末）マガキ、アマガイ大量

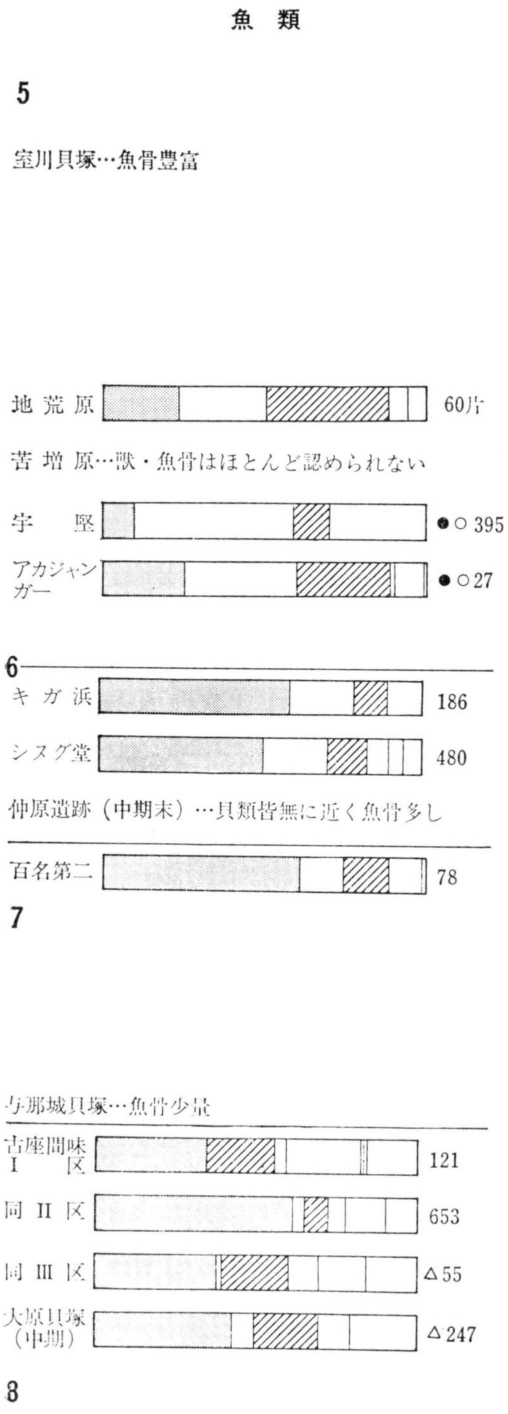

の面で，重要な転換期に当たっている。この時期に軌を一にして到来する弥生文化の文物は示唆に富み，沖縄諸島における貝類採取にはその影響を認めることができる。しかし，沖縄諸地域においてこの反応は必ずしも一元的ではなく，そこに弥生文化のもたらされ方の特質の一端が示されているようである。

この時期の沖縄諸島において，その自律的変化と，外部からの影響による変化とを区別し，これらを食生活の具体像に反映させることが，当面の課題であると考える。自然遺物に関するわずかな経験と，報告書のデータのみに基づいて作業を進めたため，一面的な理解に終始していることを恐れる。大方の御叱正を乞うものである。

註

1） 沖縄考古学会編『石器時代の沖縄』1978

2） 高宮広衛「暫学編年（沖縄諸島）の第3次修正」沖縄国際大学文学部紀要社会科学篇，12—1，1984

3） 赤色の粘土質の土をマージ（真地）と総称している。沖縄諸島特有の強酸性の土壌

4） 遺跡の立地，壺形土器の増加，貝塚形成の衰退，扁平石斧などの増加

5） 具志川市教育委員会『苦増原遺跡』1977

6） 多和田真淳「沖縄先史原史時代の主食材料について」南島考古，4，1975

7） 国分直一・佐々木高明編『南島の古代文化』毎日新聞社，1968

黒潮文化の会編『シンポジウム　黒潮列島の古代文化—黒潮の古代史』角川書店，1978

8） 国分直一『南島先史文化の研究』ほか

9） 西長浜原遺跡，渡帰仁浜原遺跡，苦増原遺跡など

10） 恵原良盛『奄美生活誌』1973，159 ページ

11）「陸産貝については食用にしたかどうか今後検討を要するが，出土量が多いこと，集中して出土しないこと（自然死の場合は凝集する場合が多い）から<中略>食用の可能性もありえる」比嘉春美氏の指摘による。与那城村教育委員会『シヌグ堂』1984

12） 比嘉春美氏の指摘による。今帰仁村教育委員会『渡帰仁浜原』1977

13） 岸本義彦・島　弘「沖縄における貝の集積遺構」沖縄県教育委員会文化課紀要，2，1985

14） 川島由次・村岡　誠氏の指摘による。沖縄県教育委員会『野国貝塚群』1984

15） 金子浩昌氏による。沖縄県教育委員会『シヌグ堂遺跡』1985，194 頁

16） 宮城朝光「苦増原遺跡の自然遺物」註5）に同じ。同報告書中で，宮城氏による植物遺存体，植生に関する基礎的な考察がなされている。

17） 宮城長信「第1次発掘調査を終えて」西長浜原遺跡調査会『発掘調査ニュース』4，1977 所収

朝鮮半島

福岡市埋蔵文化財センター
■後藤　直
（ごとう・ただし）

朝鮮半島の農耕は別系統の畑作と稲作とが結びついて発展したが，それぞれの比重は地域によって異なっていた

1　弥生併行期の朝鮮半島

弥生時代と同時代の朝鮮半島は，それ以前にはじまった農耕がなお一層発達する時代である。ここでは前・後の時代をふくめた栽培植物出土例（別表）と農具によってこの時代の農耕のあらましをみることにする。

はじめに時代区分の問題にふれておく。日本列島の弥生時代は，朝鮮半島の無文土器時代から原三国時代に平行する。無文土器時代は前・後の二時期にわけられ，弥生時代はそのはじまりを板付Ⅰ式土器の出現期とすれば，無文土器時代後期初頭以降となり，農耕のはじまった夜臼（ゆうす）式土器の時期を弥生時代草創期，早期とすれば，無文土器時代前期後葉以後に平行する。無文土器時代から原三国時代へ移るのは九州における弥生時代中期と後期の境とほぼ一致し，弥生時代後期と原三国時代とは同時代とみられる。両時代から古墳時代および三国時代への変遷時期が一致するかどうかはまだ明らかでないが，大きくはずれないだろう。

これまで原三国時代の代表的遺跡は金海会峴里（フエヒョルリ）遺跡などの貝塚遺跡があてられていた。しかし近年，慶尚道の調査により，原三国時代の土器は瓦質土器で，会峴里遺跡などの主体をしめる土器は三国時代の土器と共通するから，これら貝塚を三国時代に下げる見解があらわれた。ただし，会峴里貝塚などでも瓦質土器は出土しており，遺跡の上限が原三国時代に上ることは確かである。さしあたり問題となるのは，原三国時代とされてきた遺跡で出土した栽培植物遺体や農具の帰属時代である。別表に原三国時代と記した慶尚道の資料について将来変更の必要があるかもしれない。また慶尚道以外の南部の原三国時代とされる遺跡の位置づけも今後変動するかもしれないが，今のところは大きく動かないと思われる。

このような無文土器時代後期以降の時期区分は漢江流域以南のもので，それ以北にはそのまま適用できない。大同江流域を中心とする地域は，南部の無文土器時代後期後葉～原三国時代には楽浪郡の支配下にあった。また北部では早くから無文土器は灰色陶質土器にかわっている。これらの地域の無文土器時代後期～原三国時代は南部のそれに相当する時代という意味でもちいる。

2　栽培植物の有様

朝鮮半島の農耕は，無文土器時代に先行する採集狩猟の櫛目文土器の時代に畑作農耕としてはじまった。この時代の栽培植物遺体はアワが２遺跡で発見されている。この畑作農耕は中国東北地方の新石器時代農耕文化の波及によるもので，北から南へひろまったとみられる。これには家畜（ブタ）の飼育がともなっているが，その証拠は北部に限られ，南部では家畜を欠いていたらしい。南部で家畜（牛馬）があらわれるのははるかのちの原三国時代のことと思われる。北部ではウシの骨が無文土器時代前期の遺跡で発見されている。

櫛目文土器時代の畑作農耕は採集狩猟とならんで生産活動の一部をなしていたにすぎないが，次第に比重を高め，無文土器時代には生産活動の主座をしめるようになった。これと前後して石庖丁が出現し，木製品製作用磨製石器の分化がはじまる。

水稲農耕は無文土器時代に入ったのち，中国の准河—長江下流域から南部に伝えられ，それまでの畑作農耕を基礎にして発展拡大した。櫛目文土器時代以来，長期にわたり発達してきた畑作農耕に対し，水稲農耕は伝来後急速に普及し，ほどなく畑作とともに北部九州にも伝えられた。

畑作と稲作の伝来の経路と時代のちがいは，南北に長い朝鮮半島の自然条件の差異とあいまって，農耕の地域差をうみ出したと考えられる。これは遺跡出土の栽培植物遺体の上にあらわれているが，農耕具としての石器や鉄器に関しては十分に把握できていない。

これまでに発見された食用植物遺体と土器についた圧痕は別表のようになる。このなかにはドン

朝鮮半島の食用植物遺存例（櫛目文土器時代～三国時代）　＜出典は省略＞

遺　　跡	時代（土器）	出土状態	種　　類
咸鏡北道　茂山郡　茂山邑　虎谷	虎谷第２期，青銅器時代（無文土器）	15号住居址，土器内	モロコシ，キビ（各々別の土器）
	〃	15・20・35・40号住居址，炉のまわり	キビの粉と皮殻
	虎谷第３期，　〃　（　〃　）	31・32号住居址，土器内	〃
	虎谷第５期，鉄器時代（　〃　）	５号住居址，埋土	キビかアワの炭化粒
会寧郡　会寧邑　五洞	青銅器～鉄器時代（無文土器）	住居址（複数）の床と埋土	ダイズ，アズキ，キビなどの炭化粒。報告書以後の文献では青銅器時代層でアワ，アズキ，ダイズ
慈江道　時中郡　深貴里	無文土器時代前期（公貴里型土器）	１号住居址，床に埋めた土器内	ドングリ多量
ピョンヤン市湖南洞　南京	新石器時代（櫛目文土器）	31号住居址，床	アワ１升，ドングリ３個
	青銅器時代１期（コマ形土器）	36号住居址，床	コメ，アワ，キビ，モロコシ，ダイズ（コメ，アワが最多，ついでキビ，モロコシ，ダイズの順）
	青銅器時代２期（コマ形土器・美松里型土器）	11号住居址	キビ
貞柏洞２号墓	無文～原三国時代（西暦紀元前後）	木槨墓（高常賢墓）	モモの核10粒
37号墓	原三国時代（紀元前１世紀後半）	木槨墓，北・南槨の棺内	キビ多数
貞柏里19号墳	〃　（紀元後１～２世紀）	木槨墓	モモの核
石厳里 201 号墳	〃　（紀元後１世紀）	木槨墓	モモの核２
219 号墳	無文土器～原三国時代（西暦紀元前後）	木槨墓（王根墓）東・西棺	ヒエ一括
南井里 116 号墳	原三国時代（後漢代後葉）	横穴式木槨墓（彩篋塚）	クリ，モモ，ムギ
黄海北道　松林市　石灘里	青銅器時代（コマ形土器）	39号住居址，土器内	アワの皮殻，アズキ（各々別の土器）
鳳山郡　智塔里	新石器時代（櫛目文土器）	第２地区２号住居址，土器内	ヒエかアワ約３合，報告書以後の文献ではアワ
黄海南道　延安郡　復興里	無文土器時代前期末〔遼寧式銅剣伴出〕	包含層	キビ？の皮殻
江原道　春川市　湖畔洞　中島	原三国時代（灰色陶質土器）	１号住居址，土器内	アワ約 30 g
	〃	第６地点採集	キビかヒエのような圧痕土器
	〃？	２号住居址埋土	稲籾圧痕土器
京畿道　楊平郡　陽根里	無文土器時代		ダイズとアズキの圧痕（５個）土器，アズキ（１個）圧痕土器
驪州郡　占東面　欣岩里	無文土器時代前期（孔列文土器）	14号住居址，土器 No.2 内	コメ３粒
	〃	12号住居址，土器 No.1，No.2 内	コメ78粒
	〃	〃　土器 No.3 内	オオムギ２粒
	〃	〃　土器 No.4 内	モロコシ１粒
	〃	〃　西側肩部	アワ１粒
水原市　西屯洞　麗妓山	無文土器時代後期	採集	稲籾圧痕土器
忠清南道　扶余郡　草村面　松菊里	無文土器時代前期（松菊里型土器）	54地区１号住居址，床の３カ所	コメ 395 g
	〃	54地区２号住居址	稲籾圧痕（１個）土器
	〃	50地区２号住居址	稲籾圧痕（３個）土器
扶余邑　扶蘇山城	三国時代		コメ，アワ，コムギ，ソバ，ダイズ，アズキ
全羅北道　扶安郡　扶安邑　所山里	無文土器時代	採集	稲籾圧痕土器
東津面　盤谷里	原三国時代（灰色陶質土器）	採集	稲籾圧痕土器，マメ科の実の圧痕土器
高敞郡　新林面　松龍里	原三国時代	甕棺墓付近で採集	稲籾とワラ圧痕土器
慶尚北道			
慶州市　半月城下	原三国時代？	包含層，土器内	コムギの小群
朝陽洞	無文土器時代前期	第３次調査住居址	ドングリ約２合
慶州16号墳	三国時代		コメ
皇南洞98号墳　南墳	三国時代		コメ（稲籾）
慶州 126 号墳（飾履塚）	三国時代	土器内	コメ
慶州 138 号墳	三国時代	高杯内	穀粒
味鄒王陵地区			
第４区３号墳	三国時代	第１墓槨，杏葉と鉄斧に付着	コメ
第６区４号墳	三国時代	主槨と副槨	コメ
第９区A号墳	三国時代	第１・２・３墓槨杏葉，銜，鉄斧に付着	コメ
第１～３区古墳群	三国時代	破壊古墳，土器内	ヒエ
大邱市　達西51号墳	三国時代	第１墓槨	稲穂？
星山郡　星山洞古墳	三国時代	古墳 No.不明，土器内	稲籾
慶山郡　孤山面　城洞	無文土器時代	採集	稲籾圧痕土器
慶尚南道　金海市　会峴里貝塚	原三国時代？　三国時代？	包含層第Ⅶb層	コメ，鶏卵よりやや大きい塊
府院洞貝塚	三国時代	A地区Ⅱ・Ⅳ層（貝層）	コメ少量，オオムギ，コムギ
	〃	〃　Ⅱ層	ダイズの皮３個
	〃	〃　Ⅳ層	モモの核
	〃	〃　Ⅴ層貯蔵穴内	アワ
	原三国時代？	B地区最下層	コメ１粒
	〃	C地区溝状遺構内第Ⅴ層	コメ少量，アズキ３粒，山ブドウ２～３粒
釜山市　東三洞　朝島	原三国時代	包含層Ⅱ層	稲籾圧痕（１個）赤褐色軟質土器
五倫台13号墓	三国時代	石槨内	ヒエ
固城郡　固城邑　東外洞	原三国時代？	包含層	コメ，ムギ
晋陽郡　大坪面　大坪里	無文土器時代前期	支石墓などの調査で出土	稲籾圧痕土器７点
山清郡　丹城面　江楼里	無文土器時代〔前期？〕	採集	稲籾圧痕土器

グリや山ブドウ，クリがあり，農耕以前から利用され，農耕開始後も農耕を補った多種多様な食用植物採集活動の一端をしめしている。楽浪古墳ではスモモとモモの種子が出土している。前者は朝鮮にも原産し，古くから採集されていたものであろう。モモは中国で古くから栽培されていたものが，この時代に朝鮮半島に入ったのであろうか。

畑作物にはアワ，モロコシ，ヒエ，キビ，オオムギ，コムギ，ソバ，ダイズ，アズキがある。アワは櫛目文土器時代から原三国時代までの漢江流域以北に出ているが，南部では三国時代の２遺跡で出土しているにすぎない。モロコシとキビは中部以北の無文土器時代遺跡で出土し，南部での出土例はない。ヒエは原三国時代の楽浪古墳と東南部の古墳で３例出土している。オオムギの確実な例は無文土器時代前期の欣岩里(フナムニ)遺跡（漢江流域）だけで，コムギとムギ類は原三国時代の東南部とピョンヤンおよび三国時代の西南部で発見されている。ダイズとアズキは無文土器時代前期にさかのぼるものが漢江流域以北で出土し，南部では原三国時代〜三国時代の出土例がある。ソバは三国時代の扶蘇山城の例だけである。この扶蘇山城の畑作物と，マメらしい圧痕のある原三国時代の土器をのぞくと，西南地域（忠清道，全羅道）には畑作物の出土例はない。

この出土例の時代と分布の偏りは，調査の現状によるもので，必ずしも畑作農耕の実態を正確に示すものではなかろう。畑作農耕は北部においては古くから種類が多く卓越していたことは明らかだが，南部では三国時代までまったくなかったわけではない。三国時代の出土例からみても，無文土器時代以降南部もふくめ，全域で畑作が行なわれていたことは確かである。アワは櫛目文土器時代にさかのぼるが，これは中国の黄河流域〜東北地方の新石器時代農耕がアワを主作物としていたことと関係があろう。これ以外の作物も無文土器時代前期には栽培がはじまり，朝鮮半島全域にひろまっていたと考えられる。

コメの炭化粒や稲籾圧痕のついた土器は無文土器時代前期以降の遺跡で出土している。最北の例はピョンヤン市南京(ナムギョン)遺跡だが，漢江流域から南へ出土例が増える。現在のところ畑作物の例がない無文土器時代〜原三国時代の西南地域では４遺跡で炭化米や籾圧痕土器が出土している。東南地域でも無文土器時代から三国時代までの出土例がある。

このような出土例と気候条件からみれば，稲作は南部でさかんであり，大同江流域がその北限をなし，それ以北や咸鏡道，江原道北部は非稲作—畑作だけの地域であったことが確実になる。大同江流域では，南京遺跡以降，この地域で稲作がつづいたかもしれないが，その比重は低かったであろう。

副葬例や土器圧痕をのぞき，生活址で炭化米の出た遺跡では，忠清南道松菊里(ソングンニ)遺跡以外はコメとともに畑作物も発見されている。松菊里遺跡でも粉食用鞍形すりうすが出土しているので，コメのほかに畑作物も作っていたにちがいない。畑作物の共伴は，地域によってそれぞれの比重がことなるにしても，稲作と畑作をあわせ行なうのが当時の農耕の常態であったことをうかがわせる。このような稲作と畑作の結びつきは，稲作が先行する畑作社会にあとから受け入れられ，技術的には畑作用農具を転用・改良することではじまったからであり，稲作開始の当初からの姿であったとみられる。稲作と畑作の結合は，前者が次第に比重を増したとはいえ，南部では三国時代にもひきつがれたにちがいない。

3　農耕具の展開

農耕具は石製品から鉄製品にかわってゆく。木製農具も大いに使用されたにちがいないが，まだ出土例はない。青銅製農具は豊富な青銅器の出土にもかかわらず見出されていない。わずかに黄海北道松山里ソルメッコル石槨墓出土の鍬ともみられる銎斧類似形のものおよび鋳型（全羅南道霊岩）があるだけである（無文土器時代後期中葉）。

鉄製農具の最古の例は慈江道龍淵洞(リョンヨンドン)出土の鎌，庖丁，鍬，鋤（いずれも鋳造品）である。鎌は背に隆帯があり，着柄部には折り返しがなく目釘穴があき，のちの鉄鎌とことなる。これとほぼ同時期ないしやや遅れるのは平安北道細竹里(セジュンニ)遺跡の鍬（鋳造品）と鎌，咸鏡北道虎谷(ホゴク)遺跡第Ⅵ期の庖丁（鋳造品）と鎌である。細竹里の鎌の形態は明らかでないが，虎谷の鎌は着柄部に折り返しのある鍛造品である。これらは紀元前３〜２世紀，無文土器時代後期前〜中葉に平行する。北部の中でもより北側で出土するこれら鉄製農具は中国東北地方の同時代の農具と共通し，庖丁，鍬，鋤は朝鮮半島の他地域にはみられない。

この3遺跡例を除くと，三国時代までは鉄鎌が朝鮮半島唯一の鉄製農具といってよく，種々の鉄製農具があらわれるのは三国時代になってからである。

鉄鎌は無文土器時代後期後葉の時期に，大同江流域を中心とする西部地域の木槨墓に副葬された例がいくつかしられている。無文土器後期後葉の南部では慶州市九政洞(クチョンドン)の鉄鎌がほぼ唯一の例であろう。原三国時代にはやや出土例が増えるが，三国時代の出土品（ほとんどすべてが古墳の副葬品）はきわめて多い。大同江流域から南へ，時代とともに増加する鉄鎌はいずれも着柄部に折り返しのある鍛造品で，北から南へ，鉄生産の拡大にともなって伝播したものである。

耕作具に鉄製品があらわれるのは，確実な出土品によれば三国時代になってからである。ただし京畿道大心里(テシムニ)遺跡の鋳造トウグワは，本遺跡のもっとも古い土器にともなうとすれば原三国時代初期にあげることも可能である。

出土資料によれば鉄製耕作具の出現は鉄鎌よりはるかに遅れるようにみえるが，九州の弥生時代中期には耕作具の鉄製刃先が一部にあらわれていること，朝鮮半島南部では原三国時代にはすでに鉄生産がはじまっていることなどにもとづけば，おそくとも原三国時代，はやければ無文土器時代後期後葉に耕作具の鉄器化がはじまったと推定してもよいだろう。今後の土器編年の進展と調査例の増加に期待したい。

三国時代の鉄製農具は，とくに南部で多くの出土例がある。これらについては有光教一氏と東潮氏の研究がある。東氏は鋳造斧形品を耕起，開墾，土木具としてのトウグワとし，畑作との結びつきを推定している。このほかにU字形スキ，三本鍬，サルポ，鎌などについて，有光氏の研究をふまえてくわしく考察している。また牛耕の導入期を6世紀代を1～2世紀さかのぼると推定している。

鉄製品出現前の農具は石製品で，一部に骨角製品がしられている。櫛目文土器時代には凸字形石斧（鍬），大形扁平石器（石鋤），鹿角製鍬（掘棒），石鎌，牙鎌がある。いずれも畑作用農具である。これらは漢江流域以北でおもに出土している。また鞍形すりうす（製粉具）は全域にみられ，無文土器時代にも畑作穀物製粉具としてひきつづき使用されている。

無文土器時代の石製農具は石庖丁とこれよりはるかに少ない石鎌だけである。石庖丁は種々の形態がある。長方形両刃（孔は1ないし2，無孔もある）と直刃外彎背形両刃（2孔が多い）は北部の畑作地帯，平安北道から咸鏡道に多く，平安南道から京畿道にも分布するものは，片刃が多数をしめる。刃部と背の両方が外彎するものは京畿道以北に分布するが，両刃のものは平安北道と咸鏡道に，片刃のものはそれより南にみられる。外彎刃直背形2孔のものはほとんどすべてが片刃で，平安南道以南に多い。三角形石庖丁は稲作をも行なう京畿道以南に多く，とくに忠清道・全羅道・慶尚道の石庖丁のほとんどすべては三角形と外彎刃直背形である。このように稲作＋畑作の南部から稲作の比重が低い中部をへて畑作のみの北部まで，石庖丁の形態は漸移的に変化し，農耕形態と石庖丁の間に大まかな対応が認められる。これに時間的変化を加えれば農耕文化系統の歴史的推移がたどれるだろうが，これは今後の課題である。

木製農具はすでにのべたように出土例はないが，忠清南道大田出土と伝える防牌形銅器には三叉の踏鋤と鍬を使う人物が鋳出され，実例のない木製耕具の唯一の資料である。

参考文献

有光教一「朝鮮半島における鉄製農具の変遷について」末永先生古稀記念古代学論叢，1967

東　潮「朝鮮三国時代の農耕」橿原考古学研究所論集，4，1979

後藤　直「弥生文化成立期の朝鮮半島」歴史公論，74，1981

後藤　直「朝鮮半島における稲作の始まり」考古学ジャーナル，228，1984

池健吉・安承模「韓半島先史時代出土穀類と農具」韓国の農耕文化，京畿大学出版部，1983

西谷　正・東　潮「朝鮮・無文土器時代および原三国時代鉄器出土地名表」たたら研究，22，1978

申敬澈「伽耶地域における4世紀代の陶質土器と墓制」古代を考える，34，1983

崔鍾圭「陶質土器成立前夜と展開」韓国考古学報，12，1983

武末純一「慶尚道の『瓦質土器』と『古式陶質土器』」古文化論叢，15，1985

〔付記〕

現在は栽培植物遺体出土例が大幅に増加し，木製農具や水田・畑遺構も発見され，農耕の地域差，歴史的評価を再考すべき段階にある。（2000年1月）

中　国

駒沢大学助教授
飯島武次
(いいじま・たけつぐ)

中国では弥生併行期の後漢代に入って先進的な農耕技術が全土に広まったが，それは日本にも大きな影響を与えたと思われる

日本の弥生文化の年代を前3世紀から後3世紀と仮定すれば，その年代は中国の戦国時代末期から統一秦，前漢，王莽新，後漢，三国時代(魏・呉・蜀)，西晋の時代にあたる。おおよそのところ，いわゆる秦漢時代を中心とした時代と見ることができる。この時代にようやく，日本と中国の初期の国家的な接触が開始されたと考えられ，日本と中国の交流は，中国側の正史に記載された記事によって知ることができる。

後漢の班固による『前漢書』地理志・燕地の條に，「楽浪海中有倭人，分為百餘國，以歳時来獻見云」とあるのが，中国側の倭に関する確かな記事の最も古いものとされている。ついで，『後漢書』東夷伝・倭の條には，建武中元二年(57年)に倭の奴国王が後漢の光武帝に朝貢し，印綬を授けたとの記録が見られる。このように，西暦を前後して，日本と中国の公式の往来も行なわれるようになったが，このころの中国における農業活動の技術は，きわめて高い水準に達していた。戦国時代以来，鉄製の生産用具は一途に発展してきたが，漢代に入ると鉄器の製作と使用は，戦国時代に比べてさらに広汎なものとなった。とくに武帝およびそれ以後は，鉄器の伝播はさらに迅速となり，鉄製農器具の使用が，日本を含む周辺地区に拡がって行った。中国における高水準の農業生産活動が，そのまま，弥生文化期の日本へもたらされたとは考えられないが，日本の遣使が，漢・魏の都である洛陽に往来していたと仮定するならば，おのずとかの地における農業生産活動を目にし，中国における農業技術の一端が日本に伝播したと考えても不自然ではない。

秦漢時代の農耕文化を考えるにあたっては広汎な研究課題がある。耕具・播種用具・収穫具・穀物加工具など農器具の研究，灌漑・肥料・貯蔵技術の研究，農業作物と加工・調理された食料の研究などが主たる研究課題となってくる。ここでは，漢代の人間がいかなる食生活をしていたかを考え，その食生活をささえた農耕活動へと話を展開してみたい。

1　馬王堆1号漢墓にみる食生活

漢代の食物資料と農作物資料は，偶然的な理由と思われるが，前漢時代の資料が多い。とりわけ湖南省長沙市五里牌外の馬王堆1号漢墓からは多くの食物遺物と，葬送にあたっての献立を記入した多数の竹簡が出土している[1]。馬王堆1号漢墓は，軑侯利蒼の妻の墓と考えられ，彼女は前168年の数年後に死亡し，埋葬されたと推定されている。馬王堆1号漢墓から出土した食物は，漢代の太守・宰相階級の葬送儀礼に伴う特殊なもので，前2世紀中葉の一般の食糧事情を全面的に反映しているとは思えないが，しかし，前2世紀の江南における食物事情と，その背後にある農業活動を考える上で一級の資料となりうるものである。

馬王堆1号漢墓の副葬品である漆器，竹行李，土器の中から食物が発見されている。漆器の鼎からは蓮根を輪切にしたものが，盆からは穀物の粉を焼いた餅状の食物が，小盤からは牛・雉，麺類などの食物が，また奩からも餅状の食物が発見されている。竹行李からも多くの食物が発見されているが，その多くは動物の骨で，肉食品が納められていたと考えられる。竹行李に納められていた肉食品には，羊，牛，豚，犬，鹿，兎，鶴，鶏，鴇，雁，雀，卵などがあった。竹行李に付けられた木札と出土した竹簡の記載をあわせて検討すると，これらの肉食品が，炙(串焼)，熬(火で乾かした干物)，脯(細かく裂いた干し肉)，腊(小動物の丸ごとの干し肉)などに調理されていたことが知られる。竹行李には肉食品のほか，穀物，野菜，梨・梅などの果実類も納められていたほか，判別しがたい植物の残りかすもある。土器の類にも各種の食物が納められていた。土器の鼎からは鴨，雁，鶏が，盆からは粟をこねて円く焼いた食物が，罐からは浜納豆状の食品，ニラ，豆類，山桃，瓜類の種，梅，稲類の食物，麵類，粟類の食物，牛・鹿・魚の骨などが発見されている。

これら馬王堆1号漢墓から出土した食物に関しての科学的鑑定結果が発表されている[2]。それによると，穀物および豆類には，稲，小麦，大麦，黍，粟，大豆，小豆，麻の実があった。稲には秈と稉が存在し，粳と糯があり，長粒・中粒・短粒が併存し前漢初期の稲の品種が改良され，種類も豊富であったことを示している。麦については，従来，江南における麦の栽培は比較的遅いとされていたが，馬王堆1号漢墓からの小麦や大麦の発見によって，前漢初期に麦の栽培が，長沙地区においても相当に一般化していたとも考えられる。瓜・果実類には，真桑瓜，棗，梨，梅，山桃があった。被葬者の腸，胃，食道からは138粒の瓜の種が発見されている。これらの瓜の種は現在の栽培種の種によく似ており，栽培されたものと推定される。野菜類には，葵，芥子，生姜，蓮根などがあった。

馬王堆1号漢墓から出土した竹簡には，葬送儀礼の献立と思われる料理の名が記載されている。竹簡に記載された内容のなかで，比較的わかりやすく，興味のあるいくつかを，林巳奈夫氏の解釈を参考として以下に示してみると[3]，

簡　1：牛首酪羹一鼎（調味料や野菜を加えない牛の頭のスープが鼎に1ぱい）

簡　13：鹿肉芋白羹一鼎（シカの肉とサトイモのコメ入りスープが鼎に1ぱい）

簡　19：狗巾羹一鼎（スミレの葉入りの仔イヌのスープが鼎に1ぱい）

簡　34：牛脯一笥（牛肉の細くさいた干し肉が行李に1ぱい）

簡　43：豕炙一笥（ブタ肉の串焼が竹行李に1ぱい）

簡　95：離然一資（もちごめとナツメを一緒に炊いた飯が硬質土器のかめに1ぱい）

簡　97：孝楊一資（水飴が硬質土器のかめに1ぱい）

簡 101：枝(豉)一垢(浜納豆の類がつぼに1ぱい）

簡 120：居女（粔籹）一笥（穀物の粉と蜂蜜をこね合わせ，のして火で焼いた菓子が行李に1ぱい）

簡 121：唐(糖)一笥（飴玉が行李に1ぱい）

簡 129：白楽食四器盛（白い粟の御飯が4はい。めしびつにいれてある）

簡 130：稲食六器某二検(奩)四盛（米の御飯が6ぱい。うち2はいは食物を盛る蓋付き容器に，4はいはめしびつにいれてある）

簡 131：麦食二器盛（麦飯が2はい。めしびつにいれてある）

簡 144：稲白秫(秫)二石布嚢二（モチゴメ2石。麻布の袋2つにはいる）

簡 155：稲白鮮米二石布嚢二（ウルチゴメが2石。麻布の袋2つにはいる）

などである。馬王堆1号漢墓出土の1群の竹簡に示された前漢初期の食物はきわめて豊富で，主食，副食とも種類が多く，調理方法も非常にこっている。竹簡の記載に見られる調味料には，水飴，蜂蜜，酢，塩，浜納豆の類，麴があり，酒には濁酒，甘酒，醸酒？，清酒？などがある。穀物を調理加工したものには，米の飯，麦の飯，黄色い粟の飯，白い粟の飯，穀物の粉と蜂蜜をこねて焼いた菓子，小麦粉の菓子，干し飯に蜂蜜を加えたもの，煎米，棗の身をまぶし煎った穀物，煎った白米などがあった。調理加工法には，スープ，串焼，刺身，さっとゆでたもの，火で乾かした干物，小動物の丸干し，蒸物，煎った物，煮物，細く裂いた干し肉，酢漬などが知られる。

馬王堆1号漢墓出土の食物と竹簡によって，江南の前漢時における食生活をかなり具体的に知ることができるが，農作物の植物遺体の発見は，ほぼ中国全土におよんでいる。華北の河南省内では，稲(粳)，粟，大麦，小麦，黍，豆，麻，高梁，鳩麦などが，陝西省内では，粳黍，蕎麦，高梁，オリーブ，稲（糯米)，麦，粟などが発見されている。一般的な傾向として，北では粟，麦，黍，高梁，蕎麦などの穀類の出土が多く，南では，稲，粟，黍などの穀類のほか，瓜類，梨，山桃，杏，梅，棗など果実の出土が目立つ。

2　漢代の農業技術

馬王堆1号漢墓の出土資料に代表される漢代の食糧生産をささえていたのは，当然のことながら漢代の農業技術である。

漢代に入って農作物の生産量が増大した要因には，一般的な農耕技術の進歩はもちろんのこと，多量の鉄製農具の使用が可能になったことがある。それらの鉄製農具には，犂鏵，耬鏵，鍤（日本のスキ)，耒，鏟，各種の钁，鋤（日本のクワ)，各種の鎌などがある。鉄製農具の中でとくに重要なものに鉄製犂鏵の大量使用とその改良がある。鉄製犂鏵の多くは，前漢中期以降の遺跡から発見され，この時期の出土は，陝西関中地区に集中し

ている。このことは戦国時代以来，一部に使用されていたV形鉄冠木犂鏵の構造が複雑になり，前漢中期の陝西関中地区においてV形鉄冠鉄犂鏵（鉄製犂鏵）へと発展し，その後，全国的に普遍化したことを示していると思われる。鉄製犂鏵は，西安・咸陽・長安・礼泉・興平・藍田・富平・隴県などからの出土が報告されている。

1975年に，西安市西郊の上林苑の範囲内の貯蔵穴から85点の鉄鏵，犂鏡が出土した[4]。これらの農具には，長さ約30cmほどの大鏵と，長さ10.8～17.5cmほどの小鏵[5]がある。大鏵と小鏵は，しばしば共伴するので，それらに使用上の区別があったと推定される。V形鏵冠の多くは大鏵とともに出土し，あるものは大鏵の刃端にかぶさっている。このほか，興平・藍田県において小鏵が鉄口鋤とともに発見されている。このようなV形鏵冠や鉄口鋤の効用が犂鏵の保護にあることはあきらかで，犂鏵の使用期間を長くするものであった。また各種の犂鏡の発見は，前漢中期以降，耕作目的に応じて犂鏡の形を変えて使用していたことを示している。しかし，前漢時代において，このような高水準の犂鏵を用いていたのは，陝西関中地域に限られると推定される。河南・河北・遼寧・山東・山西・江蘇・貴州省などで発見されるものはV形鏵冠が主で，戦国時代のものよりは改良されているが，やはり，V形鉄冠木犂鏵が使用されていたと推定される。しかし後漢時代に入ると鉄製犂鏵の使用はしだいに広がり，寧夏においても犂鏡が発見されている。陝西省米脂県官庄村の画像石墓や江蘇省睢寧県双溝地区の画像石，山東省滕県黄家嶺の画像石には，牛耕の画像が見られ，犂鏵の使用が耕作の重要な部分をしめていたことが知られる（図上）[6]。

漢代には，播種用具も大いに発展し，耬車（種まき車）の発明があった。山西省平陸県棗園村の後漢の壁画墓には，耬播の図が描かれている[7]。これは1人の農夫が，1牛をつかって，耬車で種をまいている姿である。漏斗の下に3本の耬足がはっきりとみえている。漢代の耬鏵は，遼寧省遼陽県三道壕，陝西省富平県，北京清河鎮，河南澠池県などかなり広い範囲で発見されている。北京の中国歴史博物館には，漢代の耬車の模型が展示されているが，これを見ると漢代の種まき技術が相当に発展し，効率のよいものであったことがうかがわれる。

漢代の収穫用具は，鉄製の鎌が一般的で，鉄鎌には鉤鎌，矩鎌，鏺鎌（はつがま）（大鎌）があり，まれに銍（ちつ）（爪鎌）もある。陝西省長安県紅慶村からは，全長34cmほどの鉤鎌が発見されている。鉤鎌は多くの地区の漢墓中から発見されているが，それらは，戦国時代の矩鎌よりも，稲や麦などの収穫に適し，漢代の収穫作業の効率を上げたものと思われる。後漢時代に入ると鏺鎌（大鎌）が出現する。鏺鎌は，四川省綿陽県と牧馬山の崖墓中から発見されている。牧馬山出土の鏺鎌は，全長35cmあり，鎌身は細く板状で基部に方形の銎があって木柄がつくようになっている。これらの鏺鎌は四川省成都羊子山の後漢墓から出土した画像塼の収穫図（図下）の農夫が用いているものによく似ている[8]。この収穫図では，右の2人が鏺鎌を振るい，左の3人は銍（爪鎌）を用いているものと思われ，後漢時代の収穫の様子をよく描写している。

穀物加工の道具として，考古学的資料となる主要なものは，杵，臼，踏碓（ふみうす），磨碓（ひきうす）などの類であるが，これらには，実物のほか，明器として製作されたもの

漢代の農耕図

上：耕耘図＜江蘇徐州画像石＞，下：収穫図＜四川成都画像塼＞

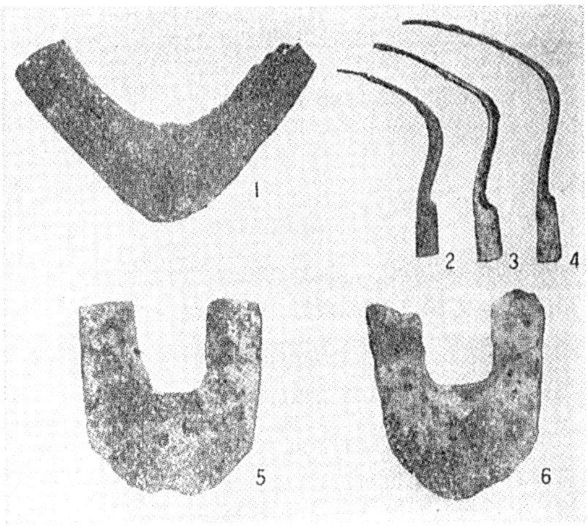

鉄 製 農 具

1：犂鏵（戦国時代），　2〜4：鏺鎌（漢代），
5・6：鍤（漢代）

もある。河北省満城1号漢墓では，大型の磨が発見されている[9]。この磨は上下2枚の石磨盤からなり，直径54 cm，通高18 cm の大きさを有するものであった。磨盤の中央には鉄軸があり，磨盤は漏斗形銅器内に入り込んでいた。漏斗形銅器は，口径94.5 cm，高さ34 cm の大きさで，内壁の四方向対称に長さ7.5 cm，幅2.5 cm，厚さ2.5 cm の支架が突起している。本来，2枚の石磨盤は，漏斗形銅器内壁の支架に組まれた十字形の木架の上に存在していたと推定され，石磨盤で加工された穀類の粉を，この漏斗形銅器で受け，さらに下に置いた容器におとしたものと考えられる。満城1号漢墓の磨のそばには，馬の遺骸が存在し，磨の回転のために馬力を用いていたことが明らかとなった。前漢の武帝時代に，すでに家畜の力を用いた大型磨が存在していたことを示している。満城漢墓と同時代の馬王堆1号漢墓出土の菓子類を作った粉は，多分このような磨で加工されたものと推定される。馬王堆1号漢墓の菓子や餅の資料と，満城漢墓の磨から，前漢時代に穀物の粉を用いた粉食が比較的一般的なものであったと考えてさしつかえないであろう。

後漢時代の画像塼や墓の壁画には，当時の農耕や農園の風景を描いたものが少なくない。1971年に内蒙古自治区和林格爾（ホリンゴール）後漢墓で発見された壁画には，荘園，農耕，農園，採桑，舂米，穀物倉庫，醸造，果樹園，牧馬，牧羊，牧牛などの場面が描写されていた。農耕場面では，ここでも犂鏵を用いての牛耕を見ることができる。耕された畝は横方向の直線で表現されている。また荘園内には土壁で囲まれた農園が存在し，そこでは鋤（日本のクワ）を用いて小規模な耕作を行なっている。荘園内には土壁で区画されたいくつかの区域があり，それぞれ，馬，牛，豚，羊がはなされている。荘園内の建物の周囲には桑や果樹が植えられ，そこで労働する人物も描かれている。広場には，車で運んだ穀物が積まれ，穀物の一部をむしろに広げて乾燥している。和林格爾の壁画墓の絵によって，後漢時代の地主の荘園の様子と，そこにおける農業生産活動の様子をかなり具体的に知ることができる。和林格爾は内蒙古の地で，長沙とは遠く離れているが，長沙馬王堆1号漢墓に納められていた食物も，江南の同じような農園で生産されたと考えてさしつかえないであろう。

前漢の武帝時代以降の中国の農業は，飛躍的な進歩をとげたと考えられる。これまでに述べたこと以外にも，灌漑，肥料，貯蔵などの技術も進歩し，この時代の農業技術が後の中国農耕社会の基礎をつくった。前漢時代には，先進的な農耕技術がまだ陝西関中地域にとどまっていたと見ることもできるが，後漢時代に入ると，先進的な技術が中国全土に広まって行ったことは間違いのない事実である。前漢，後漢，三国時代と，しだいに日本と中国間の接触が深まるなかで，多くの中国文化とともに，先進的な中国の農耕技術の一部が日本に入ってきたのは当然のことである。

註

1）湖南省博物館・中国科学院考古研究所編『長沙馬王堆一号漢墓』1973
2）文物出版社『長沙馬王堆一号漢墓出土動植物標本的研究』1978
3）林巳奈夫訳「竹簡」『長沙馬王堆一号漢墓』1973，179〜211頁
4）陝西省文物管理委員会「建国以来陝西省文物考古的収獲」『文物考古工作三十年』1979
5）犂鏵の部分名称については，黄展岳「古代農具統一定名小議」農業考古，1981―1 を参照した。
6）江蘇省文物管理委員会『江蘇徐州漢画象石』考古学専刊，乙種十，1959
7）山西省文物管理委員会「山西平陸棗園村壁画漢墓」考古，1959―9
8）聞宥集『四川漢代画像選集』1956
9）中国社会科学院考古研究所・河北省文物管理處「満城漢墓発掘報告」『中国田野考古報告集』考古学専刊，丁種二十，1980

沿　海　州

筑波大学大学院
臼杵　勲
（うすき・いさお）

沿海州のクロウノフカ文化とオリガ文化期には雑穀農耕，家畜飼養，狩猟・漁撈という３本だての経済がすでに確立していた

沿海州地域には，現在，ロシア連邦・中華人民共和国・朝鮮民主主義人民共和国の国境が存在し，そのために当地域の原始・古代文化は各領内で別々に研究が進められ，それに応じて異なった名称や年代さらには歴史的段階を与えられる場合もある。本稿ではロシア極東における研究を軸として，それぞれの見解について若干の整理をしながら，この地域の弥生時代並行期の文化を紹介してみたい。

1　沿海州における弥生並行期の諸文化

ロシア連邦沿海州地域における弥生時代並行期の文化としてクロウノフカ文化とオリガ文化が挙げられる。クロウノフカ文化は，中華人民共和国領内では団結文化と呼ばれる。また，朝鮮民主主義人民共和国領内では無文土器のうちの孔列土器を出土する文化にあたる。ロシア領内では，日本海沿岸からハンカ湖付近までの地域に分布が知られており，さらに綏芬河流域や豆満江流域までをも含めた広い領域に存在していた。ロシア領内では，オリガ文化の領域もクロウノフカ文化と大きな違いはなく，ウスリー川中流域のようなクロウノフカの領域よりやや北の地域でもいくつか遺跡が確認されているにすぎない。

ジェ・ヴェ・アンドレーエヴァによれば，クロウノフカ文化は紀元前１千年紀後半から紀元初頭頃まで，オリガ文化はそれに後続するものと考えられている[1)]。このような連続は，層位的にもブロチカ丘遺跡で確かめられている。また，クロウノフカ文化の実年代を示す資料として，セミピャトナヤ谷遺跡で紀元前910±80年という放射性炭素年代が得られた。しかし，中国側の団結文化の諸遺跡で得られた放射性炭素年代は，最も古いものが紀元前420年±105年，最も新しいものが紀元65±85年であり，アンドレーエヴァの推定と一致する結果が提出されている[2)]。その他に，クロウノフカ文化に所属するイズヴェストフ丘の石棺墓で，古式の細形銅剣・銅鉾・多鈕鏡などが出土しており戦国後期から前漢ころの年代が推測され[3)]，さらに団結遺跡では前漢代の五銖銭が出土している。これらの資料からみて，クロウノフカ文化に与えられた年代はほぼ正しいものとしてさしつかえないと思われる。

2　クロウノフカ文化の内容と生業

クロウノフカ文化期の遺跡は，低い河岸段丘上や丘上のような高い場所に立地する。住居は半地下式のものが多いが，クロウノフカ村遺跡では地上住居や杙を用いた小屋も存在した。オンドル状の施設を持つ住居も多い。

クロウノフカ文化の指標となる土器には，胴部の張った卵形ないしは円筒形の甕，多孔の甑，高杯，鉢形のものがある。甕には切株状の突起を持つものが存在する。色調は赤ないし黄褐色，器面にはやや光沢が見られる。胎土には，石英や珪石粒を多く混入している。ほとんどが無文である。

石器には，石斧，石庖丁，砥石，錘，石鏃などがある。鉄器には，有袋鉄斧や刀子が存在する。鉄製刀子には，石庖丁の形制に近いものが存在する。鉄器の出土は以前のヤンコフスキー文化期から知られ，クロウノフカ期には出土量が増加し逆に石器が減少することが，ソコリチ遺跡などで確認されている。この点から，ロシアの研究者は，ヤンコフスキー文化を初期鉄器時代前期，クロウノフカ文化を初期鉄器時代後期の段階に位置づけている。

鉄器以外の金属製品として，青銅器も存在し，アレニー１遺跡やペトロフ島遺跡では，冶金作業を行なった遺址が発見されている。製品としては鍑などの容器が出土している。

家畜動物の骨が，クロウノフカ村遺跡やソコリチ遺跡で出土している。クロウノフカ村遺跡ではブタ・ウシ・ウマ・イヌが，ソコリチ遺跡では，ウシとブタの骨が出土している。また，野生動物の遺存体としては，イノシシ・オオジカ・シカのものがある。イノシシの牙を利用した装飾品も存

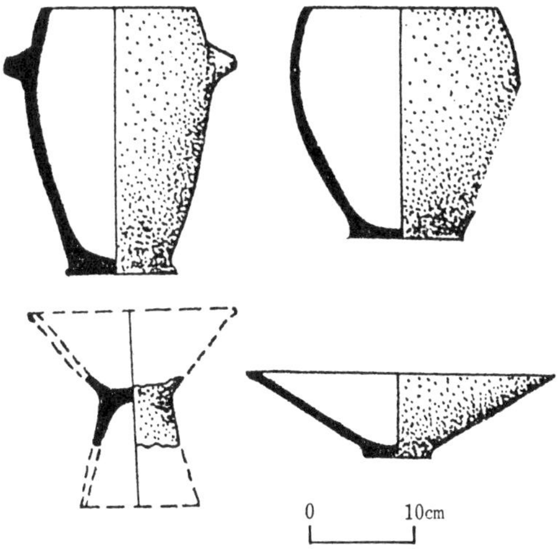

図 1　クロウノフカ文化の土器

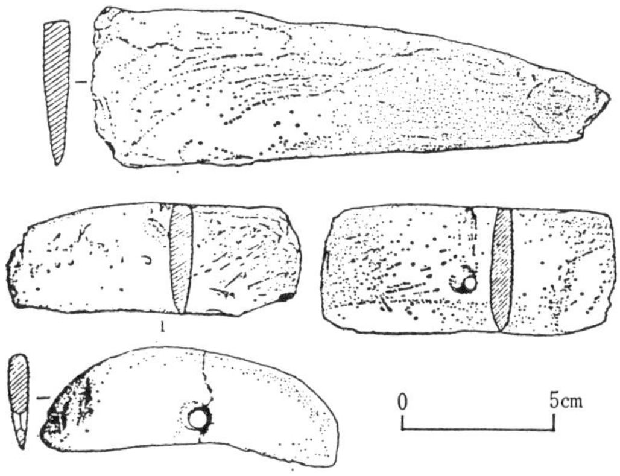

図 2　団結文化の石器　大城子遺跡出土
(『考古』1979—1 より)

在する。

以上のような出土品から，クロウノフカ文化の経済を推測してみると，まず農耕・家畜飼養の存在は明らかである。ロシア領内ではクロウノフカ文化の栽培植物の遺存体は明らかではないが，クロウノフカ文化にあたる咸鏡北道茂山虎谷遺跡ではキビとモロコシが出土している。中国領内では，団結文化に近い内容を持つ牡丹江流域の東康遺跡でアワとキビの種子が出土している[4]。さらに，アレニー1遺跡とエカチェリノフカ村付近遺跡で以前のヤンコフスキー文化期の層からキビの種子が，マラヤ・パドゥシェチカ遺跡のやはりヤンコフスキー期の層からオオムギの種子が出土している。クロウノフカ文化期にもこれらが栽培植物として用いられた可能性は高いと思われる。収穫用具としては，もちろん石庖丁およびそれに類似する鉄器，耕作具としては大型の石斧や鉄斧が考えられている。

また，狩猟とともに漁撈もクロウノフカ文化期の経済において，重要な役割を占めており，日本海沿岸のキエフカ遺跡などでは，多量の石錘が出土している。

3　オリガ文化の内容

オリガ文化の遺跡は，河川流域，海岸沿いに存在している。シニェ・スカルィ遺跡では，長方形の半地下式住居が発見されている。また，オンドル状の設備を持つものが，セニキナ・シャプカ遺跡やマラヤ・パドゥシェチカ遺跡で発見された。

この時期の土器は，外反する口縁と強く張りだした胴部を持つ壺，甕，高杯，鉢などの器形を持つ。焼成はクロウノフカ期のものと大きな変化はない。この時期の特徴として，装飾を持つものが現われる点が指摘できる。装飾には，沈線文，指による押圧文，粘土紐の貼付，叩き目などがある。

オリガ文化期にも石器は残存し，石斧や石庖丁などが出土している。量的にもまだ比較的多いものの，鉄器の占める割合は増加している。ペシチャヌイ半島における出土品の割合を見ると，ヤンコフスキー文化期には石器が 99% で鉄器は1%のみであったが，オリガ文化期には，石器が 61% で鉄器が 31%，青銅器が 8% を占めている。石器の中には錘などもかなり含まれており，また鉄と石との遺存の条件なども考慮に入れると，農工具についての割合はこの数字以上に近接するだろう。また，この時期の鉄器は，その種類が増えていることも指摘されている。とくに注目されるのは鉄鏃・小札などの武器，それに鎌と鋤という新しい農具の出現である。その他に，鉄斧，刀子，さらに鉄製の装飾品も発見されている。

青銅器については，鋳型がシニェ・スカルィ遺跡で発見されており，その製作が行なわれたことが判明しているが，ほとんどが装飾品である。

家畜獣の骨は，マラヤ・パドゥシェチカ遺跡とシニェ・スカルィ遺跡で出土している。前者では全獣骨の 67% を，後者では 99% を家畜のものが占めている。種類として，ブタ・ウマ・大型有角家畜・小型有角家畜が挙げられている。

栽培植物の遺存体として，マラヤ・パドゥシェチカ遺跡ではキビの種子が，シニェ・スカルィ遺跡では，粥状になったオオムギが出土している。

上記した資料を基にするかぎりでは，オリガ文化期の生業形態は，クロウノフカ文化と基本的な違いはないように思われる。なお，オリガ文化期の出土品（とくに青銅製装飾品）を見ると，後の靺鞨文化あるいは渤海文化のものが含まれており，オリガ文化の設定にやや不明確な部分があることを指摘しておきたい。

4 周辺地域について

ここで周辺地域の諸文化の生業についても若干ふれておきたい。アムール中流域でクロウノフカ・オリガ両文化に並行すると考えられるのが，ポリツェ文化である[5]。ポリツェ文化は，ア・ペ・デレビャンコにより3期に区分されているが，その第2期にあたるポリツェI遺跡では火を受けた全住居からキビの種子が出土した。それらは，大型の土器の中などに保存されていた。家畜としては，ポリツェI遺跡ではブタとウマ，アムール・サナトリー遺跡ではブタの骨が発見された。また注目されるのはブタ形の土偶であり，それが上記の虎谷遺跡から出土したブタ形土偶と関係するであろうことが，加藤晋平により指摘されている[6]。ポリツェ文化には，釣針・錘などの漁具も見られ，河川を利用した漁撈が行なわれたことを示している。

図3 ブタ形土偶
上列：ポリツェ，中列：鶯歌嶺，下：虎谷

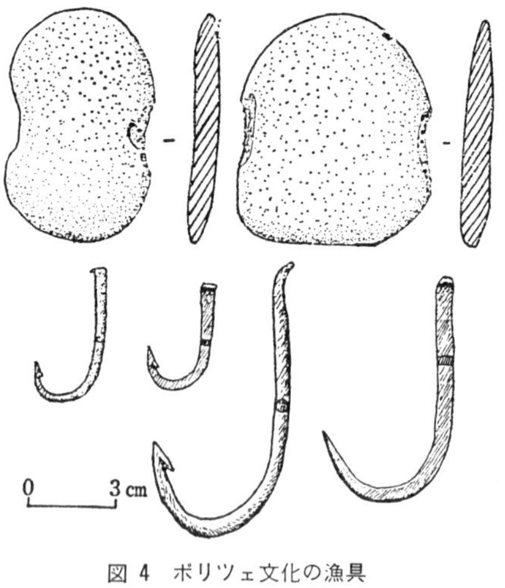

図4 ポリツェ文化の漁具

中国東北地方では，上記したように東康遺跡でアワとキビが出土している。また，それにややさかのぼりおそらくクロウノフカ文化よりも少し前の時期となる，鏡泊湖付近の鶯歌嶺遺跡上層でもブタ形の土偶が出土している[7]。骨角製品の出土も多く，この時期はかなり狩猟・漁撈も行なわれたことが推定されている。

5 結 語

以上より，沿海州，アムール河流域，中国東北地方には，雑穀農耕，ブタを中心とした家畜飼養，狩猟と漁撈という3本だての経済が，弥生時代並行期にはすでに確立していたことがわかる。『後漢書挹婁伝』は沿海州が五穀を産出し，ブタがよく飼育されていることを伝えている。五穀の内容が明らかではないが，このような状況は，考古学的にも証明されたといえよう。

註

1) ジェ・ヴェ・アンドレーエヴァ『原始共同体期の沿海州―鉄器時代』1977
2) 林 澐「論団結文化」北方文物，1，1985
3) 岡内三真「朝鮮における銅剣の始源と終焉」『小林行雄先生古稀記念論文集』所収，1982
4) 黒龍江省博物館「東康原始社会遺址発掘報告」考古，1975—3，1975
5) ア・ペ・デレビャンコ『紀元前1千年紀の沿アムール』1976
6) 加藤晋平「ソ連邦極東南部地区―沿アムール・沿海州」『三世紀の考古学』上所収，1980
7) 黒龍江省文物考古工作隊「黒龍江寧安県鶯歌嶺遺址」考古，1981—6，1981

北西ヨーロッパ

東京大学助手
西田泰民
(にしだ・やすたみ)

北西ヨーロッパにおける動物性と植物性食料の比重は今後の研究課題であるが，いぜんとして野生植物も利用されていた

1　ケルト人・ゲルマン人の食生活

弥生併行期の北西ヨーロッパといえば，鉄器時代後期からローマ支配期にあたるが，ここではおおまかに前1千年紀の様相を中心に述べてみたい。この時期には部族ごとのまとまりができ，組織立った交易も行なわれていた。また，ローマとの接触があり，ローマ人やギリシア人が住民の習慣や民族的特徴を書き残しているという点を見れば，弥生時代と共通する一面があるといえるかもしれない。

農耕は始まってすでに4000年あまりが経過しており，その形態には変化が起きていた。新石器時代では小麦がどの地域でも主要作物であったが，青銅器時代以降，穀類の種類は増えていく。また農具も鉄器時代には，当然のことながら鉄製となり，手持ちの鎌から大鎌への転換もこの頃なされる。そして，遺構として，明確に区分された畑が確認されるのも前1千年紀からである。

まず，古代人がギリシア語，ラテン語で書き残した史料から，ケルト人，ゲルマン人と呼ばれた人々の食生活を探ってみよう。古代ローマにおいては，食に関する関心は高く，アピシウスによる料理書が今日まで伝わっている。アテナエウスは，先人の書物を元に食事や宴会についての記録を残しており，その中にケルト人の記述もある。その他，ポセイドニオス，カエサル，タキトゥスの記録がある。それらを総合すると，ケルト人，ゲルマン人たちは肉類を主にした食生活をしていたようである。ウシ，ブタ，ヒツジといった家畜の肉が煮るか，あぶるなどして調理された。穀類は大麦，小麦，ライ麦，オート麦などで，粥やパンとした。南の地方では地中海方面からワインが輸入され，珍重されたが，その他の地方や貧しい階級ではビールが飲まれていた。また，河岸，海岸地方では，塩，酢，カミンで味つけした魚を焼いたものが食されたという。

ヨーロッパでは，現在もそうであるが，食は肉が主である。農耕社会というと何となく植物性食料ばかりを思い浮べてしまうのは偏った先入観といえよう。ただ動物性食料の占めていた割合には，地域差があったと思われる。当時，すでに機能が分化した町邑が出現しており，ローマ人がオッピドゥムと呼んだような政治的軍事的または商業的中心地と一般の農村とでは当然のことながら食生活は異なっていたと考えられる。しかし，残念ながらその違いを明確にできるほどのデータは得られておらず，鉄器時代全般についても食料についての知見はとても十分とはいえない状況である。時代が降るにつれ，生業への関心が薄まる傾向があるのは，各国の考古学に共通のようである。

2　動物性食料

出土動物骨からの食生活復原を次に検討してみたい。ハルシュタット文化期の大集落であるドイツ南部のホイネブルグ Heuneburg では，5,000 kg にも及ぶ出土動物骨のうち，95% が家畜獣のものであった。その過半数がウシで，ブタがそれに次ぐ。ヒツジ，ヤギの割合はかなり少なく，ウマ，イヌ，ニワトリがわずかにある。時代が下って，ラ・テーヌ文化期のオッピドゥムであるドイツ中部のマンヒング Manching では，40万点の動物骨のうち野生獣の割合はわずか0.2%であった。家畜獣の内訳はホイネブルグ同様の順位で，ウシが43%，ブタ32%，ヒツジ・ヤギ19%，そしてウマ，イヌ，ニワトリが続く。ボスネックらによると，マンヒングの存続期間を約100年とすると，年間約154tの肉が消費されたことになるという。さらに時代が下り，紀元前後から4～5世紀にわたる北ドイツの集落フェダセン・ヴィエルデ Feddersen Wierde でも7万点の動物骨のうち，ウシが半数近くを占め，ヒツジ，ウマ，ブタ，イヌの順となっている。戸数が25戸程度となる集落の最盛期における家畜用施設数から推定されるウシの頭数は400頭を超える。北海沿岸，ユトランドでも同様にウシが主で，ヒツ

ジ，ヤギがそれに次ぎ，ブタは少ない。これはブタが冷涼湿潤な森林を好み，ウシは草原に適するという生態学的な要因にもよっており，アルプス北部の森林地帯ではブタが多いようである。

野生獣は先にみたように食生活における比重はかなり低くなっており，マンヒングなどで出土するものはスポーツとしての狩の獲物ではないかと考えられている。種類は多岐にのぼり，ノウサギ，アカシカ，ノロジカ，ヘラジカ，イノシシ，クマ，オオカミ，ヤマネコなどの他，鳥類も多くの種類が捕獲された。漁撈も行なわれ，マンヒングでもナマズ，コイ，カワカマスの骨が出土している。

3　植物性食料

続いて，植物の利用について概観してみたい。先に述べたように，青銅器時代以降，大麦，オート麦，カラス麦などの比重が高まり，鉄器時代にはライ麦も次第に普及する。どのような植物が集落に持ちこまれているかは，その遺存体が出土するか，その圧痕が何かに残されているかによって知られる。しかし，通常そのような遺存体は炭化したために土中に保存されたものであるため，利用の仕方によって炭化される機会の多い植物と少ない植物があることを考えると，遺跡から出土した遺存体の種類ごとの量比から，栽培ないし採集された植物の量比を導き出すのは難しいといわざるをえない。逆にこれを利用して植物の加工の仕方を推測することも可能である。また，土器についた圧痕からも手がかりは得られるが，それはあくまで土器の製作地でつけられたものであることを注意しなければならない。先に述べたホイネブルグとマンヒングでは，植物遺存体は出土していないため，土器の圧痕の検討が行なわれた。ホイネブルグでは出土土器片の3.5%に植物圧痕が認められ，小麦，大麦，オート麦，カラス麦，ライ麦，豆類の他，野生有用植物も多く見い出された。穀類のうち大麦は40%，小麦類は46.3%を占めていた。それに対し，マンヒングの土器ではアインコルン小麦，スペルト小麦，エンマ小麦の圧痕しか認められず，そのほとんどすべてが穎の部分であった。これらは土器製作中に偶然ついた圧痕ではなく，胎土に意識的に混入された混和材と考えられる。そのためマンヒングの利用植物については有効なデータが得られていない。

鉄器時代の食用植物の貴重なデータはデンマークで得られている。1949年ユトランド半島西部のガディン Gϕrding の発掘で，前ローマ鉄器時代（前2～3世紀）の住居から発見された小型土器に約 95cc の炭化した穀粒，種子が残されていたのである。表にみるように約 70% は六条オオムギ（裸麦）で，その他は採集された植物であった。ヘルベックによると，土器はよく副葬品として見られるもので，大きさから見ても食器と考えられるため，内容物は食物そのものではないかという。また大麦以外の野生植物には畑に生えていないものがあり，意図的に採集されたものであると述べている。ことにオオイヌタデ，シロザ，オオツメクサといった植物の種子は同時代の住居から炭化物として発見されることが多く，土器にもこれらやソバカズラの圧痕がよく見られるという。野生植物は特殊例ではなく，他の地域においても報告されている。先に述べたホイネブルグの土器にもその圧痕があり，オランダでも遺跡から出土している。上記穀類に準じるものの他に，採集された植物には，堅果類（ハシバミ，クリ，クルミなど），果物類（プラム，イチゴ，ラズベリーなど）があり，リンゴ，ナシは栽培されていたらしい。その他の栽培植物にはマメ類があり，そして油の原料としてアマ，アマナズナが重要な作物であった。さらにニンジンの出土が報告されており，野菜類，キノコ類も食されていたことであろう。

調理法や料理の内容については，先の文献史料が示しているほか，もう一つ，やはりデンマークで重要な発見がなされている。デンマークには泥炭沼が多く，燃料とするために泥炭の採掘が古くから行なわれ，その折に人の遺体が発見されることがしばしばあった。その中で1950年発見のトルン Tollund と1952年発見のグラウバレ Grauballe の2遺体は消化器内に内容物が残っていたことで著名である。双方とも年代は後3世紀頃とされる。彼らの摂った最後の食事は穀類と野生植物の実，種子からなる粥かスープのようなものであったらしい。ガディンの土器の内容物と比較すると興味深いが，これが通常の食事であったかどうかは確かでない。というのは，供犠のためか，あるいは罰のためか，一方は首を絞められ，一方は喉を掻かれて死んでいたのであり，殺されるのを目前にした者に普通人と同じ食事が与えられるとはいい切れない。ただ，この時期に野生植物が食用とされていたことは明白である。

植物リスト（種まで同定されたもの）

種　　名	ガディン	トルン	グラウバレ
ヒ　エ		△	○
エノコログサ			△
アワガエリ	△		△
スズメノヤリ			△
ス　ゲ	△		△
ア　シ			△
Sieglingia decumbens (L.) Bernh			△
ホソムギ			◎
Crepis capillaris(L.)Wallr			△
ヤネタビラコ			○
イヌムギ			◎
カモジグサ			○
オート麦			△
シラヂカヤ			◎
ミヤマコメススキ			○
タライチゴツナギ			△
イチゴツナギ	△		△
タビラコ			△
Leontodon autumnalis L.			△
ノゲシ			△
オヘビイチゴ			△
Aphanes arvensis L.			△
ウツボグサ			○
Myosotis arvensis(L.) Hill			△
イヌホオズキ	△		○
セイヨウノコギリソウ			△
カミルレ			△
ミチヤナギ			△
オオイヌタデ	◎	◎	◎
ハルタデ	○		○
チシマオドリコ		○	○
ヘラオオバコ	△	△	◎
オオバコ			○
ソバカズラ	◎	○	○
ヒメスイバ	△	△	◎
ギシギシ			△
テングクワガタ			△
Veronica polita Fr.	△		
Rhinanthus f. minor L.			△
シャグマハギ			△
Lepidium latifolium L.	△		△
スミレ	△	○	△
ア　マ		◎	△
シロザ	◎	◎	△
Chenopodium sp.			△
ウマノアシガタ			○
ハイギンポウゲ			△
カラクサケマン	○		△
グンバイナズナ		△	△
ナズナ	○	△	△
エゾスズシロ	△	△	△
アマナズナ	○	◎	△
ミミナグサ			△
コハコベ	○	△	△
ハコベ			△
オオツメクサ	◎	◎	◎
シオツメクサ	○		△
小　麦			◎
ライ麦			△
大　麦	◎	◎	◎

△…1～数個，○…多数，◎…非常に多数
和名はなるべく近いものをあげた。

最後に，カロリー源として動物性と植物性食料のどちらが重きをなしていたかという問題に触れておこう。残念ながらこの問題を解く有効な手だてはまだない。穀物の花粉とある種の野生植物の花粉の比から耕作より牧畜が主体であったと結論づける研究もあり，また一世帯7～8人で 20 頭あまりのウシを飼い，耕作面積が 3ha とすると，動物性と植物性食料のカロリーがほぼ半々でまかなわれるという計算もあるが，あまり説得性のあるものではない。最近，ヨーロッパでも糞石の研究が行なわれていると聞くので，より確かなデータはこの方面から得られるものと期待される。末尾になったが貴重な文献を貸与下さった佐原眞，藤本強，山浦清の諸先生に厚く御礼申し上げる。

文　献

Barker, G. : Prehistoric Farming in Europe, Cambridge University Press. 1985

Brothwell, D. & P. : Food in Antiquity, Thames and Hudson. 1969

Ennen, E. and W. Janssen : Deutsche Agrargeschichte, Steiner. 1979

Filip, J. : Celtic Civilization and its Heritage, Collet's. 1977

Helbæk, H. : Ukrudtsfrø som Næringsmiddel i førromersk Jernalder, Kuml. 1951

Helbæk, H. : Prehistoric Food Plants and Weeds in Denmark, Danmarks Geologiske Undersøgelse II, Række, Nr. 80. 1954

Helbæk, H. : Grauballemandens sidste måltid, Kuml. 1958

Hoops, J. : Reallexicon der germanischen Altertumskunde, 2 Aufl., Walter de Gruyter, 1973～

Jankuhn, H. et al. : Deutsche Agrargeschichte I, Eugen Ulmer. 1969

Jankuhn, H. et al. : Das Dorf der Eisenzeit und des frühen Mittelalters, Vandenhoeck & Ruprecht. 1977

Jensen, J.: The Prehistory of Denmark, Methuen. 1982

Körber-Grohne, U. : Pflanzliche Abdrücke in eisenzeitlichen Keramik, Fundberichte aus Baden-Württemberg 6. 1981

van Zeist, W. : Palaeobotanical Studies of Settlement Sites in the Coastal Area of the Netherlands, Palaeohistoria XVI. 1974

Wells, P. S. : Farms, Villages, and Cities, Cornell University Press. 1985

Athenaeus : Deipnosophistai, Gulick, C. B. 訳, Loeb Classical Library, Harvard University Press, 1927-41

新　大　陸

—核地域と周辺地域と—

国立民族学博物館助教授
小谷凱宣
（こたに・よしのぶ）

トウモロコシは紀元前後に現在の大きさに近いものになったが
その初現から定着的農村の成立までには 3～4,000 年かかった

いま世界で主要な穀物と考えられているのはムギ類，イネ，トウモロコシである。これらの穀物を主体とする農耕は，ジャック・ハーランのいう中近東，北中国，メソアメリカでまず成立し，徐徐に周辺地域に伝播していったことが考古学的に跡づけられる。

本稿で問題とするメソアメリカと日本は，それぞれトウモロコシとイネに特徴づけられる地域であるが，メソアメリカはいうまでもなく新大陸農耕のセンターであるのにたいして，日本は東アジアのセンターである北中国からの影響を受けて農耕社会へ発展していった周辺地域である。

いい古されてきたことであるが，水田稲作の形で稲作が日本列島に導入されてから，比較的短い時間で水田稲作はほぼ全国的に伝播し，日本列島は農耕社会に移行した。この移行が完了したのが弥生時代である。

メソアメリカ地域では，それでは，農耕体系の成立過程にどのようなことがおこったのか。主要作物のトウモロコシの栽培とそれを支えていた居住形態とに焦点を合わせ，眺めてみたい。そして，そこから日本列島の農耕社会への移行の特質を考えてみたい。

1　新大陸の農耕体系

食料生産，農耕社会，定着生活は，かつてV. G. チャイルドにより同時に成立したと仮定されたことがある。それは長い人類史において，採集狩猟経済の段階では遊動的居住形態が基本であり，食料生産が始まって初めて定着的村落が成立したという単系文化進化論の図式に基づくものであった。

この仮説が成立しないことが広く認められたのは 1969 年のアメリカ考古学会における初期農耕に関するシンポジウムの席上であった。メソアメリカ，メソポタミア両地方の考古学的研究の知見がその根拠であった。つまり，農耕を実施していても，採集狩猟よりも食料供給の割合が低い先史社会が存在すること。農耕社会と呼べるほど，高い比率の食料が農耕により供給されていても，集落に定着性がみられない例もあること。採集狩猟経済に基礎を置く定着的集落が存在することなどであった。新大陸の農耕はトウモロコシ，マメ類，ウリ類の栽培を特徴とする。これらの農耕作物の原産地は核アメリカとよばれる，メキシコから南米のペルーにかけての広い地域である。そのなかで，これらの農作物の成立過程が比較的よくわかっているのは，メキシコ南部のプエブラ地方と北東部のタマウリパス地方である。

プエブラ，タマウリパス両地方の調査により明らかにされてきた重要な事実は次の三つに要約される。第一は，栽培作物の初現からトウモロコシ＝マメ＝ウリ農耕体系が食料供給源として成立するまでにかなりの長い時間（4～5,000 年）を要したことである。その間，栽培作物の種類は増加し，それらの遺伝学的改良が行なわれ，それにつれて栽培作物の出土量も増加し，植物利用のための道具類の発展・改良も行なわれたと考えられる。

第二に重要なことは，栽培植物のすべてが１カ所で栽培化されたわけではなく，複数の栽培化の中心地が存在したと考えられることである。これらの栽培作物は地域間の交流で広範囲に伝播し，また，各種の雑種交配により品種改良がなされたと考えられる。ここに挙げた二地域だけで栽培化が始まったのではなく，他にも初期の栽培化に貢献した地域があったと解釈できるが，いまのところその証拠になる具体的な事実は存在しない。

第三に注目すべき事実は，タマウリパスおよびプエブラ地域はいずれも乾燥地帯にあり，自然環境の面では恵まれない地域に属する。このような厳しい環境のもとには，利用可能な動植物食料資源を最大限に利用するデザート文化が存在していた。換言すれば，新大陸の農耕は，恵まれた自然環境のもとではなく，乾燥地帯を中心とする多数

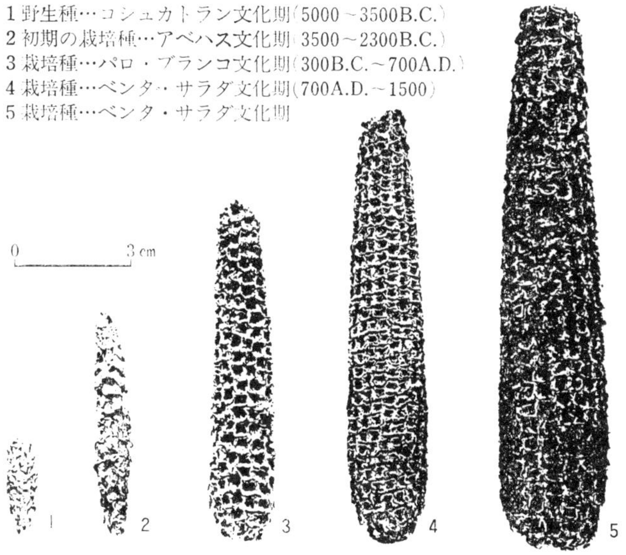

野生種および栽培種のトウモロコシの大きさの時代的変遷
(Mangelsdorf ら 1967 より)

の複雑な生態圏が狭い地域に混在するような地域で成立したといえる。

2 生業活動と居住形態の変遷

以上の特徴をふまえて，メソアメリカ地方の農耕社会成立過程についての最も説得力のある仮説は，1968 年に発表されたK.フラナリーの主張である。彼は正のフィードバックの概念を応用してデザート文化の採集狩猟の段階から，野生のイネ科植物の利用が始まりそれが徐々に重要性を増し，やがては植物栽培が重要な経済基盤を占めるにいたる過程を説明している。ここでいう正のフィードバックとは，あるシステムのなかに新しい要素(この場合はイネ科植物の利用)が生まれ，最初はとるに足らないほどの存在であったのに，それのもつ潜在的な有利さのために次第に重要な位置を占めるようになっていく現象をいう。その過程で，「季節性」と「選択」の2つのメカニズムが作用し，各生業活動を調整・修正していくと説明している。

プエブラ，タマウリパス両地方の各遺跡から出土した遺物と遺跡の立地条件，動植物相を検討した結果，デザート文化期(前5,000年まで)の生業活動は，主として(1)リュウゼツランの採集，(2)サボテンの実の採集，(3)樹木性マメの採集，(4)シロオジカの狩猟，および(5)ワタオウサギの狩猟から構成されていた。これらの動植物が採集・狩猟できる場所は相互に異なる微生態圏であり，利用可能な季節も重複することがある。したがって利用可能な季節と場所が重複するときには，どちらかを選択せざるをえない。

この選択が行なわれたと想定できる根拠は，(イ)乾期のキャンプ，(ロ)雨期のキャンプ，および(ハ)植物利用の優先の現象にみられる。乾期のキャンプは一般に小規模で，せいぜい数家族からなる小バンドの居住地であったと解釈できる。雨期のキャンプは比較的規模が大きく，複数のバンドの集合体と想定されている。動植物資源が同時に利用可能なときには，まず植物性食料が採集され，動物性食料は放棄されたと解釈される。この植物性食料への依存は，植物のほうがより安定した食料資源であるという性質を考慮すると容易に説明できる。いい換えれば，乾期には小バンドに分かれて生活を送り，雨期には比較的豊富な植物性食料の集中する微生態圏にやや大きなバンドを構成し，一年を通しては季節的に遊動的な生活をしていたのであろう。

さて，紀元前 5～6,000 年ごろから，トウモロコシをはじめとする栽培植物が登場してくる。これらは野生の状態でも利用されていたと考えられるが，どの時点で栽培化されたかは明らかではない。初期のトウモロコシは粒も穂も小さかったが，品種改良により次第に大きくなってきた。そして，紀元前後には現在の大きさに近いものになった。トウモロコシの形態的変化(大型化)は，当然のことながら，トウモロコシの食料供給量の増大と食料供給源としての重要性の増加を意味した。他のマメ類，ウリ類についても同じことがいえるようである。

トウモロコシを中心とする農耕体系が重要性を増すにつれ，従前の生業活動が修正されるのは当然であった。その修正の過程で，潜在的により効率のよいものの利用，動植物資源の利用が重複するときには植物資源の利用を優先するという原則が作用していたようである。植物利用は農耕作物の利用が中核をなし，野生動物の狩猟は重要性を減じ，渡り鳥の狩猟がとってかわった。その結果として，トウモロコシを中心とする新大陸農耕のもとに定着性の高い農耕村落が成立した。この年

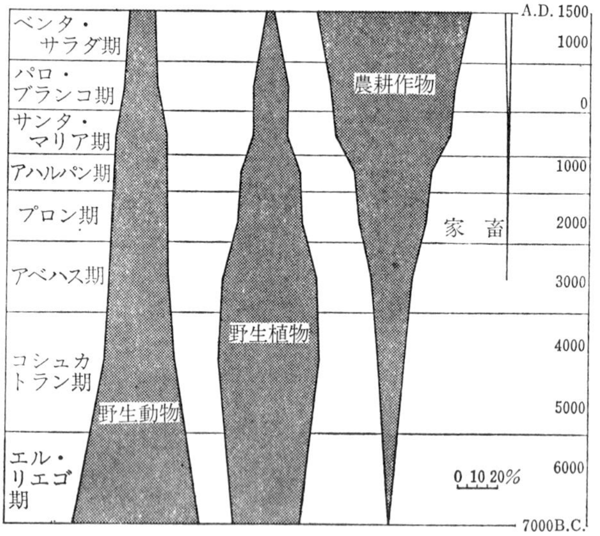

主要食料源の相対的重要性の時間的変化（MacNeish 1967 より）

代は，トウモロコシの大型化の完成よりもやや早く，前 2000～1500 年のことであった。

農耕作物の初現から定着的農耕村落の成立まで，なぜ3～4,000年もの長い時間を要したのか。一つの要因はトウモロコシの大きさであろう。トウモロコシ（*Zea mays*）はイネ科の一年草である。前5,000年ごろには，背丈の低い，実もわずかしかない，2～3 cm の長さの穂をもつだけであったが，栽培化と改良につれて大型化した。紀元前後には穂の長さは約 10 cm，14～15 条ほどの大きさになった。この大型化に関与する遺伝子の数は，小型植物のそれに比較すると多かったことが想像される。いい換えれば，植物体が大型であったがゆえに，栽培初期の矮小なトウモロコシが大型化し，食料供給源として安定するまでに時間を要したといえよう。そのために，遊動的な居住形態が定着化するまでにかなりの時間がかかったのであろう。

3　周辺地域の特徴

トウモロコシの栽培化から定着生活の成立までの過程を概観してきたが，メソアメリカで認められることがムギ類やイネが栽培化された地域でも観察されるかどうかは，将来の問題として残る。

さて，メソアメリカで観察された現象をもとに日本列島の農耕社会の成立過程を眺めてみたい。縄文時代晩期に西日本に水稲耕作が広まるまでは，栽培活動が多少行なわれていたとはいえ，経済基盤は採集狩猟漁撈にあったことはほぼ間違いない。最初に触れたように，水田耕作がひとたび導入されると，その伝播は極めて速く，急速に農耕社会に移行していった。その速度は，メソアメリカの場合を考慮すると，少なくとも3～4倍であったともいえよう。

日本で採集狩猟社会から水稲農耕社会への移行が速かった要因の一つは，稲作受容当時（縄文時代）の定着的生活にあると私は考えている。なぜなら，イネはその生育期間に集約的な労働力の投入を必要とする作物であり，それを春の種籾の処理から秋の収穫まで連続的に行なうことは，1カ所に定住していて初めて可能だからである。その意味で，縄文時代にみられる居住形態の定着的傾向は，水田農耕の受容に最も適したものであったといえる。

また，考古学的知見によると，日本に導入された水田耕作は，ほぼ現在の形に近いもので，いわば水田耕作は完成された形で取り入れられたとみなしてよい。このような場合には，メソアメリカでみられたような 3～4,000 年におよぶ実験と試行錯誤は不要である。このような完成した農耕体系を，そのままセンターから導入できたのは，日本列島のおかれた周辺地域のもつ特質でもある。

文 献 目 録

Byers, D. S. (ed.), *The Prehistory of the Tehuacan Valley : Environment and Subsistence.* Vol. 1. Austin : University of Texas Press. 1967

Flannery, K. V.: Archaeological systems theory and early Mesoamerica. In B. J. Meggers (ed.), *Anthropological Archeology in the Americas.* Washington, D. C.: Anthropological Society of Washington. pp. 67-87, 1968

Flannery, K. V.: The origins of agriculture. *Annual Review of Anthropology* 2 : 271-310, 1973

Harlan, Jack R.: Agricultural Origins : Centers and Noncenters. *Science* 174 : 468-474, 1971

Kotani, Yoshinobu : Evidence of Plant Cultivation in Jomon Japan : Some Implications. *Senri Ethnological Studies* 9 : 201-212, 1981

Nishida, Masaki : Tha Emergence of Food Production in Neolithic Japan. *Journal of Anthropological Archaeology* 2 : 305-322, 1983

Reed, C. A. (ed.), *Origins of Agriculture.* The Hague : Mouton Publishers. 1977

Willey, G. R.: *An Introduction to American Archaeology : North and Middle America.* Vol. 1. Englewood Cliffs: Prentice Hall. 1966

Willey, G. R.: *A History of American Archaeology.* Second Edition. London : Thames and Hudson Ltd. 1980

執筆者紹介 （執筆順）（2000年2月現在）

渡辺　誠 （わたなべ・まこと） 名古屋大学文学部教授
金子浩昌 （かねこ・ひろまさ） 早稲田大学教育学部講師
西本豊弘 （にしもと・とよひろ） 国立歴史民俗博物館教授
永濱眞理子 （ながはま・まりこ） 日本大学三島高等学校教諭
松島義章 （まつしま・よしあき） 神奈川県立生命の星・地球博物館
鈴木道之助 （すずき・みちのすけ） 千葉県立美術館
岩田栄之 （いわた・えいし） 古代ニホンイヌ研究家
村田文夫 （むらた・ふみお） 川崎市市民ミュージアム
馬目順一 （まのめ・じゅんいち） 日本考古学協会会員
川崎純徳 （かわさき・すみのり） 日本考古学協会会員
藤村東男 （ふじむら・はるお） 慶應義塾女子高等学校教頭
齊藤基生 （さいとう・もとなり） 名古屋外国語大学非常勤講師
中村若枝 （なかむら・わかえ） 日本考古学協会会員
井上（旧姓 丹羽）百合子 （いのうえ・ゆりこ） 日本考古学協会会員
工藤泰博 （くどう・やすひろ） 日本考古学協会会員
小島俊彰 （こじま・としあき） 金沢美術工芸大学教授
永瀬福男 （ながせ・ふくお） 能代市立渟城第一小学校校長
楠本政助 （くすもと・まさすけ） 石巻考古学研究所主宰
河口貞徳 （かわぐち・さだのり） 鹿児島県考古学会会長
埴原和郎 （はにはら・かずろう） 東京大学名誉教授
宮坂光昭 （みやさか・みつあき） 諏訪考古学研究会会長
賀川光夫 （かがわ・みつお） 別府大学名誉教授
小池裕子 （こいけ・ひろこ） 九州大学大学院比較社会文化研究科教授
甲元眞之 （こうもと・まさゆき） 熊本大学文学部教授
田崎博之 （たさき・ひろゆき） 愛媛大学法文学部助教授
寺沢　薫 （てらさわ・かおる） 奈良県立橿原考古学研究所
釼持輝久 （けんもつ・てるひさ） 横須賀市立津久井小学校教諭
西谷　大 （にしたに・まさる） 国立歴史民俗博物館助手
新田栄治 （にった・えいじ） 鹿児島大学法文学部教授
常木　晃 （つねき・あきら） 筑波大学歴史・人類学系助教授
木村英明 （きむら・ひであき） 札幌大学文学部教授
木下尚子 （きのした・なおこ） 熊本大学文学部教授
後藤　直 （ごとう・ただし） 東京大学文学部教授
飯島武次 （いいじま・たけつぐ） 駒沢大学文学部教授
臼杵　勲 （うすき・いさお） 奈良国立文化財研究所

西田泰民　（にしだ・やすたみ）　新潟県立歴史博物館準備室
小谷凱宣　（こたに・よしのぶ）　名古屋大学人間情報学研究科教授
会田　進　（あいだ・すすむ）　岡谷市教育委員会
中村　愿　（なかむら・すなお）　沖縄県北谷町教育委員会

縄文人・弥生人は何を食べたか

普及版・季刊考古学

2000年3月20日　発行

編　者　渡辺誠・甲元眞之
発行者　長　坂　慶　子
印　刷　新日本印刷株式会社

発行所　東京都千代田区　富　士　見　2-6-9　**雄山閣出版**
TEL 03-3262-3231　振替 00130-5-1685番

装幀・貝原　浩
ISBN 4-639-01674-3　C 0321